409.-

TRÄUME, EINE PFORTE ZUM URGRUND

TRÄUME, EINE PFORTE ZUM URGRUND

EDWARD C. WHITMONT
und
SYLVIA BRINTON PERERA

Ins Deutsche übertragen
von
Angelika Rinderle-Reichl

Burgdorf

2. Auflage, 1996

Lektorat: Frank Seiß

Mit freundlicher Genehmigung von Routledge Publishers, London und New York.
Titel der englischen Originalausgabe: Dreams, a Portal to the Source.

Druck und Bindung: Paderborner Druckzentrum, Paderborn

ISBN 3-922345-70-0

INHALTSVERZEICHNIS

KAPITEL 1
EINFÜHRUNG IN DIE KLINISCHE TRAUMDEUTUNG 11

KAPITEL 2
TRAUMARBEIT IN DER KLINISCHEN PRAXIS 16

KAPITEL 3
DIE SITUATION, WIE SIE IST 31
    Das Traum-Ich 32
    Entwicklungschancen durch Traumarbeit 38

KAPITEL 4
DIE TRAUMSPRACHE 43
    Das Bild 43
    Die Allegorie 45
    Das Symbol 47
    Der Rebus 48

KAPITEL 5
ASSOZIATION, ERKLÄRUNG UND AMPLIFIKATION:
DAS TRAUMFELD 53
    Assoziation 54
    Erklärung 58
    Emotionen und Körperreaktionen 64
    ›Triviale‹ Träume 68
    Phantasie, Imagination und Darstellung 70
    Affekt und Gefühlsqualität 74
    Amplifikation 77
    Die Reaktionen des Therapeuten 80

KAPITEL 6
KOMPENSATION UND KOMPLEMENTATION: OBJEKT- UND
SUBJEKTSTUFE 82
    Kompensation und Komplementation 82
    Objekt- und Subjektstufe in Träumen 86
    Dramatisierung 88
    Die Anwendung der Prinzipien von Kompensation und Komplementation
    bei Träumern mit unentwickelten oder fragmentierten Ich-Strukturen 92

KAPITEL 7

DIE DRAMATISCHE STRUKTUR DES TRAUMES 95
Allgemeiner Überblick über das Traumdrama 96
Die dramatische Struktur 98

KAPITEL 8

MYTHOLOGISCHE MOTIVE 111
Das Erkennen mythologischer Motive 113
Das Zusammenspiel von archetypischem und persönlichem Material 117
Der Umgang mit mythologischen Motiven 135
Besondere Motive 137
Das Spiel des Lebens 138
Geburt 140
Kinder 144
Tiere 148
Die Deutung von mythologischem Material 150

KAPITEL 9

TECHNISCHE EINZELHEITEN 153
Zeitliche Reihenfolge 153
Die Umwertungsfunktion von Träumen 155
Der Tagesrest 161
Traumserien 164
Variationen zu einem Thema 168
Alpträume 171

KAPITEL 10

PROGNOSE AUS TRÄUMEN 173
Träume von Tod oder Krankheit 180

KAPITEL 11

KÖRPERBILDER 185
Sexualität 188
Bilder von Körperöffnungen 195

KAPITEL 12

TRÄUME VON THERAPIE UND THERAPEUT 200
Die objektiv gegebene Realität des Therapeuten 203
Übertragungsreaktionen 205
Der Innere Therapeut 206
Gegenübertragungsdynamik 210
Induktion durch den Therapeuten 216
Träume vom Therapieprozeß 218

Variationen zum Thema Therapieprozeß 223
Bilder von anderen Therapeuten 227
Erotische Motive in Träumen von Therapie und Therapeut 228
Die archetypische Übertragung in Träumen 231
Therapieträume, die nur für den Therapeuten bestimmt sind 237
Träume des Therapeuten vom Klienten 239

KAPITEL 13
SCHLUSSBEMERKUNG 241

ANMERKUNGEN 244

BIBLIOGRAPHIE 255

REGISTER DER TRÄUME 259

Es ist auch schwer zu denken, daß es jemals eine Methode, das heißt einen technisch geregelten Weg, der zu einem untrüglichen Resultat führt, geben könnte, wenn man versucht, von der unendlichen Variabilität der Träume sich eine Vorstellung zu machen. Es ist auch gut, daß es keine gültige Methode gibt, denn sonst wäre der Traumsinn schon im voraus beschränkt und würde deshalb gerade jene Tugend einbüßen, welche ihn für psychologische Zwecke so besonders wertvoll macht, nämlich seine Fähigkeit, einen neuen Gesichtspunkt zu geben.

C. G. Jung, *Gesammelte Werke*, Bd. 10, Randnummer 319

Das Verstehen der Träume ist nämlich eine so schwierige Sache, daß ich es mir schon längst zur Regel gemacht habe, wenn mir jemand einen Traum erzählt und nach meiner Meinung fragt, vor allem einmal zu mir selber zu sagen: ›Ich habe keine Ahnung, was dieser Traum bedeutet.‹ Nach dieser Feststellung kann ich dann daran gehen, den Traum zu untersuchen.

C. G. Jung, *Gesammelte Werke*, Bd. 8, Randnummer 533

DANKSAGUNG

Dieses Buch enthält zusammengefaßt die Früchte vieler Jahre der Entwicklung unseres analytischen Arbeitens und Unterrichtens. Unser Dank gilt unseren Patienten und Studenten dafür, daß sie ihr Material und ihre interaktiven Antworten beigesteuert haben. Von ihnen haben wir ebensoviel gelernt wie aus der Literatur und von unseren anderen Lehrern.

Wir sprechen Andrew Whitmont unseren Dank dafür aus, daß er uns nachdrücklich ermutigt hat, dieses Buch zu schreiben, und für seine Hilfe dabei, das anfängliche Material, aus dem es entstanden ist, in eine brauchbare Form zu bringen.

Wir danken Patricia Finley für ihre aufmerksame Durchsicht des Manuskripts und Gertrude Ujhely für ihre unschätzbare und sorgfältige kritische Überarbeitung des endgültigen Textes.

Dank schulden wir auch Jerome Bernstein, Patricia Finley, Yoram Kaufmann und Charles Taylor für die kollegialen Diskussionen über die vielfältigen Aspekte der klinischen Anwendung.

Die großzügige Genehmigung zur Veröffentlichung ihrer Traumarbeit wurde uns von Freunden, Kollegen, Studenten und von Analysanden erteilt, die den analytischen Prozeß, in dessen Verlauf der Traum erschienen war, inzwischen abgeschlossen haben. Ihnen allen gilt unser Dank.

KAPITEL I

EINFÜHRUNG IN DIE KLINISCHE TRAUMDEUTUNG

Jede Deutung ist eine Hypothese, ein bloßer Versuch der Lesung eines unbekannten Textes.
(Jung, *Gesammelte Werke*, Bd. 16, Randnummer 322, im folgenden als *GW* bezeichnet)

Man tut am besten, einen Traum so zu behandeln wie einen gänzlich unbekannten Gegenstand: man besieht ihn von allen Seiten, man nimmt ihn in die Hand, trägt ihn mit sich herum, hat allerhand Phantasien über ihn.
(*GW*, Bd. 10, Randnummer 320)

Dieses Buch ist als Einführung und Leitfaden für Psychoanalytiker und Therapeuten gedacht, die bestrebt sind, einige grundlegende methodische Ansätze zur Traumdeutung in ihre klinische Praxis einzubeziehen. Es ist ein praktisches Elementarbuch für den in Ausbildung befindlichen Analytiker; diese Aufgabe haben wir in Angriff genommen, weil wir auf einen Bedarf an einem solchen Handbuch aufmerksam wurden, als wir es unternahmen, am C. G. Jung-Institut in New York Traumdeutung zu unterrichten. Die Zielsetzung dieses Buches ist bescheiden. Es berührt kaum die reichhaltige philosophische Thematik, die durch das Träumen und die Phantasie aufgeworfen wird.[1] Das Buch setzt sich nicht mit Material über vergleichende methodische Ansätze der Traumdeutung auseinander, wie sie von den verschiedenen Schulen der modernen westlichen Psychotherapie praktiziert werden.[2] Ebensowenig befaßt es sich mit der Laborforschung über die Notwendigkeit und die Muster des REM-Schlafes.[3]

Dieses experimentelle Material unterstützt Jungs Anschauung, daß Traumprozesse unentstellt und zielgerichtet sind und dem Ziel dienen, Er-

fahrungen auf bedeutungsvolle und kreative Weise zu Bildern zusammen-
zustellen[4]. Träume unterstützen das Lernen und helfen, die individuelle
Entwicklung abzurunden.

Unseren methodischen Ansatz verdanken wir hauptsächlich der schöp-
ferischen Arbeit Carl G. Jungs. Seine Einsichten sind durch jahrelange klinische Arbeit und die Lehren seiner praktizierenden Nachfolger für uns
persönlich geklärt und erweitert worden. Bedauerlicherweise ist der größte
Teil dieser Arbeit bisher nicht zusammengefaßt und veröffentlicht worden.[5] Viele andere, wie etwa Autoren verschiedener psychologischer ›Schulen‹, Kollegen, Analysanden, Studenten und Freunde, haben ebenfalls zu
unserem Verständnis beigetragen. Die Bibliographie vermag unserer Verbundenheit nur ungenügend Ausdruck zu geben. Ihnen allen gilt unser
Dank.

Der Traum selbst ist ein natürlicher und notwendiger Ausdruck der Lebenskraft[6] — ein Ausdruck, der sich im schlafenden Bewußtsein manifestiert und der manchmal erinnert und nach Überschreiten der Schwelle des
Erwachens[7] wiedergegeben werden kann[8]. Wie bei einer Blume, einem Or-
kan oder einer menschlichen Geste liegt sein elementarer Zweck in der
Manifestation und im Ausdruck dieser Lebenskraft. Der Traum liefert uns
Energiebilder und schafft damit eine Synthese von Vergangenheit und Gegenwart, persönlichen und kollektiven Erfahrungen.

Unter ›Deutung‹ verstehen wir nicht eine bloße Übertragung von Visionen einer nächtlichen Welt in das Bewußtsein der Tageswelt. Ein so saube-
rer Dualismus ist nicht nur ein Artefakt (in der Psychologie ebenso wie in
der Physik), wir kommen auch in zunehmendem Maße zu der Erkenntnis,
daß wir seiner nicht bedürfen. So wie REM-Prozesse dazu dienen, komplexe Informationen unterhalb der Schwelle der bewußten Wahrnehmung zu
integrieren, so wird auch das Tagesbewußtsein durch Bilder gespeist und
strukturiert, die ihm Sinn verleihen. In der Tat wird uns in zunehmendem
Maße bewußt, daß — wenngleich wir das Träumen und die verbale Wiedergabe des Traumes in verschiedenen Teilen des Gehirns zu lokalisieren
haben[9] — »Träumen und Wachen an derselben Realität teilhaben, welche
sowohl spiritueller als auch physischer Natur ist«.[10] Für das Verständnis
beider Zustände gibt es eine Reihe von Perspektiven, und beide können
metaphorisch oder symbolisch gesehen werden.

Der Traum als Ganzes mag vielerlei menschliche ›Verwendungsformen‹ finden — ebenso wie das Wasser eines Flusses in einer Tasse aufgefangen und zum Kochen oder Durststillen verwendet oder aber durch Schleusen und Rohrleitungen geführt und zum Betreiben von Wassermühlen, zum Füllen von Schwimmbecken oder zur Toilettenspülung eingesetzt werden kann. Man kann das Wasser auch im Flußbett belassen und in Ruhe betrachten, wobei es der Erholung dienen oder zum Bootfahren ›genutzt‹ werden kann, ebenso wie zur Kontemplation oder zur Stimulierung der reflexiven Strömungen der Kunst. So läßt sich auch die Energie, die in einen Traum einfließt, auf vielerlei Arten nutzbar machen. Eine dieser Möglichkeiten besteht darin, den Traum als Zugang zu unbewußten Lebensbereichen zu benutzen, eine andere ist, durch ihn spezifische und zeitlich genau abgestimmte Botschaften verschiedenster Art zu empfangen, die dem Träumer dabei helfen können, Probleme zu lösen[11], künstlerische Inspiration zu erfahren und Unterstützung in seiner psychologischen Entwicklung und zur Vertiefung seiner Spiritualität zu finden. Wie ein Kommentator es ausdrückt: »Die übergeordnete Funktion von Träumen besteht in der Entwicklung, Aufrechterhaltung (Regulierung) und, falls erforderlich, Wiederherstellung von Prozessen, Strukturen und Organisation der Psyche.«[12]

Demzufolge kann der Traum auch dem Zweck des Heilens dienen. Indem er dem Bewußtsein Metaphern und Symbole des nie versiegenden Energieflusses liefert, welcher das persönliche Leben trägt und formt, deckt er die grundlegenden Muster auf, zu denen wir unserer Gesundheit zuliebe eine bewußtere Beziehung herstellen müssen. In gleichem Maße zeigt er uns Bilder jener fehlkonstellierten Muster, in die unser persönliches Leben unausweichlich hineingelenkt wird. Das fließende Wechselspiel zwischen diesen heilenden und ›erkrankten‹ Mustern kann eine unschätzbare Hilfe für den Therapieprozeß sein.

Dem Therapeuten enthüllt jeder Traum Botschaften über psychische Strukturen oder Komplexe des Träumers, die sich intrapsychisch auf Vergangenheit und Gegenwart erstrecken. Der Traum liefert auch Informationen über die Beziehungen des Träumers zu anderen, auf die diese Strukturen und Komplexe projiziert werden. Jeder Traum erzählt dem Kliniker etwas über die psychologische Dynamik und über Entwicklungsmuster und -kapazitäten. Er liefert auch ein Abbild der Beziehungen des Träumers zur spirituellen Dimension, zum Selbst und zu archetypischen Mustern und

Energien. Auf all diesen Ebenen können der Träumer und sein Therapeut versuchen, etwas über bislang unbekannte Aspekte personaler und transpersonaler Existenz zu lernen.

Um einen adäquaten Ansatz für die Traumdeutung zu finden, müssen wir Perspektiven finden, die über diejenigen hinausgehen, welche ein dualistisches Bewußtsein erschaffen hat, das sich mit Oppositionen — äußerlich/innerlich, Objekt/Subjekt, Tag/Nacht, Leben/Tod, funktional-beschreibend/bildhaft, Konzentration/Offenheit etc. — zufriedengibt. Obschon diese Gegensätze nützlich sind, um rationale Bewußtheit zu definieren, so müssen wir doch auch ein integrales Bewußtsein[13] entwickeln, das tägliche und nächtliche Handlungen und Ereignisse und tägliche und nächtliche Visionen aus vielerlei Perspektiven betrachten kann, und wir müssen diese Perspektiven sowohl für uns selbst als auch für den Träumer, den wir als Patienten in unserem Sprechzimmer vor uns haben, integrieren. Die Kapazität hierfür gründet auf der Fähigkeit, zwischen den verschiedenen Formen der Bewußtheit, wie magisch-affektiver, körperlicher, mythologischer, allegorischer, symbolischer und rationaler Wahrnehmung, hin- und herschalten zu können. Entwickelt man diese Modi oder besonderen Stilarten des Bewußtseins, so wird es möglich, genauso zwischen ihnen hin- und herzuschalten, wie wir versuchen, von einer situationsrelevanten typologischen Funktion auf eine andere umzuschalten. So können wir uns das größtmögliche Spektrum an Perspektiven bezüglich der psychologischen Bedeutung einer gegebenen Situation zu eigen machen, gleichviel, ob es sich um ein Ereignis, einen Traum oder ein Traumereignis handelt.

Um eine vergleichbare, aber vereinfachende Analogie aus dem täglichen Leben für die Möglichkeiten dieses facettenreichen methodischen Ansatzes zu verwenden, können wir Betrachtungen über einen roten Fleck an einem Baum anstellen: Man kann ihn als physisches Objekt mit einem spezifischen physischen Zweck (eine Wegmarkierung) sehen, als einen Sammelpunkt für Aufmerksamkeit, Aktion oder Konzentration von Emotion, als einen besonderen Punkt in einem visuellen Muster, als metaphorische oder symbolische Botschaft, als Auslöser für Bilder aus der Erinnerung, als Offenbarung der Eigenschaften von an die Moleküle gebundener Energie, als Ausdruck der Phantasie eines anderen (ein Überbleibsel eines Bildes, das jemand versucht hat zu malen). Er kann sogar als Teil eines Farbschemas inmitten der Grüntöne des Waldes wahrgenommen werden. Bei all diesen Formen der Wahrnehmung — und anderen — kann der Fleck funktional sein. Um ihn in angemessener Weise zu untersuchen, müßte der Untersuchende für all diese Möglichkeiten offen sein und herausfinden, welche sich in der gegebenen Situation als am besten anwendbar erweist.

Um zu dem Traum die richtige Beziehung herstellen zu können, bedarf es als nächstes der Fähigkeit, ihn von verschiedenen Standpunkten aus zu umkreisen. Wie Jung es ausdrückte:»Um dem Traum auch nur einigermaßen gerecht zu werden, bedürfen wir eines Rüstzeugs, das wir uns aus allen Gebieten der Geisteswissenschaften mühsam zusammenstellen müssen.«[14] Und, so würden wir hinzufügen, auch aus dem Bereich der Kunst und der spirituellen Sicht.

Dieses Buch ist ein Versuch, den Therapeuten auf die reiche Vielfalt möglicher Ansätze — und auf die Möglichkeit, zwischen diesen verschiedenen Ansätzen spielerisch hin- und herzuwechseln — aufmerksam zu machen, damit er anfangen kann, diese dafür zu nutzen, die verschiedenen Ebenen und Bedeutungen eines jeden Traumes zu erforschen.

Wir konzentrieren uns besonders auf folgende Punkte:

(1) die symbolische und metaphorisch/allegorische Sprache von Traumbildern;

(2) die Bilderwelt des Traumes in Beziehung zu persönlichem assoziativem Material, zu rational und kollektiv erklärendem Material sowie zu mythologischem amplifizierendem Material;

(3) die verschiedenen Beziehungen zwischen dem Traum und den bewußten Einstellungen des Träumers;

(4) die dramatische Struktur des Traumes;

(5) die bildhafte Darstellung der Beziehungen zwischen dem heilenden archetypischen Bild und dem persönlichen Erleben;

(6) die körperliche Bilderwelt in Träumen; und

(7) Traumbilder vom Analytiker und der Analyse als Material, das die in der therapeutischen Beziehung stattfindende Übertragung und Gegenübertragung enthüllt.

Alle diese Bereiche müssen im Bewußtsein des Therapeuten kreisen, während die klinische Traumdeutung ihren Fortgang nimmt. In der Tat könnte dieses Buch als ein Kreis verstanden werden, wobei jedes Kapitel eine Zwischenstation darstellt, von der aus man sich auf den Traum einstellen kann, welcher im Zentrum liegt.

KAPITEL 2

TRAUMARBEIT IN DER KLINISCHEN PRAXIS

> Die Kunst des Träume-deuten-Könnens kann man nicht aus Büchern ler-
> nen. Methoden und Regeln sind nur gut, wenn man auch ohne sie gehen
> kann.
> (*GW,* Bd. 10, Randnummer 325)

Das klinische Verstehen eines Traumes erfordert sowohl Kunst als auch Geschick. Die Kunst besteht in der Fähigkeit, den Traum als facettenreiche
dramatische Darstellung wahrnehmen zu können, so als wäre man Zeuge
einer Szene aus dem Spiel des Lebens. Die Darbietung würde Aufmerksamkeit erfordern, kombiniert mit vollem Respekt, Einfühlungsvermögen,
feinfühliger Intelligenz, Intuition und einem Gespür für symbolhaften
Ausdruck. Solche künstlerischen/spirituellen Fähigkeiten sind einem Therapeuten gegeben oder nicht. Sind Gaben dieser Art aber überhaupt vorhanden, so lassen sie sich im Rahmen einer Lehrzeit mit entsprechender
Disziplin weiterentwickeln. Durch das Studium dieser Kunst kann ein Kliniker lernen, die vielen Facetten und Ebenen der traumimmanenten dramatischen Struktur in zunehmendem Maße wahrzunehmen, um so das
Hauptthema des Traumes und seine fein abgestuften Variationen bestimmen zu können. Er kann lernen, die Perspektive des Traums auf die psychologische Realität des Träumers zu erkennen und mit der Symbolik des
Traums, seinen signifikanten Foci und Energiemustern und seiner Art des
emotionalen Ausdrucks zu arbeiten. Für die Kunst, einen Traum zu würdigen, ist es eine gute Schulung, sich an Dichtung, Märchen, Literatur,
Musik und den Bildern der visuellen Kunstrichtungen zu erfreuen.

Ein solcher künstlerischer Ansatz zur Traumdeutung basiert nämlich auf
dem Erfassen von Faktoren ähnlich denen, welche bei der Würdigung von
Literatur, Malerei oder Musik zum Tragen kommen. Die Methode erfor-

dert — unter anderem — ein feines Gespür für den thematischen Inhalt und die besonderen Eigenschaften des Charakters, der Handlung und der wechselseitigen Beziehungen der Gestalten, Formen und Szenenhintergründe des Traumes. Sie verlangt ein feines Gespür für den Rhythmus der Traumereignisse (schnell, langsam, sich entwickelnd, fragmentarisch etc.); für emotionale Färbungen und Tonabstufungen; für Zusammenhang oder fehlenden Zusammenhang, für Diskrepanzen bei den Themen, Bildern, Handlungen und Gestalten; für Umfang und Raum; für Konsonanz oder Dissonanz, sowohl innerhalb des Traumes selbst als auch zwischen dem Traum, der zugehörigen Realität und den bewußten Einstellungen des Träumers; für die Qualität der Beziehungen innerhalb des Traumes selbst und zwischen den Traumbildern und der bewußten Wahrnehmung des Träumers.

Andererseits gibt es bestimmte praktische Anweisungen, mit deren Hilfe man sich Fertigkeiten in der Traumdeutung aneignen kann; diese sollten aber nur als allgemeine Orientierungshilfen verstanden werden. So wie Tonleitern und Etüden dienen sie nur der Verbesserung der Technik. Sie sind jedoch kein Ersatz für ein angeborenes künstlerisches Talent, dessen es sowohl für die Traumdeutung als auch für musikalische oder dramatische Leistungen bedarf. Im übrigen müssen die durch die Anwendung praktischer Techniken erworbenen Fertigkeiten immer hinter der *Kunst* der Deutung zurückstehen. Als erste ›Regel‹ gilt somit das Paradoxon aller Heilkünste: Die Anwendbarkeit der Grundprinzipien bestimmt sich nach Gefühl, Gespür und Intuition.

Als Ausdruck von prärationalen, ›veränderten‹ Bewußtseinszuständen sind Träume so variabel wie die Natur selbst. Sie sind in der Tat ein *lusus naturae*, ein Spiel der Natur, das sich niemals in rigide Systeme einpassen läßt. Vielmehr muß sich unsere rationale Denkfähigkeit der proteusartigen Vielfältigkeit der Lebensprozesse, so wie sie sich in Träumen verkörpert, anpassen. Das rationale oder ›sekundäre‹ Denken muß lernen, sich den Gefühlstönen und -bildern des Traumes anzupassen, träumerisch zu reflektieren und intuitiv zu spielen, genauso ernsthaft, wie ein Musiker das mit einer Sonate tut, bis sich ihm schließlich die Bedeutungsinhalte eröffnen.

Während die behavioristische Anschauung Träume als ›Fehlzündungen von Neuronen‹ abtut, faßt eine andere populäre und ebenso vereinfachende Ansicht die Traumbotschaften wörtlich und im konkreten Sinn auf. Die klassische Freudsche Schule wiederum reduziert ganz allgemein die Vielseitigkeit von Bildern des manifesten Trauminhalts auf Zeichen, die auf Wunscherfüllung bei unterdrückten und traumatischen libidinösen Konflikten hindeuten.[1]

Erwähnenswert ist, daß die psychoanalytische Gemeinschaft gegenwärtig einen Prozeß durchläuft, in welchem die klassische Freudsche Einstellung zum Traum und zum Träumen neu gewichtet wird.[2] In dem neueren Material werden viele von Jungs ursprünglichen Vorstellungen von der Funktion des Traumes und einiges von seiner Methodologie der Traumdeutung ›wiederentdeckt‹, ohne daß Jungs Leistung unserem Empfinden nach ausreichend gewürdigt würde. Oft scheint es, als wehre man sich ganz allgemein gegen die fruchtbare Arbeit von Jung, indem man zuerst ihre Existenz leugnet oder sie herabwürdigt und dann behauptet, es handle sich um Offensichtliches oder um eine kürzlich von den psychoanalytischen Revisionisten gemachte Entdeckung. Wichtiger aber als alle Spitzfindigkeiten über Präzedenz ist der Eindruck, daß die verschiedenen psychoanalytischen ›Schulen‹ — von denen eine jede den unbewußten psychischen Prozessen Gewicht beimißt — näher zusammenrücken, wenn sie das ihnen vorgelegte Beweismaterial mit Integrität und Respekt für die ihnen anvertrauten Patienten untersuchen.

Von Anfang an war es Grundlage der Jungschen Methode, im Traum eine allegorische und/oder symbolische Aussage über die psychologische Situation des Träumers zu sehen, eine präzise und objektive Aussage, die zugeschnitten ist auf das Bewußtsein des Träumers und/oder seines Analytikers. Wie ein Röntgenbild, oder besser gesagt: wie ein von einem großen Meister ausgeführtes Portrait enthüllt der Traum eine vielschichtige Botschaft über die gegenwärtige Situation des Träumers und zeigt eine bislang unbekannte oder unbewußte Perspektive. Kunst, Geschick und Übung sind erforderlich, um die feinen Nuancen herauslesen zu können; dabei wird der Kliniker jedesmal feststellen, daß der Traum mit geradezu unheimlicher Genauigkeit ein exaktes Abbild derjenigen psychologischen Situation liefert, mit der der Träumer sich konfrontiert sieht. Arbeitet man einen Traum sorgfältig durch, so erkennt man, daß sowohl die gesamte dramatische Struktur als auch jedes einzelne Bild innerhalb dieser Struktur Aspekte des psychologischen Zustandes widerspiegeln, in dem der Träumer sich befindet, und daß sich so ein symbolisches Bild der gegenwärtig relevanten psychischen Energiemuster ergibt. Kein noch so geringer Aspekt des Traumes ist belanglos; alle Aspekte fügen sich zusammen, um eine profunde Botschaft mit thematischem Gehalt zu übermitteln.

So bietet sich in der klinischen Praxis jeder Traum zur Diagnose und Prognose an und liefert zum richtigen Zeitpunkt das passende Material, um die gegenwärtige psychologische Wirklichkeit des Träumers aufzeigen und die blinden Flecken im Bewußtsein des Träumers — und/oder des Analytikers — ansprechen und kompensieren zu können. Diagnostisch betrachtet, geben die Bilder und Strukturen Zeugnis vom Grade der Stärke oder Schwäche des Ich und können Charakteristika der Beziehung zwischen verschiedenen Formen des Bewußtseins und dem psychologischen und somatischen Unbewußten aufdecken. Prognostisch gesehen, lenkt der Traum die Aufmerksamkeit auf das, womit das Bewußtsein konfrontiert wird, sowie auf wahrscheinliche klinische Entwicklungen und oftmals auch auf die Art und Weise, wie Träumer und/oder Analytiker in Anbetracht ihrer gegenwärtigen bewußten Einstellung und ihrer Fähigkeiten sich aller Wahrscheinlichkeit nach mit solchen Konfrontationen auseinandersetzen werden. Für erforderliche Interventionen läßt sich so der richtige Zeitpunkt finden, denn jeder Traum ist Teil eines Lenkungsprozesses im Rahmen einer fortlaufenden Dialektik zwischen bewußten und unbewußten Haltungen.[3] Die Traummetaphern und -symbole signalisieren dem Therapeuten also, welche Themen er anzusprechen hat und wie und wann er sie anzusprechen hat. Die psychologische Wirklichkeit und die blinden Flecken im Bewußtsein werden aufgezeigt, da jeder Traum auf einen unbewußten Komplex und auf den archetypischen Dynamismus hinweist, der hinter den emotional beladenen Schichten dieses Komplexes steht.

Man kann sagen, daß jeder Traum auf eine Erweiterung des Bewußtseins abzielt. Er bietet Kommentar, Korrektur und Beiträge zur Problemlösung an. Dadurch werden die wachbewußten Anschauungen des Träumers (und/oder des Analytikers) gefestigt, verbunden oder ausgeglichen, und der Traum wird so zu einem wichtigen Vehikel zur Unterstützung der psychologischen Entwicklung. Man kann auch sagen, daß der Traum Zeugnis ablegt von einem im Träumer selbst befindlichen Urgrund, der wirklich zu sehen vermag und der um einer potentiell möglichen psychologischen Erkenntnis willen Metaphern und Symbole präsentiert — einem Urgrund, der kommentiert, korrigiert und lehrt.

In der Tat gibt es zahlreiche Hinweise, die es nahelegen, Träume als Manifestationen des lenkenden und ordnenden Zentrums im Inneren der Persönlichkeit, des Selbst der Jungschen Terminologie, zu betrachten. Sowohl Träume als auch äußere Ereignisse können als symbolische Botschaften aufgefaßt werden, welche aus einer Quelle stammen, die den Individuationsprozeß des Träumers sein ganzes Leben lang trägt und leitet.

Kunst und Technik der Traumdeutung sind ein Akt der Ehrerbietung gegenüber dieser transzendenten lenkenden Macht, ob sich der Deutende dessen bewußt ist oder nicht. Die Traumarbeit im Rahmen einer Therapie dient dazu, Zugang zu diesem Ursprung zu finden.

Das Verfahren der Traumarbeit kann im Laufe der Zeit ein Gefühl des Eingebundenseins in eine beständige, unterstützende und Führung gebende Matrix vermitteln, die den Träumer aus einer nie versiegenden Quelle versorgt. Während Träume also Klarheit schaffen helfen und lehren, fördern sie gleichzeitig den Aufbau eines Grundvertrauens und eines Ich, das sicher genug ist, um auf die wechselnden Botschaften des Selbst reagieren zu können. Jeder Aspekt der psychologischen Entwicklung wird zu verschiedenen Zeiten durch Träume unterstützt — dies gilt auch für Objektbeziehungen und den Aufbau des Ich und für Aspekte, die sich auf unbewußte Dynamik oder auf äußere und innere Gestalten und Themen beziehen. In der praktischen Psychotherapie tragen Träume sogar zur Auflösung der Übertragung auf die Person des Analytikers bei, indem sie beständig auf die dynamischen Prozesse in der Übertragungsbeziehung und auf eine eigene innere Autorität hinweisen — ein tragendes und ordnendes Zentrum, das die persönliche Identität, oder das Ich, mit umfaßt.[4]

Unausweichlich spricht der Traum die blinden Flecken des Träumers und des Analytikers an und ist, um es mit Emerson auszudrücken, »eine in Hieroglyphen abgefaßte Antwort auf die Frage, die wir stellen würden«.[5] Er präsentiert seine Botschaft in der Sprache metaphorisch/allegorischer und symbolischer Bilder. Aus diesen beiden Gründen ist die Arbeit an eigenen Träumen mit Schwierigkeiten befrachtet. Der Träumer ist regelmäßig außerstande, jene blinden Flecken selbst zu sehen und zu erkennen, welcher Art von ›Fragestellung‹ es bedarf. Nur allzuoft identifiziert sich der Träumer nur mit der Perspektive des Traum-Ich und dessen emotionalen Reaktionen auf die dargebrachten Bilder. Ein andermal vermag der Träumer nicht auseinanderzuhalten, welche Aspekte des Traumes sich auf objektive ›äußere‹ Wirklichkeit und welche sich auf projizierte subjektive ›innere‹ Zustände und Komplexe beziehen.

Traumarbeit braucht deshalb einen Zeugen, jemanden, der eine Perspektive beiträgt, die nicht aus dem Kontext des Träumers stammt, mit dem gemeinsam man dem Traum zunächst begegnen kann. Um Traumarbeit so effektiv wie möglich zu gestalten, bedarf es einer dyadischen oder Gruppensituation. Ein anderer, der als Spiegel fungiert und den Träumer herausfordert, kann dadurch zur Projektionsfläche für die Reaktionen des Träumers werden. Der Zeuge, der Analytiker oder die Therapiegruppe helfen, Assoziationen und Erklärungen zutage zu fördern und die Botschaft des Traumes zu verankern, indem sie die Aufmerksamkeit auf relevante Bereiche in der Psychologie des Träumers und in seinem Verhalten lenken, die für andere sichtbar sind, die aber in die blinden Flecken des Träumers fallen.[6] Normalerweise bedürfen die Bilder einer einfachen Übersetzung in eine Aussage über persönliches psychologisches Material und/oder Beziehungen zu Personen und äußeren Ereignissen.

Manchmal werden die Bilder aber auch so, wie Träumer und Analytiker sie empfangen, still in den unergründlichen Tiefen der Psyche widerhallen.

Zusätzlich zur Interaktion mit anderen können sich verschiedene imaginative Techniken für den Träumer als hilfreich erweisen. Meditation über die Bilder des Traumes, Gestalt- und psychodramatische Spiele, Dialoge mit Traumgestalten und -objekten, das Zeichnen der Traumbilder und andere aktive Imaginationen sind Wege, mit dem Traum zu leben und sich seiner Bedeutung zu öffnen.[7]

Bei bestimmten Patienten allerdings, die wegen des Ausmaßes ihrer Regression oder des inadäquaten Niveaus ihrer initialen Entwicklung bereits mit unbewußtem Material überschwemmt sind, können solche Techniken das Gefühl von Aufgespaltenheit und Entfremdung noch verstärken. Solche Patienten sind vielleicht nicht in der Lage, zu Traumgestalten als Aspekten ihrer selbst in Bezug zu treten. Die einzige Figur, zu der sie sich in Beziehung setzen können, ist das Traum-Ich (falls ein solches vorhanden ist), und manchmal ist nicht einmal das möglich. Jede Konfrontation mit negativen Teilpersönlichkeiten (Schatten) wäre in einem solchen Stadium kontraproduktiv, es sei denn, die Energie des Schattens könnte als wertvoll — als das Ich stärkend und zusammenfügend — gesehen werden, wenn sie in persönlichem Material verankert wird und von der fragmentierten oder schwachen bewußten Haltung ›in Anspruch genommen‹ wird. Patienten dieser Art könnten die Orientierung verlieren, wenn man sie auffordert, sich mit einer Traumfigur im Rollenspiel zu identifizieren. Oftmals können sie weder einen Bezug zu der Ambivalenz der eigenen Psychologie herstellen, die vom Drama des Traumes in Bilder gefaßt wird, noch die Gesamtbotschaft des Traumes erfassen. Bei der Traumarbeit mit solchen Analysanden obliegt es gewöhnlich dem Analytiker, die Botschaft des Traumes zu erfassen und Teile derselben innerhalb des relevanten klinischen Kontexts einzusetzen.

Aber auch im besten Fall und für erfahrene Therapeuten bedarf die Traumarbeit des Dialogs mit einem anderen. Sogar bei reichhaltiger Erfahrung mit Träumen eröffnen sich durch solche kollegiale Überprüfung und Konfrontation wesentliche Details und persönliche Bedeutungen, die übersehen worden waren. Das unter Ärzten gängige Wort ›Der Doktor, der sich selbst behandelt, hat einen Narren als Arzt‹ gilt auch hier, denn der Traum bringt uns mit unbewußter Dynamik in Berührung, und es ist per definitionem nicht leicht, sich dieser bewußt zu werden.

Ein historisches Beispiel[8] dafür, wie ein Träumer einem Trugschluß aufsaß, indem er seiner eigenen Perspektive vertraute, gibt uns der Traum von Hannibal, dem Heerführer der Truppen Karthagos gegen Rom. Es ist überliefert, daß Hannibal vor dem Zweiten Punischen Krieg träumte, er sei vor den Rat der Götter geladen. Dort forderte Jupiter Capitolinus, der oberste der Götter, ihn dazu auf, Krieg gegen Rom zu führen. Durch den Traum ermutigt, unternahm Hannibal genau das. Er erlitt jedoch eine gehörige Niederlage. Bei seiner von den eigenen Wünschen getragenen Deutung des Traumes hatte er die Tatsache übersehen, daß Jupiter Capitolinus der Name der Schutzgottheit Roms war. Er folgte dem Rat eines römischen, nicht eines karthagischen Gottes. Der Traum verkündete also nicht den Sieg, sondern konfrontierte Hannibal mit seinen eigenen persönlichen Motiven für seine Bereitschaft, Krieg zu führen. Mit dem Bild des römischen Gottes zeigte ihm der Traum, daß er sich von der Macht Roms herausgefordert fühlte und Neid empfand. Er war so gefangen in seiner bewußten Einstellung, daß er es versäumte, die Warnung aus dem Traum herauszulesen. Moderne Träumer haben dieselbe Neigung zur Voreingenommenheit, wenn ihnen nicht eine andere Person Fragen stellt, ihnen den Spiegel vorhält und ihre Aufmerksamkeit auf die kompensatorische Qualität der Botschaft aus dem Unbewußten lenkt.

Wenngleich dieses Buch in erster Linie für Kliniker geschrieben wurde, so ist doch die Kunst klinischer Bewertung nicht sein Gegenstand. Unser Anliegen ist das Verstehen des Traumes an sich; denn nur wenn dieses Verstehen vorausgeht, kann der Therapeut durch klinische Bewertung, durch Einfühlungsvermögen und Erfahrung zu einer klinischen Entscheidung darüber gelangen, was in den Brennpunkt der Aufmerksamkeit gerückt werden sollte und wieviel er mit dem Träumer besprechen, durchspielen oder ihm deuten sollte, je nach dessen Assimilationsfähigkeit. Der Therapeut bedarf zum vollkommenen Verständnis eines Traumes aber auch immer der Assoziationen und der emotionalen Mitwirkung des Träumers.

Bei jedem Traum obliegt es dem Therapeuten, die Ebenen und den Fokussierungspunkt für die Deutung ausfindig zu machen, die vom Träumer auf die sinnvollste Weise assimiliert werden können. Tritt Widerstand auf, so bedeutet dies häufig, daß der Ansatz unangemessen oder rundheraus falsch ist. In einem solchen Fall trifft die Deutung entweder nicht zu, oder sie übergeht den wesentlichen Punkt und ist in sich oder in der Art, wie sie präsentiert wird, falsch. Aller Wahrscheinlichkeit nach ist der Widerstand selbst Bestandteil des Komplexes oder Problembereichs, mit dem der Träumer zu tun hat. Bei Widerstand hilft es gewöhnlich, sich zurückzuziehen und mit der Arbeit an dem Traum neu zu beginnen, sich sorgfältig an die bildhaften Beschreibungen der psychischen Dynamik zu halten und abzuwarten, bis diese Metaphern assimiliert werden können. Manchmal muß man sogar die Arbeit an einem bestimmten Traum für eine Zeitlang fallenlassen. Keinesfalls ist es gerechtfertigt zu drängen. Konkurrenz und dominierendes Verhalten sind nur Anzeichen für eine Gegenübertragungsthematik, mit der man sich auseinandersetzen muß.

Bei einigen Klienten mag die Traumdeutungsarbeit weder wünschenswert noch möglich oder nur in besonders modifizierter Form durchführbar sein. Andererseits können Träume, die jede Woche zu Dutzenden vorgelegt werden oder die eine ›absurde Mischung von Bildern‹⁹ enthalten, eine Abwehr gegen das bewußte Wahrnehmen von Affekten und der Übertragungsbeziehung sein. In einem solchen Fall empfiehlt es sich, nur ein Fragment oder einen kurzen Traum herauszugreifen und gründlich daran zu arbeiten, dessen Bilder in der gegenwärtigen emotionalen Realität und der Lebensthematik zu verankern, auf die das Traummaterial hinweist.

Arbeitet ein Therapeut mit Individuen, die in ihrer Entwicklung so tief verletzt wurden, daß sie von ihren emotionalen Assoziationen abgespalten oder unfähig sind, symbolisches Material zu verarbeiten, so muß er sich dieser unausweichlichen Defizite stets bewußt bleiben. Die einem schwer regredierten oder unentwickelten Klienten angebotenen Deutungen können als Formen dienen, um furchterfüllte und gespaltene Affekte in Schach zu halten, oder für einen therapeutischen Spiegelungsprozeß verwendet werden. In solchen Fällen mag die gemeinsame Arbeit am Traum weniger zur Erhellung seiner subtilen emotionalen und symbolischen Bedeutungen für den Träumer geleistet werden als vielmehr wegen seiner Botschaften für den Therapeuten und seines unübertroffenen Wertes als Fokussierungspunkt gemeinsamer Aufmerksamkeit und kreativer, spielerischer Aktivität. Dieses gemeinsame Spiel mit Traumbildern ist eine spezielle Therapieform, die der Kunsttherapie analog ist. Innerhalb des therapeutischen Schutzraumes kann der Träumer seine Traumbilder zusammen mit dem Analytiker auf sichere Weise erforschen und auf sie reagieren. Mit den Bildern kann man ›spielen‹: Man kann sie aufnehmen, beschreiben, zusammenfassen, neu ordnen, ablegen und erneut aufnehmen, um in der Beziehung zu diesen Bildern ein Gefühl von Meisterschaft und stabiler Identität zu gewinnen. Ein solche sichere kreative Aktivität in Begleitung des Analytikers vermittelt die Befähigung zu einer gemeinsam getragenen Beziehung — einer Beziehung sowohl zu einer äußeren Person als auch zu immer neuem Traummaterial, das aus dem inneren Grund des Seins und Wissens aufsteigt. Das Nachsinnen über ›eigene‹ Trauminhalte gemeinsam mit einer einfühlsamen anderen Person, das Assoziieren zu diesen Trauminhalten und das Verankern spezifischer Traumbilder in den analogen Ereignissen und Mustern des täglichen Lebens, das Auffinden objektiver Erklärungen und die gemeinsamen Reaktionen — all dies bildet Methode und Material, um eine therapeutische Beziehung aufzubauen, die ›sicher genug‹[10] ist und in der sich schließlich echte Affekte und Individualität zeigen können. Wenn solche Traumarbeit wiederholt geleistet wird, schafft sie ein Gefühl für wertvolle individuelle Inhalte und läßt die Fähigkeit, mit Bildern umzugehen, bewußt werden.[11] Im Laufe der Zeit trägt das gemeinsame Tun in hohem Maße dazu bei, ein Gespür zu entwickeln für eine fließende und eins gewordene, aber doch konstante und separate Identität — eine gefühlte Individualität, für die Spiel und symbolisches Verstehen sowohl möglich als auch genußvoll sind.

Therapeutische Überlegung muß in jedem Einzelfall entscheiden, wie und wann spezifische Aspekte der Traumauswertung beim jeweiligen Klienten zum Einsatz kommen sollen. Das in diesem Buch vorgelegte Material überläßt die Fragen der Fallbehandlung dem Geschick und der Ausrichtung des Therapeuten. Wenngleich das Handwerkszeug als solches für die Traumdeutung immer wichtig ist, obliegt es in jedem Falle dem Therapeuten, zu verstehen, wie all das, was der Klient vorlegt, einer Heilung nutzbar gemacht werden kann. Stellen Träume auch nur einen der vielen Wege zu therapeutischer Lebensveränderung dar, so sind sie doch als Zugangsweg zum Lenker und Leiter des therapeutischen Prozesses, nämlich dem Selbst des Analysanden, von unschätzbarem Wert.

Die sorgfältige und gründliche Untersuchung eines jeden Traumes ist wichtig und lohnend, aber bei den Sitzungen in der klinischen Praxis bleibt oftmals nicht genug Zeit, um jedes Detail zu erforschen und zu deuten. Wie Jung es in seinem Traumstudienseminar ausdrückte: Man braucht »ihm [dem Träumer] nicht alles zu sagen, was ich Ihnen gesagt habe, es genügt, ihm Hinweise zu geben.«[12] Die numinose Kraft des Traumes selbst wird den Therapieprozeß unterstützen und fördern, indem sie vor und nach der analytischen Sitzung in den tiefen Schichten der träumenden Psyche wirkt. Es gibt Träume, zu denen man während der gesamten Lebenszeit des Träumers immer wieder zurückkehren kann, um erneut deren reichhaltige und stets wieder relevante Bildmuster aus der Tiefe zu heben.

Keinesfalls aber genügt es, nur Einsicht in die Bedeutung eines Traumes zu gewinnen oder die Botschaften des Traumes als Indikatoren für die Meinung zu nehmen, »das Unbewußte wisse ja alles besser … [wodurch] die bewußte Entschlußkraft beeinträchtigt [wird].«[13] Die Traumbotschaften auf allen Ebenen des Bewußtseins so vollständig wie möglich zu erfassen ist nur ein vorbereitender Schritt. Über die ›Einsicht‹ hinaus müssen wir die heilenden symbolischen Bildmuster aktiv in der persönlichen Erfahrung des einzelnen Träumers verankern, wo dieser dann die Einsichten praktizieren oder realisieren kann. Das bedeutet auch, sich dafür zu entscheiden, die Trauminhalte auf ernsthafte und verantwortliche Weise bei den täglichen Aufgaben und in Beziehungen zu leben und zu testen. Eine solche Umsetzung hilft, die verschiedenen Aspekte der psychologischen Funktionen zu verbinden und so den Träumer-Schauspieler-Schläfer-Wachenden zu dem Gesamtindividuum verschmelzen zu lassen, das zu sein ›ihm bestimmt ist‹.

Da Traumbilder symbolisch, nicht semiotisch sind, muß sich der Kliniker vor einem vorschnellen ›Verstehen‹ der ›Bedeutung‹ des Traumes hüten und darf sich auf keinerlei starre Äquivalenzen verlassen (wie etwa: ein Stab ist ein Phallus; eine Höhle ist die Große Mutter; eine Dachstube ist der Intellekt oder die Zukunft). Sofort zu wissen, welche Bedeutung ein Traum angeblich in sich trägt, basiert gewöhnlich eher auf einer Projektion von eigenen Vorurteilen des Therapeuten und auf Gegenübertragung als auf echtem, oftmals notwendigerweise wechselseitigem Verstehen.[14] Wie alle Äußerungen der ›anderen Seite‹ tendiert der Traum zu Vielschichtigkeit und Orakelhaftigkeit, er ist daher ambivalent (oder sogar polyvalent) und widersetzt sich einem rationalen, schwarz-weißen, simplizistischen methodischen Ansatz.

Schnell Bescheid zu wissen oder ohne adäquate Assoziationen des Träumers verstehen zu wollen mag zu teilweise korrekten Ergebnissen führen, es besteht aber die Tendenz, subtile Implikationen zu übersehen. So träumte beispielsweise eine junge Frau, die sich selbst als ›frigide‹ und sexuell wenig erfahren bezeichnete:

> Ich bin mit Prostituierten in einem Zimmer eingeschlossen, die den Schlüssel in einem kleinen Kästchen aufbewahren.

Ihre assoziative Erklärung für ›Prostituierte‹ war ›sexuelle Promiskuität‹. Man könnte spekulieren, daß ihr psychologischer Zustand in einem ›Eingesperrtsein‹ mit promiskuitiven Wünschen bestand und diese der Schlüssel zu ihrem ›Frigiditätsproblem‹ waren, das wiederum als Reaktionsbildung verstanden werden könnte. Der in Ausbildung befindliche Analytiker, der seiner Klientin diese Deutung vortrug, traf auf eine leicht depressive und passive Akzeptanz.

Da die Deutung keine emotionale Zustimmung hervorrufen konnte und auch nicht dem Eindruck des Analyse-Supervisors von der Psychodynamik der Klientin entsprach, erinnerte der Supervisor den Analytiker an die Wichtigkeit, bestätigende oder entgegenstehende Hinweise — entweder in anderen Träumen oder in bislang übersehenen Details dieses Traumes — mit in Betracht zu ziehen. Das nicht berücksichtigte Detail war hier das Kästchen, in welchem der Schlüssel aufbewahrt wurde — metaphorisch ein augenscheinlicher ›Schlüsselhinweis‹. Als die Träumerin bei einer Sitzung nach der Supervisionsstunde des Analytikers in einem geeigneten Augenblick dazu befragt wurde, erklärte sie, es erinnere sie an ein kleines Kästchen, das ihrer ledigen Tante Lydia gehöre. Nach weiteren Assoziationen und erklärenden Erinnerungen an diese Tante befragt, beschrieb die Klientin sie als äußerst prinzipientreue, strenge Frau mit einer

Neigung, all ihre Habe hübsch geordnet aufzubewahren, eine Frau mit streng eingeteilten Vorstellungen von Richtig und Falsch. Sexualität befand sich für Tante Lydia ganz eindeutig in einem ›schwarzen Kästchen‹ (im übertragenen Sinn). Welche Farbe hatte das Kästchen der Tante? Braunes Holz. Und wie war das Traumkästchen? Es war weder braun noch schwarz; es war scharlachrot. Da solche Variationen der bewußten Erinnerung gewöhnlich hoch signifikant sind (siehe unten, S. 161, Der Tagesrest), bedurfte die Farbe einer Untersuchung. ›Scharlachrot‹ löste eine hoch emotionale Reaktion aus. Die junge Frau erinnerte sich, im Alter von 13 Jahren von eben dieser Tante Hawthornes *Der scharlachrote Buchstabe*[5] als Geburtstagsgeschenk erhalten zu haben. Die Tante hatte ihr verschiedentlich Predigten über die Schlechtigkeit von Unzucht und Sexualität gehalten und beide dabei als identisch erscheinen lassen. All dies hatte auf die junge Heranwachsende einen tiefen Eindruck gemacht. Obwohl sie bewußt anders dachte, empfand sie emotional befrachtete und sexuelle Gefühle als gleichbedeutend mit Unzucht, Prostitution und Sündhaftigkeit. Erinnerungen an frühere, die sexuelle Repression fördernde häusliche Konditionierung kamen allmählich in der Therapie zum Vorschein.

Das Detail des scharlachroten Kästchens schloß in der Tat den Komplex auf. Weit davon entfernt, eine Reaktionsbildung gegen promiskuitive Wünsche zu sein, offenbarte sich das Frigiditätsproblem als unmittelbares Resultat sadistischer, repressiver Konditionierung, die die Klientin in dem Denken einsperrte, daß alle sexuellen Gefühle ›hurenhaft‹ seien. Auf der anderen Seite manifestierte sich die Identifikation mit Prostitution — in ihrer Tendenz, Autoritäten zu folgen und die eigenen Erfahrungen zu verraten — in der passiven Ergebenheit, mit der sie die anfängliche unkorrekte Deutung des Therapeuten aufnahm. Eine wichtige Übertragungs- und Gegenübertragungsdynamik wurde für den Therapeuten offengelegt und in den Blickpunkt seiner Aufmerksamkeit gerückt. Er hatte das Detail vernachlässigt, das der Traum als Schlüsselhinweis angebracht hatte, zugunsten einer Deutung, die die Träumerin vielleicht in einen ebenso falschen und begrenzenden psychologischen Raum eingesperrt hätte, wie es der Komplex mit der Tante im Mittelpunkt getan hatte.

Um einen Traum mit der angemessenen Tiefgründigkeit bearbeiten zu können, muß der Therapeut zuallererst das Bildmaterial des Traumes in seinem Kontext respektieren, es mit Sorgfalt und mit offenem Staunen behandeln, bis die diesem entsprechende assoziative Affektreaktion beim

Träumer hervortritt. So genügt es beim Assoziieren zu einer bestimmten Traumgestalt nicht, herauszufinden, daß sie ›eine Freundin aus der Oberschule‹ war. Durch beharrliches Nachfragen muß die gegenwärtig emotional beladene persönliche Eigenschaft, das Ereignis oder die Erinnerung gefunden werden, die dieser Person zugeschrieben wird. Eine solche affektive Dynamik des symbolischen Bildes kann dann dazu verwendet werden, um das ›Rebus‹-Muster zu schaffen, das wir unten beschreiben werden (siehe S. 48).

Da man sich allzu leicht vorschnell von einer augenscheinlichen Deutung einfangen läßt, ist es dringend notwendig, Jungs Warnung zu beachten: »Wer bewußte Suggestion vermeiden will, muß also eine Traumdeutung so lange als ungültig ansehen, bis jene Formel gefunden ist, die das Einverständnis des Patienten erreicht.«[16] Das einzig verläßliche Kriterium ist das Einverständnis des Träumers — nicht notwendigerweise sein bewußtes Einverständnis, denn dieses mag von rationalen Überzeugungen, Wünschen, Furcht oder Widerstand gefärbt sein. Soll man sich auf dieses Einverständnis verlassen können, so muß es gleichsam aus einem körperlich gewordenen oder aus den ›Eingeweiden‹ stammenden Gefühl von ›Aha!‹, ›Ja!‹, ›Touché!‹ kommen. Diese kinästhetische Bestätigung ist ein aus der Tiefe kommendes Einverständnis des ›Körper-Selbst‹[17], das auch dann erkennt, wenn das bewußte ›Ich‹ dies nicht vermag. Solange es an einer solchen Reaktion fehlt, können die Ansichten des Analytikers über die Bedeutung des Traumes nur als hypothetische Möglichkeiten betrachtet werden, die noch auf Bestätigung oder Ablehnung durch das Selbst des Träumers warten. Naturgemäß werden auch nachfolgende Träume eine Deutung bestätigen, modifizieren oder in Frage stellen, und das gleiche geschieht mit dem Verständnis des Träumers von seinem Traum. Typischerweise wird eine inadäquate Deutung des Therapeuten oder ein unzureichendes Verständnis des Träumers mit hoher Wahrscheinlichkeit Wiederholungen, oft zahlreiche, desselben Traumthemas provozieren, und zwar nicht selten in einer drastischeren oder dramatischeren Form.

Die Würdigung der dramatischen Struktur des Traumes (siehe unten, Kapitel 7) wird dem Kliniker auch dabei helfen, sich nicht von bestimmten Details beeindrucken zu lassen, die den Träumer beeindruckt haben mögen, oder den Bezug der Bilder zum gesamten Kontext aus den Augen zu verlieren. Da jeder Traum eine Geschichte erzählt oder ein Drama schildert, kann kein Detail richtig eingeschätzt werden, wenn dabei diese Gesamtstruktur vernachlässigt wird. Eine ›Weisheits-Figur‹ kann in untunlichem Zusammenhang erscheinen oder Unheil anrichten; ein Bösewicht oder Störenfried kann hilfreich sein; ein Eindringling kann eine wichtige Botschaft bringen.

Gesamtkontext und Traumhandlung sind Träger der Botschaft. Ein Beispiel für dieses Korrektiv des Zusammenhangs stammt von einem jungen Mann, der an einem psychologischen Workshop teilnahm und danach träumte:

> Ich treffe einen exotischen Guru, der mir die Kunststücke eines schönen, märchenhaften Pfaus vorführt. Der Vogel stellt erst seine wunderbaren Federn zur Schau und zeigt dann eine Anzahl von Zauberkunststücken, die ihren Höhepunkt darin finden, daß er mit meiner Geldbörse und meinem Traumtagebuch fortfliegt.

Von diesen ›wundersamen‹ Gestalten stark beeindruckt und betört von der Aussicht auf magische Kräfte, die er in seinen Traum hineinlas, sprach der junge Mann von den Parallelen zu diesen Bildern, die er in der Alchemie und bei den Hindus entdeckt hatte. Der Therapeut ertappte sich bei dem Gedanken, daß der Pfau nicht nur ein Bild der Weisheit, sondern auch der Eitelkeit ist und daß ein Diebstahl (wenn auch vom Träumer nicht so erkannt) die Krise des Dramas darstellt — ein Akt von Taschendiebstahl. Im stillen machte er sich Gedanken über die Übertragungsimplikationen, die dies beinhaltete, und hielt mit seiner wenig enthusiastischen, unmittelbaren Interpretation des Traumes zurück, da er erkannte, daß deren Autorität die therapeutische Beziehung in die Fänge des ›Gurukomplexes‹ des Träumers geraten lassen könnte. Vorsichtig begann er über Elemente des Traumes Fragen zu stellen und traf anfänglich auf intensiven Widerstand. Als der junge Mann schließlich gefragt wurde, was er hinsichtlich des Verlustes seines Traumtagebuchs und seiner Geldbörse empfinde, gestand er, daß er es hasse, seine Kreditkarten ersetzen lassen zu müssen, aber gerne jemanden hätte, der seine Probleme auf magische Weise löse. In der Stille, die darauf folgte, hörte der Träumer seine eigene Antwort und nahm sie mit einem tiefen Seufzer in sich auf. Sein Körper stimmte der Botschaft zu, die so verschieden war von seinem ursprünglichen Gefühl des Enthusiasmus. Die dramatische Struktur des Traumes überbrachte noch eine weitere Botschaft: die Tatsache, daß die Faszination des Träumers von dem, was er als große magische Weisheit idealisierte, ihn tatsächlich seiner persönlichen

Besitztümer, seiner wahren Identität und Glaubwürdigkeit (die Geldbörse mit Ausweis und Kreditkarten) und auch der (Traumtagebuch-) Arbeit beraubte, die er geleistet hatte, um eine individuelle Verbindung mit dem Unbewußten herzustellen.

Die kohärente Logik der Traumbilder selbst ist von entscheidender Bedeutung und muß immer berücksichtigt werden. Man muß jedoch auch überprüfen, ob der Traumkontext rationale oder magische Logik anwendet. Endet eine Brücke mitten in der Luft über dem Hudson River, so fehlt etwas; ist die Brücke ein Regenbogen, der irgendwo in einem mythischen Land ausläuft, so mag eine andere Ordnung der Dinge gelten. Zeigt das Traumbild einen kaputten Automotor und hat das Traum-Ich kein mechanisches Geschick, so lautet die implizite Schlußfolgerung des Traumes, daß es besser wäre, eine Werkstatt aufzusuchen, als den Versuch zu wagen, den Motor auf amateurhafte Weise oder mit einer irgendwie gearteten Hoffnung auf magische Omnipotenz zu reparieren. Mit anderen Worten, der Träumer benötigt Hilfe, weil er nicht qualifiziert genug ist, um mit dem Problem umgehen zu können. Entsprechend könnte ein Traum, in welchem das Bedürfnis nach einem Ärzteteam auftaucht, eine Botschaft an den Therapeuten des Träumers sein und die Folgerung nahelegen, daß der Therapeut Unterstützung oder Supervision benötigt (siehe auch unten, Kapitel 5, Erklärungen, S. 58).

Es ist eindeutig wichtig, einen Traum im Hinblick auf seine spezifische dramatische Absicht, seine Bilder und seine affektiven und/oder gefühlsmäßigen Implikationen durchzuarbeiten. Nur durch solch sorgfältige Arbeit können die Details den richtigen Stellen zugeordnet und in ihrer Bedeutung erkannt werden, damit sich so die Botschaft des Traumes enthüllt.

KAPITEL 3

DIE SITUATION, WIE SIE IST

Der Traum [ist] eine spontane Selbstdarstellung der aktuellen Lage des Unbewußten in symbolischer Ausdrucksform.
(*GW*, Bd. 8, Randnummer 505)

Und in jedem von uns ist auch ein anderer, den wir nicht kennen. Er
spricht zu uns durch den Traum und teilt uns mit, wie anders *er* uns sieht,
als *wir* uns sehen. Wenn wir uns daher in einer unlösbar schwierigen Lage
befinden, so kann der Fremde uns unter Umständen ein Licht aufstecken,
welches wie nichts anderes geeignet ist, unsere Einstellung von Grund auf
zu verändern.
(*GW*, Bd. 10, Randnummer 325)

Jung nannte den Traum ein »höchst objektives, sozusagen ein Naturpro-
dukt der Psyche ... eine Selbstabbildung des psychischen Lebensprozesses«.[1] Er ist die Erfahrung eines unfreiwilligen psychischen Prozesses, der
nicht vom bewußten Willen oder von bewußten Einstellungen kontrolliert
wird und der die »innere Wahrheit und Wirklichkeit [des Patienten] so
darstellt, wie sie ist; nicht, weil ich sie so vermute, und nicht wie er sie haben möchte, sondern *wie sie ist*«[2]. »Der Traum rektifiziert [damit] die Situation. Er bringt das bei, was auch noch dazu gehört, und verbessert dadurch die Einstellung. Das ist der Grund, warum wir bei unserer Therapie
der Traumanalyse bedürfen.«[3]

Jeder Traum liefert Bilder, die als Informationsträger wirken können und
dem Träumer und/oder seinem Therapeuten bisher unbekannte Dinge von
entscheidender Bedeutung über den Träumer, seinen Therapeuten oder
den Therapieprozeß mitteilen. Der Traum kompensiert oder komplementiert einen Mangel in der bewußten Haltung des Träumers; und/oder der
Haltung des Therapeuten in bezug auf den Träumer oder die Analyse.

So kann man jeden Traum als Botschaft von einer höheren, vielleicht archaischen Intelligenz auffassen, die begierig darauf ist, bedeutungsvolle neue Standpunkte anzubieten.[4] Diesen hypothetischen Wesensteil nannte Jung das Selbst. Er definierte es als das »a priori Vorhandene, aus dem das Ich hervorgeht. ... *Nicht ich schaffe mich selbst, ich geschehe vielmehr mir selber.*«[5] Jungs Selbst ist ein symbolisches Postulat, eine ›taugliche‹ Beschreibung einer sonst unanschaulichen Dynamik, analog den gleichfalls unanschaulichen Arbeitsmodellen in der Atomphysik.[6]

Um das von Jung postulierte Selbst vom Konzept des Selbst in der Psychoanalyse abzugrenzen, welches sich auf die konditionierte, empirische Persönlichkeit einschließlich ihrer psychologischen Komplexe bezieht, werden wir es als das Lenkende Selbst bezeichnen. Dieses Lenkende Selbst ist als Grund und Lenker unseres Individuationsdrangs, dieses archetypischen dringlichen Verlangens, ›zu werden, was man ist‹ (*Pindar*)[7], zu verstehen. Es ist auch als Quelle und Lenker von Lebensereignissen und Traummaterial zu sehen, welche uns unschätzbar wertvolle metaphorisch/ allegorische und symbolische Botschaften übermitteln, die den Individuationsprozeß derjenigen fördern, die diese Botschaften zu lesen verstehen.

DAS TRAUM-ICH

Mitunter kann das Traum-Ich das *gegenwärtig empfundene Identitätsgefühl des Träumers* in der Gestalt eines beobachtenden Zeugen oder Schauspielers wiedergeben. In dem Traum: ›Ich sehe meine Kinder auf der Straße spielen und ermahne sie, im Hof zu bleiben; stattdessen laufen sie auf die Straße‹, handelt das Traum-Ich genau so, wie der Träumer es zu tun pflegt. Hier deutet der Traum auf die kontraproduktiven Wirkungen seines üblichen Verhaltens und seiner guten Absichten hin.

In einem anderen Fall träumte ein Mann:

> Ein Schreiner bringt mir ein Boot zur Reparatur und versichert mir, ich könne die Arbeit in meinem neuen Laden ausführen.

Da der Träumer sich seiner Fähigkeiten unsicher war und bezüglich des Ergebnisses einer solchen Aufgabe Skepsis zeigte, lieferte der Traum dem Traum-Ich die Bestätigung des Selbst, daß es die Arbeit tun könne. Wären aber die Assoziationen des Träumers zu dem Schreiner negativer Natur gewesen und wäre er sich seiner eigenen Fähigkeiten ziemlich sicher gewesen, dann hätte der Traum eher eine Warnung bedeutet.[8] In beiden Fällen ähnelt das Traum-Ich dem wirklichen Träumer, empfängt aber aus dem Unbewußten Bestätigung oder Warnung.

Da der Traum Bilder aus der Perspektive des Lenkenden Selbst zeigt, stimmt das Bild, das er vom Träumer liefert, wenn dieser in Person erscheint, in der Mehrzahl der Fälle aber nicht mit dessen empirischem Identitätsgefühl überein, ist nicht so, wie der Träumer sich selbst kennt. Vielmehr erscheint der Träumer — oder das, was oft als Traum-Ich bezeichnet wird — so, *wie ihn das Lenkende Selbst sieht.* Der Träumer kann mit Potentialen, Tendenzen oder Schwächen dargestellt werden, die ihm bisher unbekannt und unbewußt sind. Ein Mann beispielsweise, der sich bewußt für fürsorglich und hilfsbereit hielt, träumte:

> Ich werde gebeten, ein verletztes Kind zu retten. Anstatt an den Schauplatz des Leidens zu gehen, schicke ich mein Taschentuch hin.

Der Mann, der unter Protest erklärte, er würde so etwas in Wirklichkeit nie tun, da dies nicht dem Bild entsprach, das er von sich hatte, wurde hier mit der Sicht des Lenkenden Selbst auf seine Art von Hilfsbereitschaft konfrontiert. Unter einigen Schwierigkeiten, aber mit einem letztlich starken zustimmenden ›Aha‹ erkannte er, daß der Traum, humorvoll und sarkastisch, ein getreues Abbild davon lieferte, wie sein Ich sich weigerte, Verantwortung zu übernehmen, indem es die wirkliche Fürsorge für sein eigenes ›inneres Kind‹ durch eine großspurige leere Geste ersetzte. Weitere Arbeit mit dem Traum führte ihn zu der Erkenntnis, daß er auch andere Leute in dieser ›oberflächlichen Gentleman-Manier‹ behandelte.[9]

Im allgemeinen lassen sich die Eigenschaften des Traum-Ich durch den Stil der Erzählung, durch die Art und die charakteristischen Merkmale der vorkommenden Einstellungen und Handlungen und die jeweilige Art der Bezugnahme auf andere Aspekte und Gestalten des Traumes bestimmen. Diese können auch als Ich-Beschreibungen des Träumers relevant sein. Die Ichstärke und Integrität des Träumers gründet auf dem Erkennen moralischer und situationsbezogen-emotionaler Anforderungen und auf der Fähigkeit und Bereitschaft, geeignete Entscheidungen und Handlungen zu wagen. Die Bilderwelt des Traumes bringt diesbezügliches Können oder Versagen als Befähigung zu bestimmten Handlungen zum Ausdruck, wie:

etwas handhaben, sich in Beziehung setzen, fahren (Kutsche, Auto etc.), reiten, segeln, fliegen, erforschen, unterstützen, sich kümmern, bewachen etc.

Zu anderen Zeiten kann ein Traum auf die Sichtweise des Selbst hinsichtlich einer *Identifikation (eines Verschmelzens)* des Träumers *mit einem Ich-Ideal oder einer inflationierten Großartigkeit* aufmerksam machen. So träumte beispielsweise eine Frau:

> Ich bin eine Prinzessin und schwimme in einem idyllisch gelegenen Becken, wo ich plötzlich von einer schmutzigen und wütenden Straßengöre bedroht werde.

Nach Rollenspiel und Dialog zwischen der Prinzessin und der ärmlichen Gestalt wurde der Frau bei der Übersetzung der Traumbilder verständlich, daß ihr vernachlässigter Schatten[10], die ›Straßengöre‹, in dem Augenblick zum Angriff übergeht, in dem sie sich als ›exaltiert und sensitiv‹ betrachtet, als ›eine Person, um die andere sich kümmern, so daß sie keinen Finger rühren muß‹ (ihre Assoziation zu ›Prinzessin‹), und die sich an einem herbeigewünschten ›Erholungsort in einem Wasserbecken‹ aufhält, einem Ort ›ohne Konflikte, in seliger, abgeschiedener Bequemlichkeit‹. Die ›Straßengöre‹ ist ein Abbild ihrer ›schmutzigen‹, verachteten — und somit nicht angenommenen — Aggression. Die Gestalt bringt die Träumerin mit einer ›groben‹, sie konfrontierenden Energie in Verbindung, die ›nicht mit sich spaßen läßt‹ und vor der die Träumerin sich fürchtet, da diese ihr Selbstbild als süße, hilflose, verhätschelte Prinzessin bedroht — als Liebling von Vater und Ehemann.

Bewußt sah sie sich vor diesem Traum nur als von der Zurückweisung ihrer Mutter verletzte Frau, die tapfer und hart arbeitete, um ihren Rollen als gute Mutter und Professorin gerecht zu werden. Der Traum stellte diese Sichtweise in Frage, indem er einen anderen, bislang unbewußten Gesichtspunkt lieferte. Er sorgte, in einem unabweisbaren und zeitlich genau passenden Bild, für eine Konfrontation mit einem Ich-Ideal, das einer Entwicklung im Wege stand.

Die objektive Traumdarstellung von Ich-Ideal und aggressivem Schatten ermöglichte es der therapeutischen Beziehung, die Assimilation dieses schwierigen Materials zu unterstützen, da Träumerin und Therapeut in gemeinsamer Arbeit die vom Lenkenden Selbst präsentierten konfrontionalen Bilder verankern und in die Persönlichkeit eingliedern konnten.

Ein Mann träumte: ›Ich bin ein Löwe.‹ Dies zeigte die Sicht seines Selbst auf eine potentielle Löwenkraft, die noch negativ konstelliert war. Sein Traum-Ich wird in Vermengung mit dem grandiosen infantilen Selbst und Ich-Ideal in einer Weise dargestellt, die die persönliche Identität ausschaltet. Wenn Eigenschaften von Prinzessin oder Löwe bloß angestrebt und auch assimiliert worden wären, dann würde das Traum-Ich diesen Wesen als abgetrennten Gestalten begegnen und eher im Rahmen irgendeiner Handlung in Beziehung zu ihnen treten, als sich mit ihnen zu identifizieren. Die Traumhandlung könnte aber andererseits auch in einer Verfolgung durch die Gestalt bestehen oder das Bedürfnis darstellen, diese zu füttern etc.

Ohne Flugzeug zu fliegen, unter Wasser zu atmen oder ähnliche ungewöhnliche Fähigkeiten des Traum-Ich können auf Erfahrungen außerhalb des Körpers hinweisen, so wie sie von beinahe Verstorbenen berichtet werden. Es kann sich um latent vorhandene Kräfte handeln. Derartige Darbietungen des Traum-Ich können aber je nach Traumkontext auch einen Bezug zu eskapistischen Dissoziationen oder zu einer Inflation mit unrealistischen Kräften haben.

Manchmal ist das Traum-Ich nur ein passiver Beobachter. Ereignisse werden wie hinter einem Glasschirm beobachtet, ohne daß es zu einer aktiven Einbeziehung käme. Ein so distanzierter, teilnahmsloser Standpunkt verrät eine vage, unbestimmte Haltung gegenüber den im Traum beschriebenen Themen. Wenn diese Haltung im Traum in extremem Grad auftritt, könnte das sogar dissoziative Züge in der Persönlichkeit des Träumers anzeigen.

Zu anderen Zeiten wiederum präsentiert der Traum dem Träumer diffuse oder kollidierende *Identitätsfragmente,* die sich in einer noch unbestimmten, schwebenden Beziehung zum Träumer bewegen. Der Prozeß der Traumarbeit spiegelt dann die Facetten dessen wider, was schließlich zu einem relativ stabilen, limitierten und konstanten Individualitätsgefühl werden soll. So etwas geschieht häufig dann, wenn ein Borderline-Träumer ein nur wenig kohärentes Bewußtsein hat. In einem derartigen Fall ist es, als gäbe es kein Bewußtsein von individueller Identität, Handlung, Affektivität und Intention, dem die Träume sich präsentieren könnten.[11] Die Traumbilder wirken dann als Spiegel für Einzelteile der Psyche, aus denen im förderlichen Umfeld der Therapie ein einheitliches Gefühl für Dasein/ Sein geschaffen oder herausgeschält werden kann, dem diese Träume wie aus einer ständig strömenden, visionären Quelle zufließen. Diese Quelle kann vom Patienten als analog zur guten oder schrecklichen Brust empfunden werden — je nachdem, ob die Bilder nährend oder verfolgend sind. Ein Beispiel für eine solche Entwicklungsarbeit ist der Fall einer Borderline-Patientin, einer jungen Frau, die sich beklagte, ›Tag und Nacht nicht unterscheiden zu können‹, und die sich nur bei konkreter Befragung durch den Therapeuten auf Traumbilder einzustellen vermochte. In einer der ersten Sitzungen war sie kaum und auch nur mit verminderter Affektbeteiligung fähig, sich zu erinnern:

> Ein Liegen am Strand, vielleicht schlafend. Die Wellen spülen vor und zurück.

Sie hatte kein Gefühl für ihre persönliche Anwesenheit in der Szene, nur für die Bewegung der Wellen. Bei der nächsten Sitzung erinnerte sie sich:

> Jemand steht vor einem Aktenschrank, bringt Karten mit scharfen Kanten, wie Messer, in irgendeine Ordnung. Alphabetisch? Meine Finger bluten.[12]

Monate später fiel ihr spontan ein dritter Traum ein:

> In einem Topf sitzt eine schmutzige Küchenschabe. Vielleicht ist Essen drin; vielleicht rührt da ein Löffel um.

Zu keinem dieser Träume vermochte die Träumerin Assoziationen zu finden, und in keinem kommt auch nur das Wort ›Ich‹ vor. Es ist kein Traum-Ich als ganzes Wesen anwesend, es gibt nur die Andeutung eines unbewußten Zeugen oder aber verletzte Teile, nämlich die ›Finger‹. Da findet sich ein unbekannter oder gefährlicher ›Jemand‹, der Ordnung schafft (vielleicht ein Bild der Patientin oder des Ordnung setzenden Teils in ihr selbst oder eines anderen, möglicherweise auch des um ihre Bewußtwerdung bemühten Therapeuten). Eine Gesamtidentität kommt schließlich in der Form der ›schmutzigen Küchenschabe‹ ans Licht — ein Ich-Kern, der noch mit der Einstellung identifiziert ist, sich heimlich verstecken zu müssen, um zu überleben. Jedenfalls brachten die Traumbilder lebhafte beschreibende Metaphern für die psychologische Situation der Patientin hervor und lieferten dem Therapeuten Material, um ihre diffuse Passivität zu ›halten‹, bis in einem viel späteren Stadium der Arbeit »die [Träume] ohne [Träumer] zum Träumer gelangen oder der Träumer zu ihnen.«[13]

Andere Träumer finden sich in ihren Träumen tatsächlich in Stücken wieder. Ein Beispiel:

Da treiben zerstückelte Fragmente in einer dunklen, wäßrigen Höhle, vielleicht sind das Teile von mir.

Oder:

Ich liege ganz zerschnitten, in Stücken neben einem Baum.

Der Vorgang der Fragmentierung und die ganze Thematik der Körperwerdung durch das Zusammensetzen der auf der Empfindungsebene erlebten Identitätsteile in der Therapie werden durch solche Bilder eines mangelhaft oder unzureichend verkörperten Traum-Ich angesprochen.

Diese Beispiele mögen zwar von schwer gestörten und zersplitterten Borderline-Patienten stammen, die Bilder selbst könnten aber auch in den Träumen anderer Patienten auftauchen, etwa als Folge eines situationsbedingten emotionalen Aufruhrs oder weil durch die therapeutische Arbeit alte Wunden neu geöffnet wurden und sich ein Gefühl von Zerstückelung der Ich-Identität einstellte. Das dunkle Bild: ›Eine Gestalt fliegt und trägt meinen Kopf. Der Rest von mir ist nirgendwo‹, wurde von einer Frau geträumt, als sie erwog, mit LSD zu experimentieren. Es diente als warnender Hinweis auf ihre Ängste und einen möglicherweise negativen Ausgang des Erlebnisses.

Bei anderen Gelegenheiten wiederum scheint das Traum-Ich ein Abbild des *Selbst* zu sein. »Im Traume aber treten wir in den tieferen, allgemeineren, wahreren, ewigeren Menschen ein, der noch im Dämmer der anfänglichen Nacht steht, wo er noch das Ganze, und das Ganze in ihm war, in der unterschiedslosen, aller Ichhaftigkeit baren Natur.«[14]

In Präsident Lincolns Traum in der Nacht vor seiner Ermordung betrat sein Traum-Ich das Ostzimmer, um dort den feierlichen Pomp seines eigenen Staatsbegräbnisses vorzufinden. Auf seine Frage: ›Wer hier im Weißen Haus ist tot?‹, sagte man ihm: ›Der Präsident ... er wurde von einem Attentäter getötet!‹[15] Hier scheint das Traum-Ich die transzendente, bezeugende Identität zu symbolisieren, die zu den Lebensereignissen Abstand hat. Wäre der Traum nicht eine Vorahnung des eigenen Todes gewesen, könnten wir aus ihm herauslesen, daß das Traum-Ich die Identifikation mit seiner Präsidentenrolle lösen mußte, die im Sterben lag. Da der Träumer aber getötet wurde, stellte der Leichnam des Präsidenten seine existentielle

Persona dar, seine Lebensmission und Identität, welche im Sterben lagen. Hier bezieht sich das Traum-Ich auf jenen ›tieferen, allgemeineren, wahreren, ewigeren Menschen‹, den wir als das Selbst bezeichnen.

Hört das Traum-Ich im Traum eine befehlende Stimme, so ist es wichtig, durch Assoziation oder Imagination herauszufinden, wessen Stimme es ist und welches ihre Eigenschaften sind. Die Worte können ein akustisches Abbild des Selbst sein, sie können aber ebenso von der Stimme eines Komplexes oder eines verderblichen oder täuschenden Schattens stammen.

ENTWICKLUNGSCHANCEN DURCH TRAUMARBEIT

Im allgemeinen ist es wesentlich, den Standpunkt des Traum-Ich und seine Handlungen im Drama des Traumes mit Haltungen und Verhaltensweisen zu vergleichen, die dem Träumer auf der bewußten Ebene zu eigen sind, um so Diskrepanzen aufzudecken und einen Konzentrationspunkt für den nächsten Schritt der psychologischen Entwicklung zu finden. In Situationen, in denen die bewußte Haltung unentwickelt oder fragmentarisch ist, wird der Traum deren Entwicklung und das Auffinden eines Fokussierungspunktes unterstützen, indem er Material vorlegt, das zu dieser Zeit der Aufmerksamkeit bedarf (siehe Kapitel 6: Kompensation und Komplementation).

Das Empfangen neuer Einsichten kann eine kohärente oder eingefahrene Ich-Haltung sowohl unterstützen als auch herausfordern und opponieren. In beiden Fällen bedarf es einer Offenheit der bewußten Haltung und einer Bereitschaft, die Metaphern und Symbole des Traumes zu bewußter Erfahrung zu assimilieren — und unter Einbeziehung dieser Einsichten zu fühlen, zu denken, zu handeln und zu leben. Nur dann kann der Traum auf effektive Weise die Entwicklung der Persönlichkeit fördern und Hilfe in zwischenmenschlichen Beziehungen leisten. Das Verstehen darf also nicht nur abstrakt bleiben, es muß sich vielmehr in der personalisierten Erfahrung von Emotionen und Gefühlen niederschlagen. Es muß letztendlich auch zu einer angemessenen Realitätsprüfung und zum Handeln führen — zu einer effektiven, verantwortlichen Modifikation des Verhaltens. Denn das, was man im Traum gesehen oder bewältigt hat, bedarf immer noch der ›realen‹ Umsetzung ins wache Leben.

Wird im Traum eine Aufgabe gelöst, eine bestimmte Tat vollbracht oder ein bestimmtes Verständnisniveau erreicht, so impliziert oder substituiert dies nicht notwendigerweise dieselbe Errungenschaft im täglichen Leben. In gleicher Weise sind Belohnungen oder Unbill, die uns im Traum befallen können, nur Möglichkeiten, aber noch keine Fakten in der wachen Existenz. Die Traumereignisse weisen uns den Weg. Träume zeigen uns das, was sich wahrscheinlich, oder unausweichlich, aus der gegebenen Situation, so wie sie gerade ist, entwickeln wird. Auf diese Weise ermutigen oder warnen sie. Der Träumer geht vielleicht ein Risiko ein und löst eine schwierige Aufgabe, oder er tut einen falschen Schritt und fällt im Traum von einer Klippe. Solche Resultate sind Metaphern, die die Aufmerksamkeit auf etwas lenken, das außerhalb der bewußten Wahrnehmung geschehen oder im Geschehen begriffen ist. Da der Träumer — vor der Traumbotschaft — die Natur des Geschehens nicht versteht, stellt der Traum einen Aufruf zur Erforschung der psychischen oder äußeren Fakten dar. Der im Traum dargestellte Ausgang kann in dem Maße, in dem sich die Bewußtheit und die Fähigkeiten des Träumers verändern, gleichfalls verändert oder sogar abgewendet werden.

Der im Traum gezeigte dramatische Ausgang ist also konditional zu sehen: *In der gegebenen Situation, so wie sie jetzt ist* (nämlich der Szenerie und Exposition des Traums, worüber im folgenden noch zu sprechen sein wird, siehe Kapitel 7: Die dramatische Struktur des Traumes), *wird sich dieses oder jenes wahrscheinlich entwickeln.* Verändert sich die gegenwärtige Situation, weil der Träumer die Botschaft des Traumes assimiliert und vormalige Haltungen verändert hat, so unterliegen die Auswirkungen, auf die das Traumdrama hingewiesen hat, ebenfalls einer Veränderung. Nachfolgende Träume werden dann im Dialog mit den veränderten Haltungen des Träumers stehen.

Deshalb soll man bei einem Traumgeschehen nichts als feststehend oder unabänderlich betrachten; es sei denn, die dramatische Struktur des Traumes und der Tenor der symbolischen und allegorischen Bilder würden ausdrücklich aufzeigen, daß etwas so sei. Entwicklungen, die als Bilder spontaner und unkontrollierbarer natürlicher Ereignisse (Erdbeben, Stürme, Fluten, umstürzende Bäume etc.) wiedergegeben werden, sind eben dies: scheinbar schicksalhafte Geschehnisse, die sich unausweichlich ereignen werden, wenn keine vorgeschalteten Expositionsfaktoren vorliegen, die diese in einen besonderen mildernden Kontext stellen. In welcher Form —

als äußere Ereignisse oder psychologische Krisen — und zu welcher Zeit solche Geschehnisse stattfinden werden, das ist in Anbetracht der Natur der Traumzeit eine andere Frage. Aber es gilt als Regel, daß die konkrete Verwirklichung eines Traumdramas von der Reaktion und Haltung des wachen Ich gegenüber den im Traum aufgezeigten Elementen abhängt. Hier begegnen wir dem Element der relativen menschlichen Freiheit.

Im übrigen sind Träume mit scheinbar schrecklichem Ausgang manchmal Abbilder der Ängste des Träumers, wie das Lenkende Selbst sie sieht, und nicht so sehr der Konsequenzen von Handlungen. Daher ist es wichtig festzustellen, ob ein bestimmter Traum die psychologische Situation aus der Sichtweise des Selbst wiedergibt, also zeigt, wie das Selbst ein sich entfaltendes Drama einschätzt, oder ob er den Standpunkt des Selbst bezüglich der Erwartungen und vermuteten Konsequenzen seitens des Träumers aufzeigt, oder aber beides.

Ein Beispiel für die Notwendigkeit, diese Unterscheidungen zu treffen und auf ihre Feinheiten zu achten, war ein Alptraum, in dem ein Mann träumte:

> Ich schüttle einem Bettler die Hand, erleide dann einen Herzanfall und stürze.

Die Arbeit an dem Traum enthüllte eine Furcht des Träumers vor seiner von ihm verachteten und daher nicht angenommenen ›bettelnden‹ Bedürftigkeit. Diese Bedürftigkeit in seinem Leben willkommen zu heißen war gleichbedeutend mit dem Gefühl, die Schmerzen eines Herzanfalls erleiden zu müssen; daher hatte er versucht, Gefühle der Abhängigkeit von seinem Bewußtsein getrennt zu halten. Auf die Aufforderung hin, wieder in den Traum einzutauchen und sich den Ausgang des Herzanfalls vorzustellen, fand der Träumer heraus, daß er ›entsetzlich schmerzhaft, aber nicht tödlich sein würde; daß aber ein neuer Lebensstil erforderlich würde‹. Der Traum war in symbolischer Weise prognostisch, denn nach der Begegnung mit seinen noch ungeschliffenen Abhängigkeitsbedürfnissen verfiel der Träumer einer quälenden Regression, um schließlich Gefühle aufzudekken, die im Verlauf der Therapie sein Leben tatsächlich radikal veränderten. Dies entsprach analog dem Tod und der Wiedergeburt seines Identitätsgefühls. Als der Träumer Jahre später auf den Traum zurückblickte, erkannte er, daß das Ausmaß seiner Furcht dem Maß an Veränderung entsprach, das sein Individuationsprozeß von ihm gefordert hatte.

Selten, wenn überhaupt, wird das Traum-Ich dem wachen Ich sagen, was es zu tun hat. Auch dann, wenn im Traum ein Problem gelöst wird, zeigt dies nur eine bestehende Möglichkeit auf. Der Traum zeigt, welcher psychischen Wirklichkeit der Träumer sich gegenübersieht, was für oder gegen seine gegenwärtigen Haltungen und Einstellungen arbeitet und welche Folgen sich als Ergebnis dieser bestimmten Haltungen und Betrachtungsweisen wahrscheinlich einstellen werden. Der Traum überläßt es dem Träumer, eigene Schlußfolgerungen zu ziehen, Entscheidungen zu treffen und zu handeln. Auf diese Weise kommt es zu einer fortlaufenden Dialektik zwischen bewußter und unbewußter Dynamik. Zum Besseren und/oder Schlechteren wird so die bewußte Handlungsfreiheit geachtet und gewahrt.

Die ›Situation, wie sie ist‹, umschließt aus der Sicht des Lenkenden Selbst sowohl die Potentiale und Tendenzen innerer Entwicklung als auch die immanenten Konsequenzen der gegenwärtigen, ›eben so gegebenen‹ psychologischen Situation. Sie enthält auch Material, das für das äußere Leben des Träumers und für seine Beziehungen relevant ist. Die Situation zeigt dasjenige, zu dem eine bewußte Beziehung hergestellt werden muß, um eine Transformation und Integration sowohl auf der ›Subjektstufe‹ als auch auf der ›Objektstufe‹ zu ermöglichen. So können Träume uns aufrütteln und uns zwingen, Fragen über unsere subjektiven Haltungen oder die äußeren Situationen zu stellen, in denen wir uns befinden — Fragen, von denen wir nicht wußten, daß sie gestellt werden mußten, oder die in Betracht zu ziehen wir nicht willens oder zu unbewußt waren. Ein aufrüttelnder Traum oder ein Traum, der eine vertraute Situation völlig umkehrt, kann uns so erschüttern, daß wir Aspekte unserer äußeren Wirklichkeit oder Beziehungsthemen, die wir bislang ignoriert haben, in Betracht ziehen oder neu überdenken.

Ein Beispiel hierfür ist ein Traum, der Jung von einem seiner Patienten beschrieben wurde.[16] Dieser junge Mann, verlobt mit einem Mädchen aus gutem und respektablem Hause, suchte Rat wegen eines neurotischen Symptoms, das er nach seiner Verlobung entwickelt hatte. Er brachte einen Traum, in dem seine Verlobte als Prostituierte erschien. Jung schlug einfach vor, über den Ruf des Mädchens Nachforschungen anzustellen. Was der junge Mann herausfand, mag er in seinem Herzen vielleicht schon gewußt haben, konnte es sich selbst vorher jedoch nicht eingestehen — daher die Somatisierung, die zum Stottern führte. Seine Entdeckung reichte ihm aus, um die Verlobung zu lösen. Als er die Situation so sah, wie sie war, und sie in Ordnung brachte, verschwand das Symptom. Wir würden heutzutage den Traum vielleicht gerne tiefer, und auch auf der Subjektstufe, ansehen und fragen, ob die eigene Anima des jungen Mannes — und somit seine eigene Emotionalität — denn wirklich willens und bereit war, sich auf ein solideres Dasein einzulassen. Fügte er sich in die Heiratspläne, weil er einen Gewinn erwartete, prostituierte er sich auf diese Weise und reagierte er auf diesen Selbstverrat mit den Affekten, die in sein somatisches Symptom eingebunden waren? Offenbar war es zu dieser Zeit für ihn ausreichend, einen eigenen Mangel an Integrität und Bindungswillen mittels seiner unbewußten Wahl und Zurückweisung der Verlobten zu projizieren und die Verlobung anzuklagen, um ihr entfliehen zu können. Das Ziel war aber damals für ihn anscheinend nicht eine tiefergehende Arbeit an seiner Psyche, sondern lediglich die Linderung seiner Symptome.

KAPITEL 4

DIE TRAUMSPRACHE

Charakteristischerweise drückt sich der Traum fast nie in dieser logisch abstrakten Weise aus, sondern immer in parabolischer oder Gleichnissprache. Diese Eigentümlichkeit ist zugleich ein Charakteristikum primitiver Sprachen. ...

Wie unser Körper die Spuren seiner phylogenetischen Entwicklung an sich trägt, so auch der menschliche Geist. Die Möglichkeit, daß die Gleichnissprache unserer Träume ein archaisches Relikt ist, hat darum nichts Überraschendes.

(*GW*, Bd. 8, Randnummern 474, 475)

DAS BILD

Die Traumerfahrung geschieht in einem veränderten Bewußtseinszustand ›unterhalb‹ der Schwelle des Wachbewußtseins. Sie ist ein ›Primärvorgang‹ bzw. gehört zu einer anderen Welt außerhalb unserer verstandesmäßigen Kategorien von Raum und Zeit. Sie integriert affektstarkes Material aus Vergangenheit, Gegenwart und Zukunft und verwendet bekannte und unbekannte Informationen; sie kann sogar Informationen von archetypischen Ebenen benutzen, die dem Träumer völlig unbekannt sind. Unsere Wahrnehmung des Traumes aber geschieht in den Begriffen unseres Bewußtseins vom ›Hier und Jetzt‹, welches hauptsächlich bildlich ist. Um mit unseren bewußten Fähigkeiten in Beziehung treten zu können, werden die Träume sozusagen in eine Sprache sensorischer Bilder übersetzt, ehe sie uns erreichen. Der ›logische‹ Bezugsrahmen des Traumes ist also der unserer sinnlichen Wahrnehmungen. Die Bilder können visuell, akustisch, propriorezeptiv[1] oder kinästhetisch[2] sein, obwohl sie in Träumen tendenziell mehr als visuelle Bilder auftreten. Sie umfassen also das breite Spektrum von Körperempfindungen bis hin zu mythologischen Bildern und abstrakten Ideen. So wie bei einem Tanzdrama oder einem Gemälde bleiben auch hier Konzept und Handlung in die Matrix sensorischer Bilder eingebettet, welche nicht-rationale Energiemuster zum Ausdruck bringt.

Diese bildhafte Mitteilungsform ist in vielerlei Hinsicht ›primär‹. Sie ist primär in dem Sinn, daß in ihr »ein unbewußtes Apriori … zur Gestaltwerdung«[4] drängt und damit ursprünglich unserer Wahrnehmungsfähigkeit entgegenkommt. Es handelt sich um eine Betätigungsart, die anderen Formen der Wahrnehmung zugrundeliegt. Chronologisch gesehen ist sie insofern primär, als sie der Wahrnehmungsweise eines kleinen Kindes ähnelt; als Urform der Gedankenübermittlung ist sie der Kommunikationsweise des Künstlers ähnlich.

Auch in heiligen alten Piktographien — etwa in denen der frühen Chinesen und der amerikanischen Ureinwohner sowie in den Hieroglyphen des alten Ägypten — finden wir solche Bilder als Kommunikationsform. Solche heiligen hieroglyphischen Bilder haben ihre eigene ›Logik‹ und können oft mehr und feinere Bedeutungsnuancen wiedergeben, als eine verbale Formulierung dies vermag. In diesen anderen kulturellen Kontexten stellten sie eine Sprache der Eingeweihten dar; auch wenn die piktographischen Zeichen oftmals von allen gesehen werden konnten. In gleicher Weise sind die Traumbilder zwar jedermann zugänglich, ihre Bedeutung eröffnet sich aber nur denjenigen, die in die Kunst eingeweiht sind, ihren metaphorischen, allegorischen oder symbolischen Gehalt zu erfassen.

Wir nennen eine Bildform allegorisch, wenn ihre Botschaft in rationale Konzepte und Formulierungen übersetzbar ist. Wir nennen sie symbolisch, wenn sie Ausdruck für »einen übermenschlichen und darum nur bedingt erfaßbaren Inhalt«[6] ist.

Um Zugang zu dieser Mitteilungsebene zu finden, bedarf es einer Kombination von künstlerischer, emotionaler und intuitiver Einstimmung und rationaler Logik. Wenn der Zeuge sich auf das Traumgefühl ›einstimmt‹, so muß er die Bedeutung zunächst mehr intuitiv erfassen als bloß durch logisch-rationales Denken. Er muß auf dem Wege der Einfühlung das Reich des Traumes selbst mit all seinen metaphorischen, symbolischen und dramatischen Dimensionen betreten. Danach kann er in einem zweiten Schritt von dieser Träumerei ins rationale Bewußtsein zurückkehren, um die Resultate mit denen unseres psychologischen Verständnisses zu integrieren. Auch dann können wir unser psychologisches Verständnis nur auf die Traumaspekte anwenden, die allegorischer Natur sind. Bei Aspekten, die wirklich symbolisch sind, kann man sich nur mit Hilfe eines intuitiven Gefühls und eines Gespürs für das Numinose orientieren.

Oft scheint es, als würde der Traum gerade die Bilder verwenden, die für den Träumer und seinen Therapeuten Sinn haben. In gewissem Maß limitiert daher die Begrenztheit des Therapeuten das Bilderspektrum in den Träumen seiner Klienten. Derselbe Träumer kann zur gleichen Zeit verschiedene Träume für verschiedene Therapeuten träumen. Es scheint fast, als entstiege der Traum einer gemeinsamen Beziehungsdimension oder einem ›Feld‹[7] — dem gleichen Feld, das auch die Übertragung und Gegenübertragung induziert. So stoßen wir auf ein scheinbares ›Taktgefühl‹ der Traumquelle, die zeitweilig zumindest ›versucht‹, die blinden Flecken des Therapeuten zu umgehen und in einer Bildersprache zu sprechen, die dem Therapeuten zugänglich ist. Erweitert der Therapeut stillschweigend und selbständig seine Fähigkeit, mit symbolischen Bildern und einem Repertoire an Amplifikationen umzugehen, so wird dem Analysanden gleichfalls geholfen, dasselbe zu tun[8] — ohne daß es notwendig wäre, in der Sitzung über die symbolische Ebene des Materials zu sprechen. Zu anderen Zeiten wiederum kann die offene Diskussion über das symbolhafte Material wesentlich sein.

Viele Träume bleiben nur mit einem einzigen Bild in Erinnerung, das visuell, akustisch oder kinästhetisch erfahren worden sein kann. Für die klinische Arbeit kann dies ausreichen, wenn die verschiedenen methodischen Zugangsrichtungen, die innerhalb des Traumfeldes möglich sind (siehe Kapitel 5, Assoziation, Erklärung und Amplifikation), sorgfältig darauf angewendet werden. Das Einzelbild wird dann zum Zentrum eines Netzwerkes konvergierender Perspektiven, die dem Träumer die psychologisch-analogen und symbolischen Bedeutungen des Bildes aufschließen können.

DIE ALLEGORIE

Traumbilder werden zu Metaphern — Beschreibungen einer Sache durch das Bild einer anderen —, wenn sie eingewoben werden in das Netz der Assoziationen, Erklärungen und Amplifikationen, die sie hervorgerufen haben.[9] Dieses Gewebe liefert wiederum den psychologischen Kontext für die Bilder und gibt ihnen Bedeutung.

Verweisen solche metaphorischen Bilder auf einen Kontext, der rational verstanden und ausgedrückt werden kann, dann nennen wir sie allegorisch. Liegen Kontext und Bedeutung jenseits der rationalen Verständnismöglichkeit, so sprechen wir von Symbolen.

Allegorische Aspekte eines Traumes beschreiben objektive, ›äußere‹ oder subjektive, ›innere‹ Situationen, auf die der Träumer aufmerksam gemacht werden soll. Werden sie bis ins kleinste Detail durchgearbeitet (was klinisch gesehen nicht immer erforderlich oder in jeder Situation ratsam sein muß), so wirken diese allegorischen Aspekte wie Röntgenbilder, die sowohl die gegenwärtig psychologisch bedeutsamen äußeren Ereignisse und Beziehungen als auch die inneren psychologischen Strukturen und Situationen wiedergeben, welche das Lenkende Selbst gerade zu dieser Zeit zur Überprüfung vorlegt. Durch das Mittel der Allegorie enthüllen sie das, was das bloße Auge des Tagesbewußtseins zwar nicht direkt sehen, aber doch psychologisch und rational erfassen kann — sobald es einmal für das ›Vokabular‹ der metaphorischen Sprache hellhörig geworden ist.

Ein Traumbild, in dem das Traum-Ich ›einen verschmutzten Pfennig‹ fand, erweckte beim Träumer assoziative Erinnerungen an ein Zeltlager, wo er einen Pfennig gefunden hatte und wo es, wie er sich entsann, ›viel regnete und [er] depressiv und voller Heimweh war‹. Ein Pfennig läßt sich erklären als niedrigste und oftmals für vernachlässigenswert und billig gehaltene Werteinheit. Der Träumer war gerade dabei, sich wieder an seine alten Kumpel anzuschließen, voller Hoffnung, bei ihnen Unterstützung und Kameradschaft zu finden. Das Traumbild korrigiert in allegorischer Form seine hohen Erwartungen an das mögliche erneute Zusammenkommen, indem es ihn an einsame Deprimiertheit und niedrigen Wert erinnert.

Allegorische Beschreibungen beziehen sich auf rational verständliche Fakten oder eine rational verständliche psychologische Dynamik, die bisher übersehen wurden oder der Wahrnehmung nicht zugänglich waren. Mag die Botschaft auch mit Metaphern, dichterischer Freiheit und dramatischer Übertreibung arbeiten, so bezieht sich ihre bildliche Darstellung doch auf eine Situation, die mit Hilfe des rationalen Bewußtseins in Worte gefaßt werden kann. Die Botschaft kann und muß klar interpretiert und verstanden und durch Anwendung auf die gegenwärtige Lebenssituation des Träumers verankert werden. Wir können — und müssen — herausfinden, welche psychologischen Implikationen ein allegorisches Traumbild hat.

Die Gegenstände des Traumbildes beziehen sich auf die ›Objektstufe‹ der — äußeren — Ereignisse oder auf die ›Subjektstufe‹ der — inneren — Komplexe, Ereignisse und der psychologischen Dynamik des Träumers. Welche Ebene in einem gegebenen Fall zur Anwendung kommt, ist eine Frage der klinischen Beurteilung. Oft läßt sich jedoch mit Hilfe der Kompensationstheorie eine Klärung herbeiführen: Analytiker und Träumer können herausfinden, auf welcher Verständnisebene die Traumbotschaft am besten der Kompensation und Komplementation dient (siehe Kapitel 6: Kompensation und Komplementation).

DAS SYMBOL

Im Gegensatz zu Allegorien verweisen Symbole auf etwas, das nur ›durch einen Spiegel in einem Rätselbild‹ zu sehen ist. Nach der Definition von Jung ist ein Symbol »die bestmögliche Bezeichnung oder Formel für einen relativ unbekannten, jedoch als vorhanden erkannten oder geforderten Tatbestand«[10]. Es ist »ein zugegebenermaßen anthropomorpher, daher beschränkter und nur bedingt gültiger Ausdruck für einen übermenschlichen und darum nur bedingt erfaßbaren Inhalt. Das Symbol ist zwar der bestmögliche Ausdruck, aber er steht unterhalb der Höhe des durch ihn bezeichneten Mysteriums.«[11] Ein Beispiel hierfür wäre ein brennender Busch — ein Bild, das über sich selbst hinaus auf das Mysterium des sich selbst verzehrenden Feuers und der Erneuerung verweist, also auf Aspekte der »nur dunkel geahnte[n] Natur des Geistes«.[12]

Symbole verweisen auf einen existentiellen oder sogar überpersönlichen Bedeutungsgehalt, auf das Reich des Geistes. Diese transzendente Dimension als ein Grundanliegen psychischen Lebens mit einzubeziehen ist Ausdruck des Bedürfnisses nach einem Lebenssinn, der durch die Erfahrung sensorisch-instinkthafter Bedürfnisse erlebt wird und über sie hinausgeht. Jede Annäherung an die symbolische Dimension bleibt daher im Bereich der gefühlsmäßigen Intuition und verlangt von Träumer und Deuter gleichermaßen künstlerische und spirituelle Sensibilität. Symbolische Bilder verweisen auf Inhalte, die wir bestenfalls bloß in Teilen erkennen können. Mit ehrfürchtiger und meditativer Aufmerksamkeit versuchen wir, die mögliche oder wahrscheinliche Bedeutung der Bilder einzukreisen, um uns auf die ihnen immanenten archetypischen Energie- und Bedeutungsmuster einzustimmen. Die hierfür erforderliche Sensibilität kann zwar angedeutet, aber weder beschrieben noch als Technik gelehrt werden.

Zuweilen vermittelt ein symbolisches Bild seinen Sinn so direkt, daß eine Deutung nicht notwendig ist. In solchen Fällen ist seine Wirkung mächtig und bewegend, denn, wie Jung es ausdrückt:

> Das Auftauchen der Archetypen hat nämlich einen ausgesprochen *numinosen* Charakter, den man, wenn nicht als ›magisch‹, so doch geradezu als geistig bezeichnen muß.[13]

Die mächtige Kraft des Transpersonalen wirkt dann unmittelbar auf die Psyche des Träumers ein, und die beste therapeutische Reaktion mag zumindest anfänglich in der stillen Kontemplation über die numinosen Bilder bestehen. Zu einem anderen Zeitpunkt wird es wesentlich sein, deren spirituellen und psychologischen Sinn zu finden — und einen Weg, diesen in die Wirklichkeit umzusetzen.

DER REBUS

Der Umgang mit Allegorien ist hingegen, anders als der mit Symbolen, noch Teil des Handwerks, der Technik der Traumdeutung. Er läßt sich vergleichen mit der Arbeit, die geleistet werden muß, um einen Rebus zu verstehen.

Ein Rebus ist die Darstellung einer Phrase in Bildern. Diese Bilder können mehr oder weniger deutlich auf Silben, Wörter oder Ideen hinweisen. Beispielsweise kann das Bild eines Rehs neben einem Autobus mit dem durchgestrichenen Buchstaben ›h‹ zwischen beiden ein Rebus sein für den Begriff ›Rebus‹. Ein Bild des Buchstabens B neben dem Buchstaben T kann ein Rebus sein für ›Be-am-te‹. Beim Rebus wird das Bild nach der ›Klanglogik‹ in Worte übersetzt, ungeachtet der Unlogik, die in der Bildanordnung selbst liegt. Auf den ersten Blick mag der Rebus als Ansammlung sinnloser Sequenzen erscheinen, während er klanglich umgesetzt eine verständliche Bedeutung ergibt.

So liefert auch ein Traum gewöhnlich keine ordentlichen begrifflichen Botschaften, vielmehr erscheint uns die Bilderfolge, die er zeigt, verwirrend oder zumindest bar jeder begrifflichen Logik, denn Träume gehorchen ihren eigenen Gesetzmäßigkeiten. Ist eine Handlung gegeben, so können beispielsweise die im Traum scheinbar nach zeitlichen Regeln angeordneten Bilder letztlich auf eine kausale Verknüpfung hindeuten. Jedes Bild muß gemäß seiner psychologischen Bedeutung für den Träumer aufgefaßt werden. Betrachten wir beispielsweise folgenden Traum:

> Ich sitze an meinem Schreibtisch. Ich finde eine Tablette, auf der das Bild eines Rehs eingeprägt ist. Dann stellt mein Vater mir ein STOP-Schild von der Straße auf den Schreibtisch. Es verwandelt sich in eine Blume, und ich entdecke einen strahlenden Diamanten in ihrer Mitte.

All das gibt zumindest wenig offen erkennbaren Sinn. Wie bei einem Rebus kann die psychologische Bedeutung aber dadurch gefunden werden, daß man die einzelnen Bilder mit Hilfe der Assoziationen des Träumers und der nach kollektiven Konventionen allgemeingültigen Bildbedeutungen sozusagen übersetzt (siehe Kapitel 5, Assoziation, Erklärung, Amplifikation).

Um einen Bestandteil des obigen Beispiels herauszugreifen: Das Reh ist ein Tier und damit ein allgemeingültiger Ausdruck von Lebensenergie, die großenteils auf einer unreflektierten, instinkthaften Ebene operiert. Sein Bild *symbolisiert* eine Art von Primordialenergie. Dieser Träumer *erklärte* das Reh als scheu und flüchtig. (Ein anderer Träumer mag eine andere Reaktion zeigen, je nachdem, welche besonderen emotionalen Eigenschaften das Reh für ihn repräsentiert — ein Tier, das Gesträuch verzehrt, ein Jagdopfer etc.) Der Träumer erinnert sich vielleicht auch an eine besondere Begegnung mit einem Reh. Derartige *persönliche Assoziationen* würden die Erklärung modifizieren oder unterstützen.

Die Tablette könnte den Träumer an Aspirin erinnern, das er zur Schmerzlinderung verwendet. Die Traumsequenz würde also nach den bisherigen Ausführungen so etwas wie eine unreflektierte oder instinktive Scheu und Flüchtigkeit andeuten, die einem Schmerzlöser aufgeprägt sind (oder ihn versinnbildlichen). Übersetzt und in psychologischen Begriffen erklärt, könnte dies bedeuten, daß Scheu und Flüchtigkeit bei dieser Person als Quellen oder Mittel der Schmerzlinderung dienen.

Der Schreibtisch erinnerte den Träumer, der sich als Schriftsteller versucht, an seinen eigenen; der Vater wurde als autoritärer, pedantischer und trockener Geschäftsmann beschrieben, der die Träumereien und schriftstellerischen Ambitionen des Träumers rundheraus als unpraktisch abtat. So wird dem Träumer mit diesem Bild gezeigt, daß in seiner eigenen Psychologie eine autoritäre, vielleicht zu praktisch eingestellte Beschränktheit vorhanden ist, ein Aspekt seines Vaterkomplexes, der seinen Schreibbemühungen ein STOP entgegenhält. Von der zeitlichen Abfolge her erscheint dieses STOP erst, nachdem er sich zur Schmerzvermeidung zurückgezogen hatte. Daraus könnten wir folgern, daß sein persönlicher kreativer Ausdruck gestoppt wird, sobald er sich auf sein Schreiben zurückzieht, um dem Schmerz von Konfrontationen auszuweichen. Ob dies positiv oder negativ ist, hängt vom übrigen Traum ab. Der Umstand, daß das STOP vom Vaterkomplex hervorgebracht wurde, eröffnet die weitreichende Thematik von Schmerz und Rückzug im Hinblick auf die ablehnende väterliche Autorität. Das Schreiben selbst diente möglicherweise der Abwehr. Diese gesamte Thematik muß zusammen mit dem Träumer weiter erforscht werden.

Da die Bedeutung der Bilder zu einem ganz großen Teil durch die jeweils vom Träumer angebotene Bedeutung bestimmt wird, muß die Interpretation entsprechend variieren. Nehmen wir an, das STOP-Schild würde für einen anderen Träumer nicht nur ›Halt‹ bedeuten, sondern so wie auf der Straße ›Bleib stehen, schau und höre und gehe erst dann‹. Diese Bedeutung würde die Implikationen des Traumes verändern. Der introjizierte väterliche Skeptizismus könnte dann ein eher warnender als hindernder Faktor sein. Auch wenn der Träumer seinen wirklichen Vater und das väterliche Wertesystem für unvertretbar autoritär und restriktiv hielte, könnte der Traum dennoch andeuten, daß diese beschränkenden Einflüsse und introjizierten Gewohnheiten, welche sich bisher hauptsächlich als Vermeidung und Ausweichen (das Reh auf der Tablette) geäußert haben, jetzt möglicherweise bewußt und überlegt als zurückhaltende Vorsicht beim effektiven und sicheren Voranschreiten eingesetzt werden können.

Das Bild der Blume wird traditionellerweise und allgemein mit Wachsen und Blühen assoziiert. Die Tatsache, daß das STOP-Schild sich in eine Blume verwandelt, deutet darauf hin, daß dieses Stehenbleiben und Sich-Umschauen einen für den Träumer vielleicht entscheidend wichtigen Wachstums- und Entfaltungsschritt im Prozeß des persönlichen ›Aufblühens‹ darstellt. Die Entwicklung von freiwilliger Selbstbeschränkung und Umsicht kann für einen ansonsten impulsiven und ungeduldigen (eines STOP-

Schildes bedürfenden) Träumer als wünschenswerte Disziplin gesehen werden, als Alternative zu überempfindsamer, mit Rückzug reagierender Scheu. Es ist so, als erinnerte man einen Autofahrer daran, auf die Verkehrszeichen zu achten, anstatt entweder einfach ungehinderte Durchfahrt zu erwarten oder aus Scheu vom Fahren überhaupt Abstand zu nehmen.

Der Diamant ist ein Bild für unzerstörbare Substanz, für Härte und für hohen Wert (Erklärung). Traditionsgemäß sieht man in ihm einen Aspekt, der den zentralen Kern der Persönlichkeit repräsentiert, das unsterbliche Selbst. Das Bild des ›Juwels im Lotos‹ weist beispielsweise in der östlichen Tradition auf einen transzendenten Wert hin, dem man mit Hilfe der disziplinierenden Wirkungen von Meditation und Hingabe begegnen kann. Eine Amplifikation des archetypischen Kontexts weist auf eine symbolische, nicht mehr nur allegorische Dynamik hin. In unserer Traumsequenz kann das Auftauchen des Diamanten aus der Blume dementsprechend bedeuten, daß das Wahrnehmen eines Fluchtbedürfnisses nicht einfach auf einen pathologischen oder neurotischen Zustand schließen läßt, sondern daß die bewußte Entwicklung einer Transformation dieses Bedürfnisses in ein ›Halte an, schau und höre‹ vielmehr eine für das Leben des Träumers‹ zentrale kreative Aufgabe der persönlichen Reifung ist — der Weg, auf dem dieses Individuum seine wahre Natur finden und entwickeln wird: die Individuationsaufgabe.

Identifiziert sich der Träumer dagegen zu sehr mit östlichen Philosophiesystemen und ist er in quietistischer Weise bereit, diese in falscher, seinem Eskapismus dienender Weise zu interpretieren, so können sich die oben bezeichneten Implikationen umkehren, weil dann die kompensierende Funktion des Traumes (siehe unten, Kapitel 6: Kompensation und Komplementation) in Betracht gezogen werden muß. Das Juwel im Lotos mag dann vielleicht nur ein allegorisches Bild für seine buddhistischen Theorien sein. Die steinerne Härte des Diamanten im blühenden Leben der Blume wäre gleichbedeutend mit einem Anhalten, mit der Botschaft des Vaters. Der Traum wäre dann als Konfrontation des Träumers mit der Ursache seines Stillstandes zu sehen: nämlich dem Umstand, daß seine religiösen oder philosophischen Anschauungen als Rationalisierungen dienen, um nicht weitergehen zu müssen. Die implizite Botschaft würde lauten: Bewege dich und wage etwas. Oder falls sich herausstellte, daß Aspirin für einen Vertreter natürlicher Heilweisen ein Reizwort darstellt und/oder als giftig betrachtet wird, würde die Deutung noch negativer ausfallen. Das

Reh auf dem Aspirin und das STOP-Schild auf dem Schreibtisch könnten zeigen, daß sowohl die Scheu als auch das Vermeiden von Schmerz ›Gift‹ für den Träumer sind; beide wirken zusammen und bringen seinen kreativen Ausdruck jäh zum Erliegen.

Die Aufzählung so vieler verschiedener Deutungsmöglichkeiten für dieselben Traummotive, welche einander oft diametral entgegenstehen und von den persönlichen Reaktionen und emotionalen Antworten des Träumers auf diese Motive abhängen, soll zeigen, warum es eine schnelle Traumdeutung ohne Beteiligung des Träumers immer zu vermeiden gilt. Um eine dem Traum gerecht werdende Arbeit leisten zu können, ist es immer zuerst erforderlich, die Assoziationen und Wertmaßstäbe des Träumers und vor allem seine bewußten Haltungen und Anschauungen sorgfältig auszuwerten, denn es ist wahrscheinlich, daß der Traum diesen entgegensteht, sie ergänzt und/oder kompensiert. Erst wenn diese Variablen in Betracht gezogen worden sind, kann man sowohl dem Traum als auch dem Träumer Gerechtigkeit widerfahren lassen.

KAPITEL 5

ASSOZIATION, ERKLÄRUNG UND AMPLIFIKATION: DAS TRAUMFELD

Denn der Traum ist für das Verständnis eine zu spärliche Andeutung, welche deshalb durch assoziatives und analoges Material angereichert und bis zur Verständlichkeit verstärkt werden muß.
(*GW,* Bd. 12, Randnummer 403)

Der psychologische Kontext von Trauminhalten besteht aus jenem Assoziationsgewebe, in welches der Traumausdruck natürlicherweise eingebettet ist. … Es soll darum unbedingt als Regel gelten, daß man jeden Traum und jeden Teil des Traumes zunächst als unbekannt voraussetzt und erst nach Aufnahme des Kontextes einen Versuch der Deutung macht, indem man den durch die Feststellung des Kontextes gefundenen Sinn in den Traumtext einsetzt und versucht, ob dadurch eine flüssige Lesung ermöglicht wird, beziehungsweise ob dadurch ein befriedigender Sinn entsteht.
(*GW,* Bd. 12, Randnummer 48)

Die Bedeutungen und Implikationen der verschiedenen Traummotive sind niemals feststehend.[1] Sie unterscheiden sich je nach den Reaktionen des Träumers, welche in persönlichen Assoziationen und Erklärungen zum Ausdruck kommen, und ihren eventuellen Anspielungen auf kulturelle und kollektiv geteilte Erklärungen und Mythologeme, die dem Träumer vertraut oder fremd sein können. All das — Assoziationen, Erklärungen und Amplifikationen — formt sich zusammen mit dem Traum zu einem einheitlichen Feld, zu dem auch alle Begebenheiten gehören, die sich beim Erzählen oder Besprechen des Traumes zutragen, wie körperliche oder emotionale Reaktionen des Träumers und des die Zeugenrolle übernehmenden Therapeuten. Außerdem verändert sich die Traumbedeutung häufig in Abhängigkeit von einem anderen Kriterium: der Komplementation oder Kompensation. Dies werden wir in Kapitel 6: Kompensation und Komplementation behandeln.

ASSOZIATION

Der erste Faktor, der zu berücksichtigen ist, ehe man sich an einer Traumdeutung versuchen kann, sind die Assoziationen des jeweiligen Träumers. Assoziationen sind alle Ideen, Vorstellungen, Erinnerungen, Reaktionen und was auch immer anderes, das dem Träumer bei der Beschäftigung mit dem Traum und seinen besonderen Bildern spontan in den Sinn kommt. Die Assoziationen sind also mit den Bildern verknüpft oder werden durch diese hervorgerufen. Es handelt sich dabei aber nicht unbedingt um eine rationale Bewertung oder Beurteilung der Bilder. Assoziationen sind ganz und gar subjektiv, ob sie nun rational oder irrational sind. Sie können tatsächlich als willkürliche oder zufällige Elemente erscheinen und bedürfen keiner logischen Rechtfertigung.

Ein Schreibtisch beispielsweise kann den Träumer an den Schreibtisch seines Vaters erinnern, an den Schreibtisch seiner Schulzeit, an einen Schreibtisch, den er in einem Möbelgeschäft gesehen hat, oder an einen, der zerbrochen auf dem Dachboden liegt und an dem er sich als Kleinkind die Nase angestoßen hat. Er kann ihn an ein bestimmtes Stück Stoff erinnern, mit dem seine Mutter die Schreibtischoberfläche zu säubern pflegte, oder an Herrn Soundso, der immer davon sprach, daß er einen Schreibtisch kaufen wollte, diesen aber nie kaufte und der dem Träumer lästig gefallen war, weil er immer zur falschen Zeit vorbeikam.

Um die Bedeutung des Traumes treffen und festmachen zu können, ist es von entscheidender Bedeutung, daß man allen auftauchenden Assoziationen so lange nachgeht, bis sich ihr emotionaler Kern und ihre psychologische Bedeutung erschließen. Das bedeutet, die mit der Assoziation gekoppelte emotionale Ladung ausfindig zu machen und das Gefundene dann in der gegenwärtigen psychologischen Wirklichkeit des Träumers zu verankern. Die Affektreaktion kann sich spontan einstellen, oder sie muß erst durch weiteres Nachforschen, durch Fragen oder Imagination, durch die Technik der Wortwiederholung oder eine andere gründliche Bearbeitungsmethode hervorgerufen werden.

Assoziationen und Erklärungen kann man durch Fragen an den Gehörsinn hervorrufen — etwa wenn der Therapeut in dem nachstehend ausgeführten Beispiel (vgl. S. 56) den Träumer fragt: ›Wo klingelt es bei Ihnen?‹ Visuelle, körperliche oder gefühlsmäßige Antworten werden viel bereitwilliger gegeben, wenn man fragt: ›Wie sehen Sie das?‹, oder: ›Wie fühlt sich das an?‹, oder: ›Wie berührt Sie das?‹, etc. Wichtig ist es, bei der Befragung auf die Sinnesart abzustellen, die der Träumer bei seiner Beschreibung verwendete. Dies gestattet dem Therapeuten als beteiligtem Zeugen, ›durch die Tür des Träumers hineinzugehen‹.

Um das Bild in der persönlichen Wirklichkeit zu verankern, muß der Therapeut erkunden, welche Ereignisse oder Gefühle — schmerzhafter, freudiger oder scheinbar indifferenter Art — dem Träumer in Zusammenhang mit diesem Bild in den Sinn kommen. In dem Traum von dem Schreibtisch kann der Analytiker vorsichtig sondieren: ›Wie steht es mit dem Schreibtisch, was fällt Ihnen dazu ein?‹ Der Träumer erinnert sich vielleicht, daß dieser so aussieht wie der Schreibtisch seines Vaters, und kann dann als nächstes die emotionalen, im Körper gespeicherten Erfahrungen wieder hervorholen, die er in dem Augenblick, in dem er den Traum in der Analyse erzählt, mit dem Schreibtisch seines Vaters verbindet. Es kann viele Reaktionsmöglichkeiten geben: etwa das Gefühl, verletzt zu werden, weil man unsicher auf seinen eigenen Füßen steht und dagegenstößt; das Gefühl, vom Vater gescholten zu werden, weil man etwas getan oder unterlassen hat; die Erinnerung an Vaters Arbeitseinstellung und die emotionale Reaktion des Träumers darauf, was dann zu weiteren Nachforschungen darüber führt, was diese Arbeitseinstellung ausmachte und welcher Art die Reaktion darauf war. Die Variante(n), die emotionale Intensität aufweisen, werden so ausgesondert und in den Blickpunkt der Aufmerksamkeit gerückt.

Die Synchronizität von emotionaler Ladung und Bild weist auf das zugehörige psychologische Thema hin, das analytisch untersucht werden muß. Mit anderen Worten: Jede Assoziation, die sich aufgrund einer emotionalen Ladung als bedeutsam erweist, muß im Hinblick auf die gegenwärtige und vergangene psychologische Situation verankert werden. Sie ist von psychologischer Bedeutung für die Gegenwart. Die Assoziationen zu den Bildern (visueller, akustischer oder kinästhetischer Art) und Gefühlsreaktionen im Traum enthüllen dann, auf welche Art und Weise diese mit den verschiedenen Lebenskontexten des Träumers in Zusammenhang zu bringen sind. Zu diesen zählen auch Vergangenheits- und Kindheitserinnerungen und die besonderen Erfahrungen, die in der Beziehung Klient-Therapeut gemacht werden — die Übertragungsdynamik.

Am Beispiel von zwei Träumen, die eine deutliche Ähnlichkeit aufweisen, soll auf die Notwendigkeit hingewiesen werden, sorgfältig auf Assoziationen zu achten. In beiden Fällen erwachte der Träumer und sah den Therapeuten an seinem Bett sitzen. Die Reaktion des ersten Träumers war emotional: ›Oh, nein, so etwas würde nie geschehen.‹ Er zeigte starke Furcht. Bei seiner Befragung assoziierte er mit einer solchen Szenerie ›Intimität‹, und er begann in der Sitzung zu rauchen. Eindeutig fürchtete er sich vor der emotionalen, potentiell erotischen Intimität, mit der er sich beim Erwachen in der Übertragungssituation auseinanderzusetzen hatte. Die zweite Träumerin assoziierte zum gleichen Bild: ›Sie sitzen auf dem Bett, als würden Sie einen Kranken besuchen.‹ Der Therapeut fragte: ›Wo klingelt es bei Ihnen?‹ — eine offene Art der Fragestellung, die auf sehr wirkungsvolle Weise Assoziationen hervorruft. Die Träumerin hielt inne und erinnerte sich dann: ›Ich habe das getan, als ich meine Tante im Krankenhaus besuchte. Sie lag im Sterben.‹ Nach langem Schweigen fuhr sie fort: ›Oh, Sie machen Urlaub, und das fühlt sich an, als wäre es für immer, wie Sterben.‹ Sie wurde ihrer eigenen Trennungsängste gewahr, die sich wie ihr eigener Tod anfühlten.

Gibt es bei den Assoziationen, Erklärungen oder Amplifikationen zwei oder mehr für den Träumer affektgeladene Elemente, die scheinbar Unterschiedliches implizieren, so muß ein gemeinsamer Schnittpunkt gefunden werden. In dem ersten der beiden Beispielträume etwa gab es eine verhaltensmäßige Beziehung zwischen der Furcht des Träumers vor Intimität und dem Rauchen, als der Träumer sich auf das Traumbild konzentrierte. Zum Rauchen wiederum assoziierte er ›Ärger unten halten‹. Die Furcht vor Intimität und das Bedürfnis, Ärger zu unterdrücken, kreuzten sich. Folglich vermied er Intimität, weil sie seinen Zorn erregte und er fühlte, daß dieser seine Beziehungen zerstören würde. Also versuchte er Intimität mit ritualisierter Distanz zu bewältigen. Er fürchtete also die positive Übertragung ebenso wie die negative und unterhielt Beziehungen des Typs ›rein und raus‹.

Die Assoziation zu Traumbildern ist zunächst ›frei‹, konzentriert sich aber auf das zugehörige Thema oder den entsprechenden Komplex, sobald ein Affekt berührt wird. Es ist deshalb unbefriedigend, es bei der Bildassoziation des Träumers zu belassen, daß Herr X ›mich [in einem Traum] an einen Freund aus der Oberschule erinnert, mit dem ich ausgegangen bin‹. Hier ist in der Psyche des Träumers noch keine körperlich spürbare emotionale Erfahrung lebendig geworden. Das Bild kann daher hinsichtlich seiner Relevanz für die gegenwärtige emotionale Wirklichkeit vom Träumer nicht auf den Boden der Erfahrung gestellt werden. Es bedarf weiterer Nachfrage. Die Fragestellung muß offen sein und soll keine bestimmte Antwort suggerieren. Und doch muß nach einer spezifischen, affektiven Erfahrung gesucht werden: Welche Art von Persönlichkeit hatte dieser Mann — welche Eigenschaften verbinden Sie mit ihm? Welches Gefühl vermittelte er Ihnen? Welche emotionalen Erfahrungen sind an diese Beziehung geknüpft? Welche Affekte riefen er oder mit ihm in Verbindung stehende Ereignisse hervor (Faszination, Bewunderung, Scheu, Abscheu, Schmerz oder was auch immer)? Das sind nicht unbedingt genau die Fragen, die auf eine gegebene klinische Situation passen; sie machen aber die Art und Weise des erforderlichen methodischen Ansatzes deutlich. Nur wenn ein Affekt berührt wird, können wir annehmen, daß der wesentliche Kern der psychologischen Wirklichkeit, einschließlich der relevanten Komplexe, getroffen und erfahren wurde. Intellektuelles Verständnis ist nicht ausreichend.

Zu einer solchen Art der Befragung kam es beispielsweise während der Besprechung des folgenden einfachen Traumes:

Ich trage einige alte Taschen ins Schlafzimmer meines Sohnes.

Während die dramatische Struktur hier darauf hinweist, daß ein altes Thema in die Beziehung zum Sohn (Objektstufe, siehe Kapitel 6) oder zum inneren Sohn (Subjektstufe) hineingetragen wird, bedurfte es intensiver Befragung, um das Bild der Taschen auf sinnvolle Weise emotional zu verankern. Der Träumer konnte die Taschen zunächst nur als blau identifizieren. Sie waren ihm unbekannt. Die Farbe erinnerte ihn an einen Rucksack, den er im Alter von 17 Jahren benutzt hatte. Er hatte mit Freunden eine Reise in die Rocky Mountains gemacht. Weder die Rocky Mountains noch die Reise oder die Freunde riefen irgendeinen Affekt hervor. ›Was war, als Sie 17 waren?‹ Der Träumer wurde plötzlich rot vor Zorn, als er sich erinnerte, damals von den Eltern bei einer sexuellen Handlung ertappt worden zu sein. Die sexuelle Scham und Unsicherheit gegenüber dem Über-Ich wurde dann in die Beziehung zu seinem Sohn hineingetragen oder projiziert. Das war die aktuelle persönliche Thematik, die der Traum zum Überdenken aufwarf.

Gelegentlich kann der Träumer bei der Bearbeitung eines Traumes blockieren und außerstande sein, zu irgendwelchen Assoziationen zu gelangen. Das Material kann psychologisch zu mächtig sein, als daß der Träumer sich ihm zu nähern wagte, oder es kann sein, daß er über zu wenig freie Imaginationsfähigkeit zum Assoziieren verfügt. Manchmal bedarf die Blockade der Deutung. Manchmal kann sie auch alternativ umgangen werden, indem man nach Erklärungen fragt. Diese erlauben mehr Abstand von der komplexbeladenen Beziehung des Träumers zu den Bildern oder zu der unbewußten Matrix selbst. Fragen, die einen Abstand zulassen, können oftmals die Sicherheit vermitteln, deren es bedarf, um weiter an dem Traum arbeiten zu können. Man könnte beispielsweise fragen: ›Wenn das eine objektiv gegebene Situation wäre, wie könnte Ihre Reaktion dann aussehen?‹, oder: ›Wenn das jemand anderem geschähe, wie würden Sie sich fühlen?‹ Solche Fragen führen von der Assoziation zur Erklärung.

ERKLÄRUNG

Während es sich bei Assoziationen, ungeachtet ihrer immanenten Rationalität, um subjektive Reaktionen handelt, ist Erklärung der Terminus, den man verwendet, um das Vorbringen allgemein anerkannter und gültiger Tatsachen zu bezeichnen. In diesem Sinn vermittelt die Erklärung rationale Bedeutungen. Die Erklärung bringt zum Ausdruck, wofür das Bild hinsichtlich seiner objektiven Funktion oder Bedeutung beim Träumer und/oder kollektiv gesehen typischerweise steht. Der Therapeut muß sich vor eigener Voreingenommenheit hüten, wenn er die objektive Erklärung für ein Bild bestimmt, eine Erklärung, die vielleicht nicht der allgemein geteilten Auffassung entspricht. Wie die Assoziationen können auch die Erklärungen auf eine allegorische oder symbolische Bedeutung oder auf beides hinweisen (siehe oben, Kapitel 4: Die Traumsprache).

Erklärungen unterteilen sich in zwei Gruppen: objektiv-kollektive und subjektiv-individuelle Erklärungen. Objektiv-kollektiv erklärt ist ein Bleistift ein Gerät zum Schreiben oder Zeichnen, unabhängig davon, ob die Assoziation des Träumers vielleicht die Erinnerung wachruft, daß er schon einmal einen Bleistift benutzt hat, um seinen Bruder damit zu stechen, oder ob er möglicherweise an einen phallischen Bezug denkt.

Die subjektiv-individuelle Erklärung für einen Bleistift als Schreibgerät wird sich wahrscheinlich von Person zu Person unterscheiden. Für manche Leute kann Schreiben oder Zeichnen Mittel des Selbstausdrucks sein: kommunikativ, imitierend und/oder kreativ. Für andere ist ein Bleistift vielleicht ein Schreibgerät für Aufgaben, denen sie lieber ausweichen würden, wie etwa tägliche Buchführung. Schreibgerät ist also die Erklärung für Bleistift. Der Therapeut muß nun aber noch den gemeinsamen Schnittpunkt finden zwischen objektiver und subjektiver Erklärung einerseits und persönlicher Assoziation andererseits: Schreiben als kommunikativer Selbstausdruck oder als Vermeidung von Aufgaben in Überschneidung mit dem Stechen des Bruders, damit er so die psychologische Relevanz der konkurrierenden Aggression in bezug auf Selbstausdruck oder Vermeidung herausfinden kann. Es könnte sich herausstellen, daß die Aggression sich in sarkastischen Bemerkungen oder in einer Vermeidungshaltung ausdrückt, daß der Selbstausdruck durch Wettbewerbsstreben motiviert ist oder daß eine andere bedeutungsvolle Verknüpfung zwischen beidem besteht.

In einem anderen Fall kann der Bleistift (Erklärung: Schreibgerät) die Träumerin an eine Gelegenheit erinnern, als ihre Tante ihr einen solchen Bleistift schenkte. Jetzt brauchen wir Assoziationen und/oder Erklärungen, die sich auf diese Tante beziehen. Sie hatte in der Familie eine gewichtige Stimme und war häufig anwesend (Erklärung). Die Träumerin empfand sie als äußerst phantasiereich (Assoziation). Aufgrund dessen können wir vermuten, daß die Phantasie der Träumerin durch den Kontakt mit der Tante oder deren Beispiel inspiriert worden ist. Bis zu diesem Punkt sind aber noch keine Gefühlsreaktionen oder Affekte hervorgerufen worden. Um sie auszulösen, müssen wir vielleicht weitere Fragen stellen. Welche Art von Person war diese Tante? Und, was ebenso wichtig ist, wie waren die Gefühlsreaktionen der Träumerin auf diese Tante?

Die Träumerin könnte sie in einem Gefühlsausbruch so beschreiben: ›Sie war eine beißend kritische Zicke‹, oder: ›Sie war warm und unterstützend‹, wie auch immer die Assoziation hierzu sein mag. Und es scheint, als würden Ausdrucksweise und Formen der Kommunikation (die Tante schenkte der Träumerin den Bleistift) von der kritischen Art oder unterstützenden Wärme (den Eigenschaften der Tante) herrühren.

Um ein entsprechendes Spektrum an individuellen Erklärungen zusammenstellen zu können, muß der Therapeut es vermeiden, Bedeutungen als selbstverständlich zu betrachten, vielmehr muß er dem Träumer Fragen stellen wie etwa: ›Was stellt das für Sie dar?‹, ›Wieso?‹, ›Weshalb?‹, ›Wie wäre es, wenn das eine wirkliche Situation wäre?‹, etc. Kurz gesagt, der Therapeut muß einen neugierigen und unwissenden Standpunkt einnehmen. Nur so kann er vermeiden, sich vorschnell in Schlußfolgerungen zu stürzen.

Die Crux beim Traumdrama ist manchmal, daß ein Verhalten darin vorkommt, das sich der offenkundigen, üblichen Erklärung widersetzt. Bei einem Traum, von dem der Träumer berichtet:

> Ich stehe auf einem leeren Floß, den Rücken der Flußströmung zugewandt, und verwende enorme Energie auf den Versuch, das Gefährt umzudrehen, um es steuern zu können

können wir sehen, daß die Erklärung einen wichtigen Hinweis auf die Traumbotschaft liefert. Ein leeres Floß wird mit einer Stange getrieben und hat weder Bug noch Heck. Um in die andere Richtung zu steuern, braucht das Traum-Ich nur sich selbst, nicht das Floß umzudrehen. Das Ungewöhnliche liegt hier darin, daß der Träumer nicht weiß, wie er das machen soll, ein Punkt, dessen psychologische Aspekte in der Therapie erforscht werden müssen.

In einem ähnlichen Fall träumte eine Frau:

> Der Eigentümer eines Juweliergeschäftes gibt mir einige Edelsteine. Als ich sie in den Händen halte, bekomme ich Angst, daß meine Fingerabdrücke überall auf dem Ladentisch sein könnten, und ich fliehe aus dem Laden, die Straße entlang, um mich vor der Polizei zu verstecken.

Als sie ihren ›Alptraum‹ erzählte, war ihr nicht bewußt, daß ihre Annahme, des Diebstahls schuldig zu sein, auf den Erhalt der Edelsteine als kostenloses Geschenk folgte. Dies war deshalb ein Hauptgegenstand des analytischen Gespräches über den Traum. In beiden Beispielfällen ging es darum, daß der Therapeut auf die Diskrepanz zwischen den privaten und den kollektiv/objektiven Erklärungen der Bilder aufmerksam machte.

Bei der Arbeit mit jedem Traumbild muß der Schnittpunkt zwischen allgemeingültiger Erklärung und persönlicher Assoziation oder Erklärung gefunden werden, und auch der Schnittpunkt mit analogen oder symbolischen Bedeutungen, wie wir später noch sehen werden. Ein Schreibtisch läßt sich erklären als Möbelstück, das gewöhnlich bei Schreibarbeiten Verwendung findet und/oder zum Aufbewahren von Schriftstücken dient, die mit Kommunikation zu tun haben. Dies gilt unabhängig von irgendwelchen Assoziationen des Träumers. Wenn die Assoziation zu einem bestimmten Schreibtisch nun lautet, daß er >ein Tisch für Bierparties< ist, so könnte dies folgende Implikation haben: Eine Arbeits- oder Schreibsituation oder der Hang, zu arbeiten oder zu schreiben, führt zum Feiern, zu Spiel, zu Trunkenheit oder zu noch etwas anderem, wozu sich mit dem Begriff Bierparty verbundene Assoziationen und Erklärungen finden, oder ersteres wird vielleicht durch letzteres ersetzt oder damit assoziiert. Erklärungen und Assoziationen müssen immer kombiniert werden, indem man den bedeutungsvollen psychologischen Schnittpunkt von beiden ausfindig macht.

Andererseits können zwischen den individuellen und den kollektiven Erklärungen Unstimmigkeiten bestehen. Diese müssen dann gesondert betrachtet und ins Gleichgewicht gebracht oder verflochten werden. Der Träumer kann das, was einen Gegenstand ausmacht oder wofür er steht, in ziemlicher Übereinstimmung mit der allgemeinen kollektiven Anschauung sehen, die beiden Betrachtungsweisen können aber auch unterschiedlich sein. Die ganz persönliche Perspektive des Träumers kann deutlich auf einen zugrundeliegenden Komplex hinweisen, und/oder sie kann so extrem sein und eine so fundamentale Abweichung zeigen, daß sie die Isolation des Träumers von der gemeinsamen kollektiven Wirklichkeit verrät und zugleich dem Therapeuten einen beschreibenden Zugang zu dieser Isolation eröffnet. In einem Traumbild, in dem >ein lebendes, aber blutiges Lamm sich aufgespießt auf einer Türklinke drehte<, was der Träumer als ein >Karussell< erklärte, entdeckte der Therapeut einen quälenden Schmerz, der geleugnet wurde — indem das Bild assoziativ mit einem Karussell in einem Vergnügungspark verglichen wurde —, und einen opferlammartigen masochistischen Komplex von verstümmeltem instinkthaftem Ausdruck, welche es verhinderten, daß die Tür zu therapeutischer Arbeit aufgeschlossen werden konnte. Der Therapeut konnte daraufhin die Initiative ergreifen und das schwerwiegende Problem des Träumers auf der Basis einer gemeinsamen Sprache angehen.

Nicht nur die persönliche Erklärung des Träumers kann von der des Kollektivs abweichen, auch der Therapeut kann eine wiederum andere Erklärung haben, die sowohl von der des Träumers als auch von der des Kollektivs abweicht. Diese kann zwar in sachdienlicher Weise zum Material beitragen, sie muß jedoch so lange zurückgestellt werden, bis das gesamte Material des Träumers ausgekundschaftet worden ist. Bei Diskrepanzen zwischen den Erklärungen des Träumers und anderen Erklärungen oder zwischen den Assoziationen des Träumers und einer auf die Wirklichkeit bezogenen Erklärung bedarf es klinischen Geschicks, um die Diskrepanzen durch Verständnis zu überbrücken. In dem folgenden Fall, in dem erklärendes Material falsch gehandhabt wurde, tat der Therapeut das Bild des Träumers als ›unrealistisch‹ ab. Es ging um diesen Traum:

> Ich pudere meine Füße mit einem Reinigungspulver für das Badezimmer, um zur Arbeit zu gehen.

Ohne durch weitere Befragung herauszufinden, daß das Reinigungspulver fürs Badezimmer ›Bon Ami‹ hieß und daß dieser Ausdruck durch Assoziation zu dem Kosewort führte, das seine Frau verwendete, nahm der Therapeut an, daß es lediglich einen Bezug zu einem Scheuerpulver gäbe. Der Therapeut kam somit fälschlicherweise zu dem Schluß, daß der Traum auf einen für den menschlichen Fuß oder Standpunkt gefährlichen Reinigungszwang hinwies. In der Tat lautet die Erklärung: ›Bon Ami‹ ist ein Pulver, für das mit dem Satz ›es hat noch nicht gekratzt‹ geworben wird und dessen Verpackung die Abbildung eines aus dem Ei schlüpfenden Kükens zeigt.

Da es versäumt wurde, Assoziationen und Erklärungen ans Licht zu bringen und die amplifizierende Symbolik des schlüpfenden Kükens in Betracht zu ziehen, ging die potentielle Bedeutung des Traumes verloren. Der Traum weist auf einen Schnittpunkt hin zwischen der reflektierenden Unterstützung des Träumers durch seine Frau und dem scheinbar unrealistischen Traumbild. Eine Unstimmigkeit muß erforscht werden und darf nicht dazu benutzt werden, die Gültigkeit des vorgebrachten Traumbildes abzuweisen. Erst dann wird der tiefere psychologische Kontext aufgedeckt.[2] In diesem Beispiel kann sich in dem Bild zweierlei enthüllen, einmal, daß der Träumer es als unrealistisch empfand, geliebt zu werden, es sei denn, er wäre ›sauber genug‹, und zum anderen, daß der Stand des Träumers in der Welt von dem Schutz abhängig war, den die Zuneigung seiner

Frau ihm gab, und von seiner Harmlosigkeit — indem er wie ein kleines Küken war. Das Pudern der Füße mit ›Bon Ami‹ verweist also auf die grundsätzliche Bedeutung dieses Problems im Zusammenhang mit Erneuerung und Individuation. Es erübrigt sich hinzuzufügen, daß klinisches Geschick und Erfahrung vonnöten sind, um die verschiedenen Vektoren in die richtige Ordnung zu bringen. Das körperlich empfundene ›Aha‹-Erlebnis des Träumers muß bestätigen, daß das Ergebnis zutreffend und sinnvoll ist.

Ein Dachboden beispielsweise ist ein Speicherraum und die oberste Etage eines Hauses. Das ist eine allgemeine, kollektiv gültige Erklärung. Es handelt sich um eine Tatsache. Nun kann aber der eine den Dachboden als Speicherraum verwenden, ein anderer als zusätzliches Schlafzimmer, und der dritte kann ihn leerstehen lassen, in der Absicht, ihn später fertigzustellen. Für den einen kann er Speicherraum für Dinge sein, die in der Vergangenheit benutzt worden waren und jetzt ausrangiert sind, bei der Erklärung eines anderen mag die Betonung darauf liegen, daß einige der Gegenstände in der Zukunft möglicherweise noch benutzt werden können. Im allgemeinen muß zuerst der individuellen Erklärung Aufmerksamkeit geschenkt werden.

Sollte diese Erklärung beträchtlich von der allgemeinen Erklärung abweichen — so etwa, wenn ein Bleistift als Gerät bezeichnet wird, um den kleinen Bruder zu stechen, oder Dachboden ›als ein Wortspiel [dies bezieht sich auf das englische Wort ›attic‹ = Dachboden, das ähnlich klingt wie ›a tic‹ = ein Tick; dieses Wortspiel läßt sich im Deutschen nicht wiedergeben; Anm. d. Ü.] und ein Ort, um zu masturbieren‹, erklärt wird —, dann wäre diese Art der Erklärung wie eine Assoziation zu behandeln. Sie würde dann bei der Besprechung des Traumes die allgemein anerkannte Bedeutung modifizieren, gelegentlich sogar beiseiteschieben. Man könnte bei der Erklärung, die die Masturbation ins Spiel bringt, sich näher mit ihrer Zwanghaftigkeit (dem ›Tick‹) befassen. Man könnte versuchen herauszufinden, warum gerade der Dachboden gewählt wurde. Gab es unter all diesen alten Dingen irgend etwas Erotisches, bestand die Anziehung darin, einen Blick von oben herab zu haben, oder war es der einzige persönliche Ort, der zur Verfügung stand? Bestätigt sich die erste Annahme, so könnte dies eine Selbsterregung oder Selbstaufrüttelung (Masturbation) durch den Rückzug in die Vergangenheit anzeigen. Die zweite Alternative würde auf den ›Kopf‹ abstellen — das oberste Stockwerk (Oberstübchen) im Körper —

oder auf einen Versuch der Selbsterhöhung. Die dritte Annahme betont die Suche nach einer Privatsphäre und deren Notwendigkeit, um mit sich selbst in ›Berührung‹ kommen zu können (weitere Ausführungen zur Sexualität in Träumen siehe unten, Kapitel 11: Körperbilder).

Im Fall des Rebustraumes, der oben beschrieben wurde, ist die Aspirintablette ein Schmerzmittel; sie bezieht sich daher auf das Motiv der Schmerzvermeidung oder -linderung (Erklärung). Die Assoziation könnte sie mit der Mutter in Verbindung bringen. Die Beschreibung der Mutter oder die Assoziationen, die sie auslöst, können vielleicht mit Begriffen wie Überbesorgtheit und einer Tendenz zu tun haben, jede kindliche Krankheit mit Aspirin überzubehandeln. Es könnte auch sein, daß die Mutter selbst nicht in der Lage war, irgendein schmerzliches Unbehagen auszuhalten. Die Schmerzlinderung ist hier mit Überbesorgtheit und Überempfindlichkeit gegenüber jedem Unbehagen verknüpft. Die mit dem Reh assoziierte Ängstlichkeit und Scheu steht genau in der Mitte zwischen Erklärung und Assoziation, insofern es als Tatsache anerkannt ist, daß das Reh sehr leicht die Flucht ergreift. Es zeigt sich also, daß die Scheu durch die Haltung der Mutter, Schmerz und Schwierigkeiten so weit als möglich zu vermeiden, hervorgerufen worden ist. Oder es erweist sich, da die Mutter für das Kind eine Quelle des Trostes und des emotionalen Schutzes darstellt (Erklärung auf der Subjektstufe), daß Trost und emotionaler Schutz an Scheu und Schmerzvermeidung geknüpft sind. Der psychologische Schnittpunkt ist gefunden.

EMOTIONEN UND KÖRPERREAKTIONEN

Im Traum auftretende Affekte oder Körperreaktionen, oder auch Affekte und Körperreaktionen, die auftreten, während der Traum besprochen wird, sind wie ein Bild zu behandeln. Sie sind als potentielle Teile des Traumes zu betrachten und bedürfen der Assoziationen des Träumers. Reaktionen beim Therapeuten können für den Traum des Klienten relevant sein, sie bedürfen aber der Assoziationen und der persönlichen Bearbeitung des Therapeuten, ehe sie dem Traumfeld zugerechnet werden können (siehe unten, S. 80). Oftmals sind solche Affektreaktionen zusammen mit der Traumszenerie (siehe Kapitel 7, Die dramatische Struktur) der direkteste Weg, um eine Brücke zu schlagen zwischen dem Traum und der aktuellen emotionalen Wirklichkeit. Sie lösen oft lebhafte Erinnerungen aus, die mit dem vom Traum dargestellten gegenwärtig relevanten Komplex zu tun haben. In dem oben beschriebenen Beispiel (vgl. S. 60) führte die auf einem Schuldgefühl beruhende Angst, die sich nach dem Geschenk der Edelsteine einstellte, unmittelbar zur Entdeckung der Panik, die die Träumerin befiel, wenn ihre ausgezeichnete berufliche Arbeit bemerkt wurde, mit der sie persönlich überidentifiziert war, und zu Erinnerungen an elterlichen Neid und andere Verletzungen ihrer Fähigkeiten und ihres Gefühls der Individualität in der Kindheit.

Besondere Körperhaltungen im Traum oder während der Arbeit am Traum sind bedeutsam, auch wenn sie keine verbalen oder verbalisierten Assoziationen erwecken. Wenn sie in der Sitzung nachgestellt werden, führen sie oft unmittelbar zu der der Traumbotschaft zugrundeliegenden Emotion. Eine Frau beispielsweise, die träumte, daß ihre Hände verdreht und gefesselt waren, wurde gebeten, diese Stellung einzunehmen. Sie begann sich zu winden und zu schwitzen. Sie fand sich in einer Panik wieder, die sie bald als das Gefühl identifizieren konnte, das sie empfand, als sie an ihrer Arbeitsstelle um eine Gehaltserhöhung bitten mußte. Das erinnerte sie weiterhin an die Furcht, die sie in ihrer Kindheit empfunden hatte, wenn ihr Vater, ein Alkoholiker, nach Hause kam. Sie war noch so verkrampft durch diesen Terror, daß sie ihren eigenen, ihr zustehenden Wert nicht vor einer Autorität geltend machen konnte.

Ein weiteres Beispiel für starke, an ein körperliches Bild geknüpfte Emotionen:

> Ich träume, etwas sei mit meinem Zeigefinger passiert. Ich kann ihn weder von innen noch mit meinen anderen Fingern fühlen. Ich fürchte, meinen Finger verloren zu haben. Ich bin sehr erschrokken. Dann sehe ich das Gesicht meines Großvaters, und plötzlich bemerke ich, daß ich wieder die volle Empfindung in meinem Finger habe, und ich weiß, daß er in Ordnung ist.

Hier ist Furcht, die Emotion der Träumerin, mit dem Verlust des Zeigefingers verbunden. Ihre Assoziation zu der Traumfurcht führte sie zu dem Gefühl hilflosen Entsetzens, das sie wegen ihres bevorstehenden Erscheinens vor dem Scheidungsgericht empfand. Zu Zeigefinger assoziierte sie ›mit dem Finger zeigen, Schuld zuweisen‹. Sie erinnerte sich daran, daß ihr mit dem Zeigefinger gedroht worden war, um sie zu tadeln. Hierzu gibt es eine

Amplifikation (siehe unten, ab S. 77) aus dem Bereich der Chirologie, wonach dieser Finger die Fähigkeit, etwas zur Ausführung zu bringen, symbolisiert.[3] Die Träumerin hatte das Gefühl, ihre Fähigkeit verloren zu haben, Verantwortung zuzuweisen; sie fühlte sich tatsächlich verachtenswert schuldig und wertlos und sah sich in Gefahr, ihre Kinder im Laufe der Scheidungsauseinandersetzung zu verlieren. Im Gegensatz dazu, so sagte sie, war ihr Großvater ›stark und stand seinen Mann als mächtiger Arbeiterführer, auch dann, wenn seine Haltung unpopulär war‹. Im Kontext mit dem Bild seines Gespürs für Macht und Gerechtigkeit wird ihre eigene schwankende und von Furcht erschütterte Handlungsautorität wiederhergestellt. Der Traum führte zu einer Reihe von aktiven Imaginationen mit ihrem Großvater, durch die sie mit der Kraft zur Autorität in Beziehung treten konnte, die sie brauchte, um sich in ihrer Scheidungssache und auch sonst im Leben behaupten zu können.

Im Fall einer Analysandin, die von einem Traum berichtete, in dem sie flog und nach oben stieg, was sie mit Freiheit von Beschränkungen assoziierte, bemerkte der Analytiker ein Druckgefühl in seiner eigenen Brust. Da es sich während der Beschreibung des Traumes einstellte und keine gewöhnliche Empfindung war, fragte er die Träumerin, wo sie sich beschränkt fühle und sich befreien müsse. Sie war nicht in der Lage, die Empfindung mit irgendeiner aktuellen Situation in Verbindung zu bringen. Der Therapeut bat sie dann, sich auf ihre Brust zu konzentrieren und zu versuchen, die Beengtheit dort zu spüren. Beinahe sofort erinnerte sich die Klientin an asthmatische Zustände in der Kindheit, die, wie sie es formulierte, wie ›eine Spinne, die [sie] umwickelt und [ihr] den Atem nimmt‹, waren. Von dieser Empfindung, die erst beim Analytiker hervorgerufen wurde und dann von der Träumerin in einer quälenden, bitteren Erinnerung verankert wurde, war es nur ein kurzer Schritt, bis sie mit dem Gefühl in Berührung kam, das sie bei der tyrannischen Kontrolle durch ihre Mutter und bei ihrer gewohnheitsmäßigen Flucht empfunden hatte. Diese hatte darin bestanden, in die Phantasie und in einen veränderten Bewußtseinszustand (in gewissem Umfang physiologisch durch Sauerstoffmangel ausgelöst) ›hineinzufliegen und aufzusteigen‹. Als sie sich dies vergegenwärtigte, kamen ihre jetzigen, bisher unbewußten Gefühle bezüglich der Regelmäßigkeit und beschränkenden Kontrolle der Analyse ans Licht, wo dasselbe Muster lahmlegender Einschränkung und Flucht wiederum relevant geworden war. Als sie fähig war, ihre Reaktionen in Worte zu fassen, ließ die Atembeengung nach.

In einem anderen Fall hatte ein Geschäftsmann wiederholt Träume, in denen er wegen Schmuggels zu einer Gefängnisstrafe verurteilt war. Es kam zu keinen relevanten Assoziationen oder Erklärungen, die Aufmerksamkeit des Analytikers wurde aber von einer leichten, schaukelnden Rumpfbewegung geweckt, die während der Besprechung des Traumes auftrat. Der Träumer wurde darauf aufmerksam gemacht und gebeten, die Bewegung zu verstärken und nachzuspüren, welche Bilder oder Erinnerungen sich damit verbanden. Er fand bald heraus, daß es sich anfühlte wie *davenen* (ein jiddisches Wort für ein Beten, das von ähnlichen vor- und zurückschaukelnden Bewegungen begleitet ist), und er erinnerte sich, wie stolz sein Vater auf die Erfolge seines Sohnes bei dessen hebräischen Studien war. Er durchlebte nochmals seine Bar Mitzvah, ein Anlaß, bei dem sein Vater viel Lob erhielt und die Errungenschaften seines Sohnes für sich beanspruchte, wohingegen dem Sohn kaum Aufmerksamkeit geschenkt wurde. Er erinnerte sich, daß er, um sich für seinen Vater als wichtig zu empfinden, versuchte, auf den Gebieten zu brillieren, die sein Vater schätzte, auch wenn sie keine persönliche Bedeutung für ihn selbst hatten und er sie sogar in gewisser Weise verachtete, weil sie ihn von den Gleichaltrigen fernhielten. Gleichzeitig hielt er sich für einen Betrüger, weil er etwas heuchelte und vorgab, das er nicht wollte — ›wie ein Schmuggler, der Schmuggelware befördert‹. Nach dieser Erkenntnis wurde ihm auch sein gegenwärtiges Bedürfnis bewußt, dem Therapeuten und anderen Autoritätsfiguren zu gefallen, indem er versuchte, deren Zuneigung durch das zu gewinnen, was sie seinem Empfinden nach gerne hatten. Er gab Gefühle und Überzeugungen vor, von denen er nicht wußte, ob er sie überhaupt hatte, und er haßte sich sowohl wegen seines Gefühls von Bedürftigkeit als auch wegen seiner Vorspiegelungen. Er war durch die versteckte Vorspiegelung und das Bedürfnis nach dem, was er als erschlichenen, verachtenswerten Gewinn empfand, ›im Gefängnis eingeschlossen‹.

Es ist auch wichtig, die emotionalen und körperlichen Reaktionen des Träumers zu beobachten, wenn er einen Traum erzählt, denn Gesten, Verspannungen und Empfindungen sind wichtige Assoziationen. Ebenso muß der Therapeut auf seine eigenen Reaktionen achten und sie auf Gegenübertragungsfaktoren hin prüfen (siehe unten, S. 80).

Alles, was zeitlich mit dem Traum zusammenfällt oder sich in der unmittelbaren Umgebung ereignet, während ein Traum erzählt wird, ist ebenfalls wichtig. Denn solche synchronistischen[4] Ereignisse sind Manifestationen des umfassenden ›Feldes‹, das in dem Traum einen besonderen, nur teilweisen Ausdruck findet. Solche Dinge können auf die Beteiligung einer grundsätzlichen archetypischen Dynamik hinweisen, die für den Traum relevant ist. Von einem Unfall zu träumen und etwa zur gleichen Zeit einen Unfall zu haben würde demnach die Gefahr des Zusammenbruchs betonen, die der psychologischen und spirituellen Lage des Träumers immanent ist.

›TRIVIALE‹ TRÄUME

Kein Traum oder Traumfragment, wie einfach oder irrelevant es auch erscheinen mag, braucht als unbedeutend oder ›trivial‹ abgetan zu werden. Dem Träumer kann der Traum allerdings so vorkommen, insbesondere dann, wenn er sich nur an ein Fragment erinnert. Wenn man einen solchen Traum aber mit den Mitteln der Assoziation, der Erklärung, der Amplifikation und vielleicht auch des Gestalt-Spiels und der Phantasieimprovisation weiter erforscht, so wird man feststellen, daß jeder Traum Licht auf einen blinden Fleck wirft. Er kann den Weg zu wichtigen Einsichten auf der Objektstufe, häufiger aber auf der Subjektstufe weisen.

Besonders bei Bruchstücken und fragmentarischen Träumen obliegt es dem Therapeuten, zusätzliche Informationen und assoziatives Material ans Licht zu bringen, indem er den Träumer dazu ermutigt, sich der Imagination zu bedienen, wenngleich solch imaginative Tätigkeit dem Träumer zunächst als ›reine Erfindung‹ vorkommen mag. Beim Phantasieren oder ›Erfinden‹ ist die unbewußte mythopoetische Funktion genauso lebendig wie beim Vorgang des Träumens. Auch eine mit voller Absicht ›erfundene‹ Geschichte trägt unwillkürlich das Gepräge der unbewußten Psyche des Erfinders oder Autors. Zur Anregung kann der Therapeut über das Wie und Warum der verschiedenen Begebenheiten Fragen stellen und/oder den Klienten zu weiteren Assoziationen und Erklärungen ermutigen.

Ein Traumbeispiel, bei dem die Träumerin das Geträumte als ›trivial‹ empfunden hatte:

Ich leite eine Tanzveranstaltung für Jugendliche. Es ist meine Aufgabe, dafür zu sorgen, daß sich Jungen und Mädchen zusammentun und sich beim Tanzen vergnügen.

Als einzige Reaktion hierauf erklärte die Träumerin, sie habe dies oft getan, als ihre Töchter heranwuchsen. Im übrigen schien der Traum nichts weiter als eine sentimentale Erinnerung zu wecken. Er kam der Träumerin höchst irrelevant und richtiggehend trivial vor. Angesichts dessen, daß dieser Traum so leichthin abgetan wurde, stellte der Therapeut weitere Fragen, um die psychologische Relevanz der Handlungen und Bilder ausfindig zu machen. Fragen nach dem ›Warum‹ und ›Wozu‹ erweisen sich beim Ausloten tieferer Schichten oftmals als hilfreich. Auf die Frage, warum sie das Gefühl habe, die jungen Leute zusammenbringen zu müssen, antwortete sie: ›Um sie zu unterstützen und zu ermutigen.‹ Wiederum bedurfte es hier der Frage nach dem ›Warum‹, um das Assoziieren auf den psychologisch relevanten Kern hinzusteuern. Die Träumerin antwortete: ›Damit sie über ihre Schüchternheit hinwegkommen.‹ Das Überwinden von Schüchternheit ist also die Motivation, auf die sich die ›trivialen‹ Bilder des Traumes beziehen. Da die Träumerin keine Assoziation zu wirklichen schüchternen Teenagern finden konnte, mußte das Thema der Schüchternheit auf der Subjektstufe betrachtet werden. Erinnerungen an die Jugendzeit der Träumerin kamen ans Licht. Dadurch wurde eine Thematik aufgedeckt, die erhellte, daß die in der Psyche der Träumerin lebende ›Jugendliche‹ noch immer schüchtern war und dazu ermutigt werden mußte, sich mittels einer überlegten und bewußten Anstrengung ›zusammenzutun‹, um in den Tanz des Lebens hineinzukommen. Es könnte sich sogar — nach Durcharbeitung des Traumes — herausstellen, daß die Träumerin ihren Traum als unbedeutend empfand, weil dies zu ihrer Schüchternheit und ihrer Art, sich selbst zu übergehen, gehörte.

PHANTASIE, IMAGINATION UND DARSTELLUNG

> Im Schlaf erscheint die Phantasie als Traum. Aber auch im Wachen träu-
> men wir unter der Bewußtseinsschwelle weiter und dies ganz besonders
> vermöge verdrängter oder sonstwie unbewußter Komplexe.
> (*GW*, Bd. 16, Randnummer 125)

Da sich der dem Traum zugrundeliegende Komplex synchronistisch auch
auf äußere Ereignisse und ›veränderte Bewußtseinszustände‹ im Wachen
bezieht, kann ein Traum auch dadurch amplifiziert werden, daß der Träumer ihn mit Hilfe imaginativer Techniken weiterspinnt und ausdehnt. Bei
diesen Techniken läßt man entweder Bilder vor dem inneren Auge entstehen oder versucht die fehlenden Teile der Traumgeschichte durch einfaches
›Erfinden‹ zu ergänzen. Die Methodik ›aktiver‹ und ›gelenkter Imagination‹ ist wiederholt von anderen Autoren[5] beschrieben worden, auf die der
Leser hiermit verwiesen wird.

Jeder Teil eines Traumes kann als Ausgangspunkt für eine Traumerwei-
terung mit neu hinzugefügten Bildern dienen — um entweder die Handlung weiterzuspinnen und zu sehen, in welche Richtung sie sich wohl entwickeln könnte, oder um sie vom Anfang des Traumes nach rückwärts zu
erweitern und so herauszufinden, wie es zur Anfangssituation des Traumes
gekommen ist. Solange der Träumer dem Traum offen gegenübersteht und
in seinem Bewußtsein in die Raum/Zeit-Konstellation des Traumes zu-
rückkehrt, steht nicht zu befürchten, daß dabei die Traumbotschaft verdreht wird. Bilder, die in dieser Weise aufsteigen, sind Produktionen des
Unbewußten und werden ungeachtet der bewußten Vorstellungen des
Träumers heimlich ihre Botschaften einschmuggeln.

Eine Methode, die sich häufig bewährt, besteht darin, den Träumer aufzufordern, auf eine imaginäre Kinoleinwand oder einen imaginären Fern-
sehschirm zu schauen, auf die bzw. den die zu erforschende Traumsituation
projiziert ist, und zu beobachten, wie sich die Handlung weiterentwickelt.
In gleicher Weise kann sich der Träumer vorstellen, den Film rückwärts
laufen zu lassen, um zu sehen, wie sich die Handlung ursprünglich entwickelt hat. Ein Träumer beispielsweise berichtete oftmals vom Fliegen
und sprach von der durch nichts zu erschütternden Freude, die er darüber
empfand, in seinen Träumen fliegen zu können. Als der Analytiker ihn bat,
nach unten zu schauen und zu sehen, ob er erkennen könne, was er über-

flog, sah der Analysand Scharen von Bettlern und Straßenvolk. Diese waren Aspekte seiner eigenen Psychologie, über die er hoch hinausflog, um eine Illusion von Freude aufrechterhalten zu können. Die Begegnung mit ihnen brachte einen niederdrückenden Abstieg in die Wirklichkeit mit sich.

Solche persönlichen Erweiterungen eines Traumes sind besonders hilfreich, wenn Zweifel über die vom Traum beabsichtigte Stoßrichtung einer Handlung oder Implikation bestehen. Im Falle des Picknicks am Rande des Vulkankraters beispielsweise (siehe unten, S. 74) könnten wir den Träumer bitten, seinen Traum mittels Imagination zu Ende zu bringen. Das auftauchende Bild kann von einer zerstörerischen Explosion bis hin zu einem unerwarteten Regenschauer, der die Party jäh beendet und die Leute zum Weggehen zwingt, ehe sich etwas Schreckliches ereignen kann, alles umfassen. Im letzteren Fall könnten wir annehmen, daß wahrscheinlich eine relativ geringfügige Störung den Träumer aus seiner bewußten Verleugnung und Selbstgefälligkeit aufschrecken und ihm so helfen wird, eine Katastrophe abzuwenden. Oder der Träumer könnte mit Hilfe der Phantasie erkennen, was seine Selbstgefälligkeit eigentlich impliziert. Es bedarf vielleicht keiner weiteren Deutung, vorausgesetzt, der Träumer versteht, welcher besonderen psychologischen Haltung oder Situation im wirklichen Leben das Picknick auf dem Vulkan entspricht.

Bei einer anderen Technik bittet man den Träumer, ›den Traum auf die Bühne zu bringen‹, was bedeutet, daß entweder er selbst verschiedene Rollen spielt bzw. pantomimisch darstellt oder die Teilnehmer einer therapeutischen Gruppensitzung Rollen von Teilpersönlichkeiten übernehmen und darstellen.

Der Träumer kann die Rollen von Gestalten oder Objekten spielen — oder bei einer Gruppeninszenierung die Rollen verteilen, am Spiel teilnehmen und/oder als Spielleiter fungieren. Es ist im allgemeinen vorzuziehen, dies zunächst nonverbal, in Form einer Pantomime durchzuführen, um eine Intellektualisierung oder vorzeitige rationale Deutungen und Erklärungen zu vermeiden und dem Unbewußten Gelegenheit zu geben, sich so vollständig wie möglich durch Muskelbewegungen, Rhythmus, Gestik und Mimik zum Ausdruck zu bringen. Oft hilft es auch, die Gestalttechniken anzuwenden, bei denen es darum geht, in der ersten Person zu sprechen — auch wenn der Träumer eine nicht-menschliche Gestalt darstellt oder spielt — und innere Dialoge zwischen verschiedenen Traumgestalten oder -objekten stattfinden zu lassen, um deren verschiedenartige Standpunkte erkennen zu können und vielleicht sogar Möglichkeiten für eine Synthese zu finden.

Schließlich wird die Aufmerksamkeit des Träumers auf das ›Gefühl‹ gelenkt, das die Darstellung im Körper auslöst, ob er nun alleine spielt bzw. eine Pantomime aufführt oder die anderen beobachtet. Alle seine Reaktionen sind gegebenenfalls wiederum Gegenstand von Assoziationen und Erklärungen.

Als Beispiel kann das folgende, scheinbar harmlose kleine Traumbild dienen, das solchermaßen imaginal und psychodramatisch durchgearbeitet wurde:

> Eine Tomate wurde weggeworfen.

Als der Träumer, ein ernster, entgegenkommender Pastor, die Rolle der Tomate spielte, drückte er sich wie folgt aus: ›Bei kaltem Wetter reife ich langsam, aber mit ein bißchen Sonnenschein werde ich rot, weich und saftig. Dann bin ich köstlich.‹ Die Beschreibung war metaphorisch gesehen eine Selbstbeschreibung. Der Träumer bringt seine Abneigung gegen Kälte und sein Bedürfnis nach Wärme und langsamem Reifen und Genährtwerden durch seine Umgebung zum Ausdruck. Der Traum sagt aber aus, daß ›die Tomate weggeworfen wird‹ — sein Bedürfnis und seine Fähigkeit zu langsamer, sinnlicher Entwicklung werden innerlich verachtet und zurückgewiesen; also bedarf er der Unterstützung von außen. Auf die Frage, in welchem Bereich dies zur Zeit relevant sein könnte, fand der Träumer keine Antwort. In Weiterverfolgung des Traumbildes mit dem Ziel, herauszufinden, wie es zu dieser Zurückweisung kommt, wurde der Träumer gebeten, die Person, welche die Tomate wegwarf, zu beschreiben, zu erfühlen oder versuchsweise nachzuspielen. Da diese Person im Traum nicht vorkam, gab es keine unmittelbare Reaktion, es wurde jedoch das Bedürfnis des Träumers nach warmer Unterstützung durch den Analytiker offenbar, die er benötigte, um sich an eine kreative Aufgabe heranzuwagen. Der Analytiker schlug vor, das Bild einer solchen Person zu erfinden oder zu imaginieren, denn alles, was während der Arbeit an einem Traum erschaffen oder imaginiert wird, ›gehört dazu‹ und kann eine relevante, wenn auch immer noch unbewußte Dynamik zum Ausdruck bringen. Aus der inneren Vorstellungskraft des Träumers tauchte die Gestalt eines dunklen, schnurrbärtigen Mannes auf. Da der Träumer diesen Mann mit niemandem aus seinem persönlichen Leben oder aus seiner Erinnerung in Verbindung bringen konnte, fragte der Analytiker, ob er ihn zeichnen könne. Bereitwillig zeichnete der Klient ein schmales Gesicht mit einem spöttischen Lächeln, das durch den Schnurrbart noch hervorgehoben wurde. Dann sprach er für diese Gestalt und brachte deren Gefühle zum Ausdruck. ›Ich bin ein wirklicher Mann, raffiniert und kaltblütig. Ich verachte Dummheit und Gefühl. Emotionen sind wie verfaulte Tomaten. Sie schaffen nur Schwäche und Verletzlichkeit. Alles, was zählt, ist vorwärtszukommen.‹ So sprach ein bis dahin völlig unbewußter Aspekt der Persönlichkeit des Träumers, einer, der sich dazu bekannte, daß ›wirkliche‹ Männlichkeit schlau, gefühlskalt, voll zynischer Sachlichkeit und voller Ehrgeiz zu sein habe. Es handelte sich um eine Schattengestalt, die den Vorgang innerer Reifung, das Wachsenlassen von Beziehungen und die Fähigkeit, Sanftheit und Wärme zu genießen, verachtete und sogar ›wegwarf‹. Aus früherem Material wurde ersichtlich, daß diese Kälte und dieser Ehrgeiz ausgelebt und auf Partner projiziert, nicht jedoch als Aspekte der eigenen Psychologie des Träumers erkannt wurden. In der Traumdarstellung zwar nicht angesprochen, für den Therapeuten in seiner Zeugenrolle aber offensichtlich war das Gefühl des Träumers, verletzlich zu sein und verschlungen werden zu können, wenn er sanft, reif, warm und köstlich wie ein ›Liebesapfel‹ (›Liebesapfel‹ ist ein etwas altmodisches Wort für ›Tomate‹) wäre. In der Tat war der höhnisch grinsende, kalte, männliche Schatten ein Energiemuster der Abwehr, das sich in den folgenden Monaten noch weiter öffnete und primitive Furcht vor dem Verschlungenwerden durch eine verführerisch-hingebungsvolle Muttergestalt offenbarte.

Dieser Klient genoß den positiven Exhibitionismus des Rollenspiels und hatte ein relativ beständiges Gefühl für sich selbst als handelnde Person, das es ihm ermöglichte, solche spielerischen Darstellungen zu geben oder sogar zu initiieren. Bei anderen Klienten, die früh beschämt und dadurch in stärkerem Maße verletzt wurden oder die in Fragmentierung und Verleugnung oder einer spaltenden Abwehrhaltung gefangen sind, kann sich eine solche Methode der spielerischen Traumdarstellung kontraproduktiv und desorientierend auswirken. Solche Klienten müssen erst ein Zentrum stabiler Identität finden. Sie fühlen sich bedroht und/oder widerstreben, wenn sie gebeten werden, eine Rolle, insbesondere eine andere als die des Traum-Ich, zu übernehmen. Stattdessen kann man sie bitten, eine Traumgestalt zu beschreiben oder sich in diese ›einzufühlen‹, Assoziationen zu ihr herzustellen oder ihr Fragen zu stellen. Solche Überlegungen sind aber jeweils Bestandteil der Einzelfallbeurteilung.

AFFEKT UND GEFÜHLSQUALITÄT

Die Gefühlstönungen eines Traumes können von höchst subjektiven Affektreaktionen, die von Komplexen herrühren, bis zu scheinbar objektiv urteilenden Einschätzungen der Traumsituation reichen. Einerseits kann das Urteil, das der Träumer über den Traum oder das Traummotiv abgibt, ebenso wie die Reaktion, die beim Zuhörer der Traumerzählung ausgelöst wird, eine komplexgefärbte, unangemessene oder verzerrte Reaktion auf die objektiv dargestellte Traumsituation enthüllen. Andererseits kann darin auch ein komplexgefärbtes Werturteil zum Ausdruck kommen, das als angemessen zu betrachten ist und mit der ›Absicht‹ des Dramaturgen, des Lenkenden Selbst übereinstimmt. Bei der ersten Beurteilung eines Traums besagt der Umstand, daß sich eine Traumsituation ›gut‹ oder ›schlecht‹ anfühlt (entweder während des Traumes oder bei der Erinnerung daran), nichts weiter als: daß sie sich für den Träumer gut oder schlecht *anfühlt*. Diese subjektive Beurteilung besagt nicht notwendigerweise, daß die Situation objektiv gesehen gut oder schlecht *ist*. Besonders muß, wenn die Reaktion des Zuhörers, der die Zeugenrolle einnimmt, von der des Träumers abweicht, der Diskrepanz Beachtung geschenkt werden. Man muß sie vielleicht als warnenden Hinweis auffassen, daß die Art, wie eine Situation im Traum ›auf die Bühne gebracht‹ wird, im Hinblick auf die Implikationen der dramatischen Absicht einer sorgfältigen Beurteilung aus objektiver Sicht bedarf.

Nehmen wir folgendes Beispiel:

> Wir saßen am Rande einer Senkung, die wie ein großer Krater aussah, und hielten ein fröhliches Picknick ab. Aus dem Zentrum des Kraters stiegen Rauch und Feuer auf, und wir wurden gewahr, daß wir uns auf einem Vulkan befanden. Aber der Ausbruch belustigte uns. Wir fanden die Farbmuster interessant.

Dieser Traum stellt eine äußerst gefährliche Situation dar. Die Gefühlsreaktion des Träumers hierauf — Belustigung und ästhetische Abstraktion — ist höchst unangemessen und unrealistisch. Am Rande einer gefährlichen Lebenssituation sollte man eine gute Portion Furcht oder wenigstens Vorsicht erwarten. Hier werden stattdessen törichte Verleugnung und leichtfertige Belustigung gezeigt. Die Absicht der Traumes besteht offensichtlich darin, zu schockieren und ein Gefühl der Furcht zu erregen, um dadurch die unrealistische Abgelöstheit des Träumers und seine merkwürdige kompensatorische Kollektivität — er sieht sich mit einer Gruppe zu einem unterschiedslosen ›Wir‹ verschmolzen — auszugleichen.

Um das Beispiel abzuwandeln, wollen wir annehmen, die Traumszenerie wäre dieselbe und die Gesellschaft säße wiederum am Rande einer rauchenden Senkung. Nehmen wir an, die dramatische Entwicklung wäre eine andere und der Traum würde ein Mitglied dieser Gesellschaft, einen Herrn X zeigen, der behauptet, dieser Berg sei der Vesuv. Als Assoziation zu Herrn X würde der Träumer diesen dann als eine Person beschreiben, ›die dazu neigt, blinden Alarm zu schlagen‹. Selbst wenn der Träumer darauf mit Furcht reagierte, wäre die Implikation dieses Traumes gegenteilig zu der des vorher beschriebenen Traumes: Wenn der Träumer auch am Rande einer möglicherweise vor dem Ausbruch stehenden Senkung steht, so neigt er doch dazu, sich unnötig zu beunruhigen. Vielleicht gibt es in dieser Senkung mehr Rauch als Feuer.

Nach normalen, alltäglichen Maßstäben ist es als leichtsinniges oder verrücktes Verhalten zu betrachten, wenn jemand am Rande eines aktiven Vulkans ein Picknick abhält. Dies könnte Ausdruck von Unverantwortlichkeit oder eines hohen Maßes an Unbewußtheit und/oder Verleugnung einer emotionalen Intensität sein. Andererseits aber *symbolisiert* das archetypische Motiv des Vulkans eine aktive Spalte, die Zugang zu und aus der Anderwelt gewährt, einer Welt, die mit den erschreckenden Mächten des Todes, der Hölle und veränderter, oft prophetischer Bewußtseinszustände in Verbindung steht. Die Kenntnis dieser Symbolik erhöht unser Verständnis für diesen Traum: Die mögliche Verbindung mit der transpersonalen Dimension und die Fähigkeit, sich der Anderwelt auf dem Wege eruptiver Emotionen bewußt zu werden, könnten aus Furcht vor dem Transpersonalen mit lässiger Leichtfertigkeit behandelt, vielleicht sogar geleugnet werden. Über die bloße Erklärung hinaus kann ein Verstehen der archetypischen Dimension einen tieferen Einblick in den Traum und die Psychologie des Träumers vermitteln (siehe unten, Amplifikation, und Kapitel 8: Mythologische Motive).

Ein weiteres Beispiel:

> Ich bin mit meinem Auto oben auf einer hohen Klippe. Die Vor-
> derräder hängen über dem Abgrund; dennoch bin ich ziemlich ru-
> hig.

In der hier beschriebenen Situation empfindet die Traumidentität der
Träumerin eine Ruhe, die sie im Traum irgendwie überrascht, wie das kleine Wörtchen ›dennoch‹ anzeigt. Diese kann angemessen sein oder auch
nicht. In diesem Fall wäre zu fragen: Was wird die Träumerin mit dieser Situation anfangen? Wird sie aussteigen und Hilfe suchen? Oder wird sie im
Wagen bleiben und ›sorglos‹ zulassen, daß er nach vorne rutscht und ab-
stürzt? Wir müssen vielleicht auf die Phantasie zurückgreifen (auf aktive
oder gelenkte Imagination), um diese Zusatzinformationen zu erhalten
und außerdem die Fragen zu klären: Wo befinden wir uns? Ist Hilfe nah
oder fern? Kann der Wagen auf sicheren Grund zurückgezogen werden,
ohne abzurutschen? etc.

In einigen Fällen können wir allein dadurch, daß wir den Traum durch
Imagination ausfüllen oder besser gesagt erweitern, entscheiden, ob die
Gefühlstönung angemessen oder unrealistisch ist. Ebenso wäre es wichtig
zu wissen, welchen bewußten Zustand der Traum kompensiert (siehe unten).

Ein Gruppentherapeut, der noch Berufsanfänger war, hatte folgenden
Traum:

> In meiner Gruppe waren zwei Fremde. Ich forderte sie auf zu ge-
> hen, die Gruppe fand mich aber zu formell und streng. Ich war un-
> sicher, ob sie nicht recht hatten und ich weniger beharrlich sein
> sollte.

Der Träumer war ein extravertierter Gefühlstyp, der es schwierig fand, seine eigene Position zu wahren und Grenzen zu setzen. Er ließ sich leicht
durch sein Bedürfnis, zu gefallen und mit anderen übereinzustimmen, ablenken und versuchte so seine starke Furcht, im Stich gelassen zu werden,
in Schach zu halten. So wie in diesem Traum waren seine Gefühle auch
sonst gewöhnlich ambivalent und die Haltung seines Ich unsicher. Bei der
Erkundung des Traums wurde er gebeten, sich zu dem von dem Bild aufgeworfenen Thema praktische Gedanken zu machen: Was würde er einem
auszubildenden Therapeuten, der seiner Supervision untersteht, in einer
solchen Situation raten? Wie könnte diese Situation in angemessener Wei-

se gehandhabt werden? Mit der Erlaubnis, einen objektiven und zentralen Ausgangspunkt für eine der Situation angemessene Arbeitsautorität zu finden, war seine Antwort eindeutig: ›Selbstverständlich müssen Sie sie auffordern zu gehen; Sie können völlig Fremden nicht erlauben, in den Gruppenprozeß einzugreifen, dies wäre ganz eindeutig eine Störung.‹

Dieser Traum konfrontierte ihn sodann mit seiner eigenen Ambivalenz, die auf Unsicherheit bezüglich seiner inneren Autorität beruhte. Er zeigte ihm, welches Gefühl ihn leicht beschlich, wenn er unpopuläre Entscheidungen zu treffen hatte. Der Traum machte nicht viele Worte und sagte ihm nicht, ob seine Gefühlsreaktion angemessen war oder nicht, er hielt ihm aber einen Spiegel vor, damit er selbst bewußt entscheiden konnte. Diese Art der Traumdarstellung schien darauf abzuzielen, ihn auf die Notwendigkeit hinzuweisen, eine objektive, stärkere Ich-Haltung aufzubauen.

Die oben erwähnte Frage: ›Wie würden Sie sich fühlen, wenn die im Traum dargestellte Situation wirklich wäre?‹ ermöglicht es, relativ leicht mit Unsicherheiten umzugehen, die bezüglich der ›dramatischen Absicht‹, die der Traum in einer bestimmten Situation impliziert, auftauchen können. Die Träumerin, deren Wagen über dem Abgrund hing, antwortete: ›Entsetzt.‹

AMPLIFIKATION

Amplifikation ist die Erweiterung des persönlichen Traumkontexts durch parallele und entsprechende Motive aus Mythen und Märchen, aus Kunst und Literatur — aus der kulturellen Schatzkammer archetypischer Bilder. Es handelt sich um eine Erklärung in mythologischen Begriffen. Konzentriert man sich auf solche traditionellen und kollektiven Motive, so bringt die Amplifikation eine archetypische Bedeutung ans Licht, unabhängig davon, ob der Träumer mit dem mythologischen Kontext vertraut ist oder nicht. Mythen weisen über sich selbst hinaus auf die symbolisch-transpersonale oder überpersönliche Dimension hin. Unser unbewußtes ›Wissen‹ zapft offensichtlich ganz ungezwungen diese Schicht an, ungeachtet persönlicher Glaubenshaltungen und Vertrautheit (siehe Kapitel 8: Mythologische Motive).

Der Traum vom Diamanten in der Blume ist ein solches Beispiel. Nach östlicher Lehre weist das diesem entsprechende Bild des Juwels im Lotos, des *om mani padme hum* auf die Vereinigung von Yang und Yin hin, die unbegreifliche Vereinigung der weltlichen Gegensätze, Pfad und Ziel der spirituellen Entwicklung. Da sich der Träumer weder dieses Parallelmotivs zu seinem Traum noch seiner Bedeutung bewußt war, konnten weder seine Assoziationen noch seine Erklärungen darauf reagieren. In einem solchen Fall ist es dem Therapeuten anheimgestellt, geleitet von seiner eigenen Kenntnis ähnlicher Themen die relevante kollektive, mythologische oder religiöse Bedeutung entsprechend zu erklären, wann immer und falls der therapeutische Prozeß dies erforderlich macht.

Wichtig ist es jedoch, immer im Gedächtnis zu behalten, daß solche aus einer anderen Quelle und nicht vom Träumer selbst stammenden Amplifikationen nur versuchsweise, manchmal auch gar nicht angewendet werden können. Der Analytiker muß sich nicht nur davor hüten, eigene Vorstellungen aufzudrängen, und bereit sein, sich zurückzuziehen und einen anderen Kurs einzuschlagen, bis der Beitrag ›einklinkt‹; in vielen Fällen wäre es klinisch gesehen sogar ein Fehler, überhaupt archetypische Amplifikationen aufzudrängen. Beim Analysanden kann das Gefühl entstehen, als lenke der Therapeut vom persönlichen Bezug ab; es kann Verwirrung entstehen über die Ebene, auf der der Analysand arbeitet, oder es kann zu einer geistigen Inanspruchnahme durch mythologische Elemente und einer Jagd nach Symbolen anstatt gründlicher analytischer Arbeit kommen. Der Träumer könnte den wissenden Analytiker beneiden oder idealisieren oder die archetypischen Amplifikationen zur Abwehr gegen persönliche Gefühle und Affekte einsetzen.

Andererseits kann ein Klient zu anderen Zeiten das Bedürfnis haben, eine Geschichte von mythologischer Erfahrung zu hören, die zu seiner eigenen Verwirrung und seinem eigenen Schmerz paßt und diese in eine höhere Ordnung einbindet, wodurch sie besser ertragen werden können. Derartige Dinge unterliegen jeweils der klinischen Beurteilung. Für den Therapeuten ist es aber immer wichtig zu wissen, daß das archetypische Bild gegenwärtig ist, und seine Gegenwart und die transpersonalen Tiefen, aus denen es widerhallt, zu fühlen (siehe Kapitel 8: Mythologische Motive).

In jedem Fall muß der Analytiker herauszufinden versuchen, auf welche besondere Art und Weise das allgemeine mythologische Motiv zu den jeweiligen Lebensproblemen und -mustern des Träumers paßt. Dabei muß sich der Analytiker vom Kontext und der Perspektive des Motivs leiten lassen, die der Träumer ihm durch Assoziationen und Erklärungen liefert. Die Vorstellungen des Therapeuten darüber, wie die mythologische Amplifikation zu verstehen ist, werden hiervon geprägt, mitunter auch umgestoßen.

Das mythologische Motiv im Initialtraum eines Patienten lenkte die Aufmerksamkeit und das Fallverständnis des Therapeuten von den Problemen mit einem ›abwesenden Vater und einigen Schwierigkeiten mit [seiner] Freundin‹, die sich gezeigt hatten, zurück auf eine zugrundeliegende tiefsitzende Furcht vor verschlingenden Aspekten des Mutterkomplexes. Im Traum stellt der Träumer fest:

> Meine rechte Hand wird von den Kiefern eines nach unten zeigenden, abstrakt dreieckigen Wolfskopfes festgehalten, und ich kann sie nicht herausbekommen.

Dem Träumer kamen hierzu keine persönlichen Assoziationen; kein Affekt stellte sich ein. Die Kenntnisse der Therapeutin über mythologisches Material erlaubten jedoch einen Zugang zu dem Bild. Sie konnte im stillen Hypothesen aufstellen und diesen zusammen mit dem Patienten nachgehen. Das Traumbild ist eine parallele, aber verzerrte Version vom Mythos des nordischen Gottes Tyr, dessen Hand als Pfand in das Maul des Fenriswolfes gegeben worden war, da der Gott das Monster dazu verleiten wollte, sich fesseln zu lassen. Im Traum ist das Wolfsmonster mit seinem aggressiven, verschlingenden Potential entstellt und zu einem abstrakten, nach unten zeigenden Dreieck reduziert, einem Sinnbild des Weiblichen. Der Träumer, der die Stelle von Tyr einnimmt, wird in seinem Bemühen dargestellt, die instinkthaften Energien des Wolfes zu fesseln. Er schwächt diese Energien, die er in seiner Kindheit erfahren hatte, als sie von seiten seiner psychotischen Mutter auf ihn zugekommen waren, mit intellektuellen Abwehrmechanismen ab, welche die Energien enthaupten und abstrahieren. Er wehrt — in der Projektion — seinen eigenen körperlichen Ausdruck von Zorn- und Abhängigkeitsenergien ab, indem er versucht, diese zu fesseln. Der Traum stellt den Träumer als den heroischen Gott dar, der dabei ist, seine eigene rechte Hand zu opfern — seine Fähigkeit, nach außen zu wirken, ›das Schwert zu führen‹ und sich zu behaupten. Aber anders als Tyr, der bereit war, sich die Hand abbeißen zu lassen, kann das Traum-Ich seine Hand nicht dadurch herausbekommen, daß es die monströse Energie aus ihren Banden entläßt, und es kann ebensowenig ertragen, seine Hand zu verlieren — also seine defensiv täuschende Haltung als Opfer aufzugeben. Bei dem Versuch, sein eigenes Problem festzubinden, ist der Träumer in eine Sackgasse geraten. Indem er die Stärke leugnet, mit der der negative Mutterkomplex sein Leben im Griff hält, läuft er Gefahr, seiner eigenen Fähigkeit zur Selbstbehauptung dadurch verlustig zu gehen, daß er in ineffektiver Täuschung gefangen bleibt. Da die Therapeutin bald feststellte, daß ihn die Arbeit mit einer Frau in seiner Sackgasse festhielt, verwies sie ihn an einen männlichen Kollegen weiter, der die Ich-Entwicklung des Klienten wirkungsvoller unterstützen konnte, ohne alte Ängste und paralysierende Abwehrmechanismen aufzurühren.

DIE REAKTIONEN DES THERAPEUTEN

Der Umstand, daß der Therapeut seine eigenen Assoziationen, Erklärungen und Amplifikationen immer denen des Träumers unterzuordnen hat, besagt nicht, daß sie sofort als irrelevant abzutun wären. Die Begegnung zweier Menschen geschieht im Gegenteil nie ohne unbewußte, gegenseitige psychische Anteilnahme und Aktivierung einander entsprechender, ineinandergreifender Komplexe. Die Reaktionen, die beim Analytiker auftreten, während ein Traum erzählt oder bearbeitet wird, können mitunter als vom Traum oder Träumer ›induziert‹ betrachtet werden. Solche Reaktionen liefern Material, das vom ›Traumfeld‹ konstellierte Affektmuster enthüllt. Das vom Therapeuten beigetragene Gegenübertragungsmaterial und seine Assoziationen[6] können in der Tat auf eine verborgene Dynamik hinweisen und manchmal sogar eine Assoziation des Träumers ersetzen, die diesem nicht gelingt.

Wie bei allen Formen therapeutischer Interaktion ist es auch bei der Traumarbeit jedoch von größter Wichtigkeit, daß der Therapeut seine Gegenübertragungsreaktionen sorgfältig beobachtet, um das auszusondern, was zu seinen eigenen Komplexen gehört und eine dem Träumer angebotene Deutung verunreinigen könnte. Denn die Reaktion des Therapeuten könnte nur ihm ganz alleine ›gehören‹. Es ist daher wichtig, daß der Therapeut wartet, bis der Kontext des Träumers aufgenommen werden kann. Erst nach sorgfältiger Auswertung mittels Assoziationen und Affektreaktionen kann sicher entschieden werden, ob die vom Therapeuten beigetragenen Assoziationen und Amplifikationen, welche jetzt durch psychische

Induktion (projektive Identifikation) als Elemente der Gegenübertragung auftauchen, wirklich zum Material des Träumers gehören. Andernfalls müssen sie vom Therapeuten selbst durchgearbeitet werden, da seine eigenen Probleme in Resonanz mit den Komplexen des Traumanalysanden berührt wurden.

Wenn der Therapeut also im Fall des Reh-auf-der-Tablette-Traumes beim Zuhören eine Wutreaktion in sich aufsteigen fühlt, während über das STOP-Schild gesprochen wird, muß er sich im stillen fragen: Wessen Wut ist das — meine oder die des Träumers? Erst wenn der Therapeut seine eigenen Probleme mit dem ›Stop‹ ausreichend durchgearbeitet hat, kann er entscheiden, in welchem Maße er seine Reaktion dem Träumer zuschreiben kann, der vielleicht vollkommen ruhig geblieben ist, weil bei ihm entweder überhaupt kein solcher Affekt im Spiel ist oder möglicherweise noch keine Berührung mit der eigenen Wutreaktion stattgefunden hat. Nur wenn wir eine solche sorgfältige Auslese als Vorsichtsmaßnahme betreiben, können wir den beiden entgegengesetzten Fallen entgehen: daß uns nämlich entweder wichtige Beiträge aus unserer eigenen unbewußten Reaktion verlorengehen oder daß wir der allgegenwärtigen Gefahr erliegen, dem Klienten unsere eigenen Probleme und Vorurteile unter der Verkleidung einer objektiven Traumdeutung aufzuhalsen.

KAPITEL 6

KOMPENSATION UND KOMPLEMENTATION: OBJEKT- UND SUBJEKTSTUFE

KOMPENSATION UND KOMPLEMENTATION

Die Arbeit mit Träumen führt im Laufe der Zeit zu so etwas wie einer gegenseitigen Ausbalancierung der ständig wechselnden psychischen Energiemuster. Sie schafft eine Art ökologischen Ausgleich, sowohl innerhalb der Psyche als auch zwischen dem individuellen Streben nach Bewußtheit und der Erfahrung der äußeren (objektiven oder projizierten) Umwelt.

Dies geschieht nicht deshalb, weil Träume Spannung lösen und der Wunscherfüllung dienen — wie es die klassische Freudsche Anschauung besagt. Es ist auch nicht leicht, die klassische Jungsche Ansicht aufrechtzuerhalten, wonach jeder Traum die bewußte Ich-Haltung kompensiert, da wir immer mehr gewahr werden, daß es viele Ebenen von Ich-Bewußtsein und Identität gibt. Das ›Ich‹ ist nicht leicht zu definieren — geschweige denn zu erfahren. Unsere ernsthaft verwundeten oder regressiven Klienten haben oft nur ein grandioses, diffuses oder fragmentiertes Gefühl von Identität und können nicht zu einer konsistenten Ich-Haltung finden (aufgrund von Splitting oder mangelnder Entwicklung).

Jung sprach nicht nur von Träumen, welche die bewußte Situation *kompensieren* oder *komplementieren*, von Träumen, die eine Perspektive beitragen, die sich so sehr von der bewußten Einstellung unterscheidet, daß beide im Konflikt miteinander stehen, von Träumen, die herausfordern und darauf abzielen, eine Änderung der bewußten Haltung herbeizuführen, sondern auch von Träumen, die von der bewußten Einstellung mehr oder weniger unabhängig sind. Es handelt sich hier um *prospektive* Träume[1], Träume, die im Unbewußten künftige bewußte Errungenschaften vorwegnehmen und so beispielsweise Konfliktlösungen in allegorischer oder symbolischer Form antizipieren.[2] Manchmal erscheinen sie *orakelhaft* und gelten als aufklärend. Andererseits können sie auch ein Vorspiel zur Psychose sein. Jung sprach auch von *parallelen* Träumen, also von Träumen, »deren Sinn mit der Einstellung des Bewußtseins zusammenfällt, beziehungsweise letztere unterstützt«.[3]

Man kann darin verschiedene Möglichkeiten sehen, die *Situation, wie sie ist*, darzustellen. Die Traumquelle, was auch immer man darunter verstehen mag, agiert so, als wären unsere bewußten Gesichtspunkte unvollständig und ergänzungsbedürftig. Insofern kann man sagen, daß Träume die Situation *komplettieren*. Die häufigste, wenn auch bei weitem nicht die einzige Art der Komplettierung geschieht durch Kompensation und Komplementation.

Die Begriffe Kompensation und Komplementation überschneiden sich. Beide beziehen sich auf eine ausgleichende Korrektur der Einseitigkeit von bewußten Haltungen und Anschauungen. Im Falle der Kompensation werden dabei in oftmals übertriebener Art und Weise die Pole ins Spiel gebracht, die unseren bewußten Anschauungen genau entgegengesetzt sind. Eine Situation beispielsweise, die wir vielleicht zu optimistisch sehen, könnte als ziemlich schlimm dargestellt werden. Der Traum könnte damit implizit zum Ausdruck bringen, daß die Situation schlimm *ist*; oder er könnte einfach die ›andere Seite‹ zeigen, daß nämlich ein möglicherweise schlimmer Aspekt übersehen oder nicht ausreichend in Betracht gezogen wird.

Bei der Komplementation werden fehlende Stücke angefügt, die nicht notwendigerweise den genauen Gegenpol repräsentieren. Komplementation zielt auf eine Ergänzung oder zumindest eine Erweiterung unserer Anschauungen ab. Sie sagt uns: Schau dir auch dies und dies und das an. Komplementation und Kompensation wirken beide als Korrektiv zu unseren blinden Flecken. Beide streben eine Erweiterung unseres Bewußtseins und die Überwindung starrer Haltungen zugunsten von Veränderung und Wachstum der Persönlichkeit an.

Es kann so aussehen, als sei das Lenkende Selbst darauf erpicht, uns immer wieder in bezug auf unsere existentiellen Haltungen und insbesondere unser fehlendes Bewußtsein von der Art unseres Seins und den Implikationen unseres Verhaltens herauszufordern. Diese Herausforderung geschieht dadurch, daß das Ich mit unerwarteten Gesichtspunkten konfrontiert wird, die ein falsches oder sich nachteilig auswirkendes Gefühl von Stabilität zum Einsturz zu bringen drohen. Manchmal stellt der Traum auch bedrohliche Komplexe des Träumers dar, denen eine in immer höherem Maße in sich gefügte und gestärkte Ich-Haltung entgegentreten muß (siehe unten, S. 92).

Bei dem Versuch, unsere Bewußtheit zu verbessern und zu erweitern, kann ein Traum uns mit Bildern gegenwärtiger Situationen, persönlicher Affekte und charakterlicher Tendenzen konfrontieren, die wir übersehen, weil wir sie nicht sehen können oder wollen oder uns nicht die Mühe machen, sie zu sehen. Er kann unsere Anschauungen erweitern, indem er uns vergangene Gefühlserfahrungen, die unterdrückt waren, und Entwicklungen, die sich aufgrund unserer gegenwärtigen Haltung wahrscheinlich einstellen werden, vor Augen führt. All dies ist jedoch im Hinblick auf Auswirkungen und Bedeutung im Hier und Jetzt zu betrachten.

Ein Traum kann unser Bild von uns selbst komplementieren, indem er uns schmerzliche Erfahrungen aus der jüngsten Vergangenheit oder unserer Kindheit vor Augen führt. Entweder bezieht sich der Traum unmittelbar auf solche Erfahrungen, oder man gelangt zu ihnen mit Hilfe der Assoziationen und Erklärungen, zu denen der Traum anregt. Auf diese Weise verbindet uns der Traum wieder mit denjenigen Gefühlsqualitäten, die gegenwärtig unterdrückt oder geleugnet werden.

Ein junger Mann, der sich angeblich weitgehend selbst genug war, nicht viele persönliche Beziehungen hatte und hartnäckig behauptete, er brauche solche Beziehungen nicht, träumte:

> Der Nachbar von nebenan erzählt mir, daß er beabsichtigt, seinem kleinen Sohn zu Weihnachten ein Hündchen zu schenken.

Seine Assoziationen führten den Träumer zu Erinnerungen an Einsamkeit, als er so alt war wie das Nachbarskind, und an seinen damals unerfüllten Wunsch nach einem Haustier zum Spielen, aber auch an seine Schüchternheit und seine Unfähigkeit, Freunde zu finden. Zu diesen Gefühlen von Einsamkeit, Sehnsucht nach Beziehungen und Schüchternheit, dem Eindruck, zur Verbindung mit anderen unfähig zu sein, und der daraus resultierenden depressiven Traurigkeit war in der Gegenwart der Zugang verschlossen — so sehr waren sie von dem defensiven Gefühl der Selbstgenügsamkeit überlagert. Als zur Vergangenheit gehörig konnten sie dagegen leicht in die Erinnerung zurückgerufen werden. Indem der Traum wieder eine Verbindung zu diesen vergangenen Gefühlen herstellte, komplementierte oder komplettierte er die Sicht der ›Situation, wie sie (jetzt, zur Zeit des Traumes) ist‹, und bot dem Träumer einen Weg an, auf dem er sich diesen unter dem Deckmantel der defensiven Selbstgenügsamkeit liegenden Gefühlen nähern und sie entdecken konnte.

Träume weisen oft auf vernachlässigte Aspekte hin, die dann von positivem Wert sind, wenn das Ich gehaßt oder abgewertet wird und der Schatten die positiven Qualitäten trägt. Die Bilder enthüllen dann Aspekte der Psychologie des Träumers, die gegenwärtig in das bewußte Verständnis integriert werden können, um Bereiche zu unterstützen, die einer Stützung bedürfen. Beispiele von hungrigen oder vernachlässigten Traumgestalten sind dabei nichts Ungewöhnliches. Der Traum könnte aber auch ein Bild präsentieren, das zwar dem Bewußtsein fernliegt, das aber das Identitätsgefühl des Träumers komplementiert. Ein Beispiel:

Eine indianische Frau geht alleine über eine riesige Grasebene.

Dieses Traumbild tauchte auf, um die Verzweiflung und die ›Verlorenheit‹ einer in Selbsthaß befangenen Frau zu komplementieren, die sich darüber klar zu werden begann, daß ihre grandiosen Ideale von ihren intellektuellen Fähigkeiten unpraktikabel waren. Das Bild legte ihr eine Art und Weise, ›mit der Natur zu sein‹, nahe, die ihr Orientierung geben konnte ›auf eine Weise, die [sie] nicht kannte‹, die aber ihr Gefühl des Alleinseins in ein ›Miteinandersein‹, wie sie es ausdrückte, umwandelte. Die Szene entfaltet sich in Distanz zur zuschauenden Träumerin und ohne Bezug zu einem Traum-Ich. In den folgenden Monaten kam es dann zu einer Beziehung zu der Indianerin, als die Träumerin anfing, die Kultur der Ureinwohner Amerikas zu studieren und dabei ihre guten intellektuellen Fähigkeiten auf neue Ziele zu lenken, und als sie neue Wege fand, sich in der Übertragung auf eine Beziehung einzulassen.

Manchmal gibt der Traum dem Träumer auch durch ›parallele Träume‹[4] Unterstützung, indem er seine von Unsicherheit gekennzeichneten bewußten Anschauungen unterstützt. Eine Träumerin beispielsweise, die einer bestimmten Handlungsrichtung ambivalent gegenüberstand, träumte, daß sie ihre Aufgabe erfolgreich durchführte. In diesem Fall unterstützt der Traum eine noch nicht einheitlich in sich gefügte Ich-Haltung oder Absicht.

OBJEKT- UND SUBJEKTSTUFE IN TRÄUMEN

Wenn wir im Gedächtnis behalten, daß ein Traum wahrscheinlich eine komplementäre Funktion erfüllt, so hilft uns dies mitunter bei der Entscheidung, ob ein Traum als zur Subjekt- oder zur Objektstufe gehörig zu betrachten ist. Wir können uns für die Ebene entscheiden, auf der der Traum am ehesten eine kompensatorische oder komplementierende Funktion erfüllt und auf der er eine bis dahin unerreichbare und vom bewußten Standpunkt abweichende oder diesem widersprechende Information oder Einsicht bringt. Der obige Traum (vom Nachbarn und dessen Sohn, S. 84) erscheint, wenn man ihn auf die Objektstufe bezieht, als ziemlich trivial. Die Assoziationen weisen eindeutig auf das Gefühlsproblem des Träumers hin.

So einfach oder offensichtlich ist es aber nicht immer. Der Traum:

Ich bin durch den Angriff eines Freundes bedroht

wäre zunächst auf der Objektstufe zu untersuchen, nämlich als mögliche Warnung vor den wahren Gefühlen und Absichten dieses Freundes. Dies wäre allerdings nur dann relevant, wenn der Träumer diesem Freund immer voll vertraut hat. Bestünde schon ein bewußter Verdacht hinsichtlich der Möglichkeit oder Realität einer solchen Bedrohung, könnte diese Deutung nicht zugunsten der Komplementationsfunktion des Traumes zu Buche schlagen, da der bewußten Anschauung nichts hinzugefügt würde. Nur wenn der Träumer die Situation für sicher, harmlos oder irrelevant hielte, wäre der Traum wahrscheinlich als Warnung auf der Objektstufe zu verstehen. Scheint die Traumbotschaft aber eine bereits bestehende Überzeugung zu wiederholen oder gar zu bestätigen, dann wäre nur eine Deutung auf der Subjektstufe wirklich komplementär bzw. kompensatorisch. Nur so könnten vorher unzugängliche Informationen aufgefunden werden. In diesem Falle würde der Traum den Träumer mit seiner eigenen nicht wahrgenommenen oder unterschätzten Aggression konfrontieren, die als Bedrohung für sein gesamtes Wirken dargestellt wird und nicht als ›Freund‹ oder unterstützende Funktion, zumindest was den derzeitigen Bewußtseinsstand anbelangt. Diese bedrohliche Aggression wird in der Projektion auf einen verdächtigten Freund dargestellt.

Eine Projektion ist Ausdruck einer noch nicht erkannten unbewußten Tendenz, die sich als Bild einer äußeren Sache oder Person zeigt, welche diese Tendenz für den Träumer auf die treffendste Weise vertritt bzw. repräsentiert. So kann in einem Traum Haß beispielsweise als giftige Schlange dargestellt werden oder als wirklich haßerfüllte Person. Im wachen Leben ist eine Projektion gekennzeichnet durch einen intensiven Affekt und eine Überreaktion auf die entsprechende Sache oder Person. In dem Ausmaß, in dem die Projektion unassimiliert ist, kann der Wirklichkeitsfaktor, an den sie sich anbindet, vom Träumer nicht richtig oder angemessen eingeschätzt werden.

Ein Traum, in dem man sieht, wie man selbst oder jemand anders sich rücksichtslos in den Verkehr hineindrängt und angefahren wird, kann auf eine Tendenz hinweisen, deren sich der Träumer nicht bewußt ist, nämlich daß er sich im Verkehr oder, metaphorisch gesehen, im Verkehr des Lebens tatsächlich so benimmt. Auf der Objektstufe muß sich der Träumer darüber klar werden, daß eine solche Angewohnheit zu einem wirklichen Unfall führen kann. Der Traum kann aber auch auf der Subjektstufe Gültigkeit haben, vorausgesetzt, der Träumer ist sich seiner Tendenz zu ungestümem ›Hineindrängeln‹ nicht bewußt. Der Traum mag auf die Beziehung der Ich-Haltung zum ›psychischen Verkehr‹, dem Lebensstrom in der Psyche des Träumers hinweisen. Der Träumer könnte dem Unbewußten gegenüber eine überwältigend manipulative oder rücksichtslos kontrollierende Machthaltung einnehmen. In der praktischen Psychologie sind diese beiden Deutungen häufig synonym, wie das Beispiel zeigt. Genau jene rücksichtslose Ich-Haltung ist es nämlich, die zu diesem besonderen Verhalten im wirklichen Verkehr führt. Der Träumer könnte zu Unfällen neigen und vor der Wahrscheinlichkeit eines Unfalls gewarnt werden, oder er könnte auch jemand sein, der auf der Bühne des Lebens wirklich einen Unfall erleiden wird.

Oftmals ist es ganz offensichtlich, daß eine Deutung auf der Objektstufe keine neuen Informationen bringen würde und zudem ziemlich trivial wäre. Der Traum:

> Mein lange verstorbener Großvater unterhält sich mit dem Inhaber des Süßwarenladens aus meiner Kindheit

ergibt auf der Objektstufe kaum Sinn. In einem solchen Fall kann man sofort davon ausgehen, daß sich der Traum auf einen möglichen Komplex auf der Subjektstufe bezieht. Dort ist er wahrscheinlich insofern komplementierend, als er unbewußte Teilaspekte, Teilpersönlichkeiten, Antriebe,

Affekte etc. personifiziert zum Ausdruck bringt, sie darstellt durch die in der Traumhandlung vorkommenden Bilder von Objekten und Personen. Wann immer ein Traum Tagesereignisse wiedergibt, ist er auf der Subjektstufe zu verstehen.[5] ›Objektiv‹ gesehen würde er nur eine sinnlose Wiederholung von etwas bringen, das ohnehin schon bekannt ist und an das man sich erinnert. Eine Ausnahme bilden allerdings Träume, die einem Tagesrückstände vor Augen führen, die man vergessen oder unterschätzt hatte oder die mit später geleugneten Gefühlen, welche aber für eine richtige Einschätzung der in Frage stehenden Situation wichtig sind, verbunden waren. Ein solcher Traum kann einem eine Geste, eine Bemerkung oder einen Affekt von sich oder einer anderen Person wieder ins Bewußtsein bringen, die bzw. der bei sorgfältigem Überdenken die Sicht des Träumers von der Situation verändern könnte. Durch die Betonung eines solchen vernachlässigten Details kann der Traum die Situation komplementieren. Das Heraufbringen von Tagesrückständen ist in der Tat der gleiche Vorgang wie das Aufzeigen eines derzeitigen Gefühls durch ein Wiederauf*lebenlassen der entsprechenden Erinnerungen an die Vergangenheit, wie oben im Traum mit dem Hündchen beschrieben (siehe auch Kapitel 9: Technische Einzelheiten, Der Tagesrest, S. 161).

DRAMATISIERUNG

In ihrer Art der kompensierenden Herausforderung scheinen Träume oft zu übertreiben und überzudramatisieren. Um eine Tendenz zur Unterdrückung einer bestimmten Eigenschaft darzustellen, könnte ein Traum den Träumer darstellen, wie er eine Person ermordet, die für ihn die Projektion dieser Eigenschaft trägt. Oder jemand, von dem der Träumer eine ziemlich niedrige Meinung hat, könnte im Traum als Heiliger oder als intellektueller Riese erscheinen[6]. Die Kompensation im Traum ist proportional zu der Abweichung des Träumers von der Wahrheit einer Situation. Auf unser ›Zuwenig‹ reagiert der Traum mit einem ›Zuviel‹ und umgekehrt. Das könnten wir mit einem grünen Gegenstand vergleichen, den ich als blau ansehe und der im Traum nicht als grün, sondern als gelb dargestellt wird. Denn Blau und Gelb ergeben zusammen Grün. Ähnliches gilt, wenn in einer Traumserie wiederholt dasselbe Bild gezeigt wird und dabei an Anzahl, Größe oder archetypischem Kontext zunimmt. Dies ist dann ein Aufruf an den Analytiker und den Träumer, sich diesem Element zu widmen, das vielleicht übersehen oder unzutreffenderweise als bedeutungslos eingestuft worden war.

So erschien beispielsweise in einer Traumserie das ignorierte Motiv eines Bettlers, der wie der Bruder des Träumers aussah und an einem Hauseingang lehnte, im folgenden Traum abermals, diesmal als Zöllner in einem Zollhäuschen an der Straße zum ›Einsamen Berg‹. Als dieses Bild ebenfalls nicht hinreichend assimiliert wurde, zeigte ein Alptraum das Bild zusammenprallender Sterne und ließ den Träumer das einsame Entsetzen menschlicher Existenz spüren.

Der Traum kompensiert und komplementiert, indem er genauso einseitig übertreibt, wie die bewußte Anschauung des Träumers untertreibt, und/oder umgekehrt. Wenn wir das außer acht lassen, können uns Sinn und Proportion entgehen. Insbesondere könnten wir grundlos durch Überdramatisierungen beunruhigt werden, durch Träume, die Katastrophen, Mord, Verstümmelung und alles mögliche Schauderhafte darstellen. Gewöhnlich versuchen solche Träume, dem verhältnismäßig unempfänglichen Bewußtsein ›etwas einzubleuen‹. Sind wir uns dieser kompensatorischen Tendenz nicht bewußt, dann könnten wir fälschlicherweise eine Unabwendbarkeit des dramatischen Ausgangs befürchten, wo es sich doch um nichts anderes handelt als um eine zeitweilige Kompensation einer bestimmten Haltung, die der Träumer zur Zeit einnimmt. In solchen Fällen ist es auch immer hilfreich, an die dem vorliegenden Traum vorausgegangene Traumserie zurückzudenken.

Eine solche kompensatorische Tendenz kommt beispielsweise im Traum eines Mannes zum Ausdruck, der träumte, seine Frau sei ein gewalttätiges, böses Weib. Dies berichtigte seine bewußte Annahme, daß sowohl seine Frau in der äußeren Wirklichkeit als auch seine innere Gefühlshaltung ihr gegenüber, die ›innere Frau‹, ›unerschütterlich und wohlwollend‹ wären.

Den Traum als ›komplettierend‹ und komplementierend, wenn nicht sogar kompensierend zu betrachten weicht vom traditionellen, klassischen Konzept der Psychoanalyse ab, wonach der Traum als sichtbar gewordene und zensierte Version eines verborgenen Wunsches oder einer verborgenen Angst gesehen wird. In der Tat kann ein Traum manchmal in ganz offenkundiger, sogar brutaler Weise eine Angst oder einen Wunsch darstellen — und zwar recht ›unzensiert‹. Dies geschieht häufig dann, wenn das Heraufbringen der Tatsache, daß es einen solchen Wunsch oder eine solche Angst gibt, geeignet ist, die Anschauung des Träumers insofern zu komplementieren, als solche Wünsche und Ängste ihm nicht bewußt sind. Andererseits kann sich in scheinbaren Wunsch- und Angstträumen, die bewußte Haltungen praktisch wiederholen, ein bedeutsamerer Sinn enthüllen, wenn man sie als Kompensationen und Komplementationen auf der Subjektstufe betrachtet. Träumt man beispielsweise, mit einer heiß begehrten Frau im Bett zu liegen, so kann einem dies auf der Objektstufe das eigene Verlangen bewußt machen, falls dieses Verlangen unterdrückt oder noch nicht ins Bewußtsein gedrungen war. Nehmen wir aber an, die Frau wäre Mona Lisa oder eine Darstellung der verstorbenen Großmutter des Träumers, oder sie wäre eine wirklich begehrte Frau und der Träumer wäre sich seines Verlangens bewußt — in all diesen Fällen hat eine Deutung als Wunscherfüllung wenig oder keinen Sinn und brächte kaum oder keine neuen Informationen.

Solche Träume enthüllen einen tieferen und bedeutsameren Sinn, wenn man sie unter dem Gesichtspunkt der Komplementation und Kompensation auf der Subjektstufe untersucht. Die in Frage stehende Frau wäre dann allegorisch oder symbolisch als innere Gestalt oder Teilpersönlichkeit zu sehen, die die besonderen Eigenschaften oder Lebenshaltungen repräsentiert, die ihr durch Assoziation, Erklärung und Amplifikation beigelegt werden. Der Traum, mit dieser Frau im Bett zu liegen, würde dann einen Zustand unbewußter Intimität oder Verschmelzung mit diesen Eigenschaften anzeigen, ob es sich nun um Eitelkeit, Sanftheit, Selbstbehauptung oder jede beliebige andere dieser Person zugeschriebene oder mit ihr assoziierte Eigenschaft handelt. Ob eine solche unbewußte Verbindung gewünscht wird oder schon stattfindet, kann aus den dramatischen Einzelheiten der Gesamthandlung entnommen oder durch Fortführung des Traumes mittels Imaginationsarbeit herausgefunden werden (siehe Kapitel 7: Die dramatische Struktur). Betrachtet man sie als psychologisch bedeutsam auf der Subjektstufe, dann können sogar die scheinbar unbedeutendsten und alltäglichsten Träume oder Traumfragmente wichtige Einsichten ermöglichen.

Hilfreich ist es, einen Traum erst dann als voll verstanden zu betrachten, wenn er eine Information preisgegeben hat, die Licht auf einen blinden Fleck wirft und/oder eine starre, einseitige Haltung im Bewußtsein des Träumers (oder des Analytikers) angegriffen hat.

Ebenso wichtig ist der differentialdiagnostische Beitrag der kompensatorischen Sichtweise. Wann immer sich widerstreitende/unterschiedliche Möglichkeiten der Deutung auftun, ist wahrscheinlich diejenige für die Betrachtung am geeignetsten, die sich am eindeutigsten von der Haltung und der Perspektive des Träumers unterscheidet — oder dieser entgegensteht. Dies macht verständlich, warum es keine angemessene Traumdeutung ohne entsprechende Kenntnis des Träumers und seiner Probleme und psychologischen Mechanismen geben kann. Umgekehrt können bei der Frage danach, was ein Traum kompensieren könnte, Aspekte der Psychologie des Träumers erhellt werden, die bisher unbekannt waren oder übersehen wurden.

Nehmen wir unser früheres Beispiel des Rebus-Traumes mit einem STOP-Schild auf dem Schreibtisch (S. 49). Sollte der Träumer in einer impulsiven, ungeduldigen Haltung befangen sein, so konfrontiert ihn der Traum mit der Existenz von inneren oder äußeren Grenzen, die seiner Einstellung entgegenstehen. Wäre er sich möglicher äußerer Hindernisse nicht bewußt, würden wir zunächst nach solchen suchen. Fürchtet oder kennt er äußere Hindernisse oder macht er gewohnheitsmäßig äußere Beschränkungen für seine Schwierigkeiten verantwortlich, dann wird seine Aufmerksamkeit jetzt auf etwas gelenkt, das seinem Antrieb von innen entgegensteht oder ihn lahmlegt; vielleicht verlangt er sich etwas ab, was seine Fähigkeiten übersteigt, oder es ist ihm kein wirkliches Anliegen, das, was er plant, auch auszuführen. Ist der Träumer eher ängstlich, schüchtern oder gehemmt, würde die Botschaft lauten: ›Du fühlst dich jedesmal zurückgehalten, wenn du zu der Tätigkeit ansetzen willst, die der Schreibtisch repräsentiert, halte also inne, schaue und höre in dich hinein; vielleicht kannst du dann in Bewegung kommen.‹

Stehen sich die Deutungsalternativen diametral entgegen, dann kann man schwere Fehler vermeiden, wenn man sein Vorgehen auf die Prämisse der Kompensationshypothese abstellt. Wie immer, so bestätigt auch hier erst die Zustimmung des Träumers durch ein ›Aha-Erlebnis‹ die Gültigkeit der gewählten Perspektive.

DIE ANWENDUNG DER PRINZIPIEN VON KOMPENSATION UND KOMPLEMENTATION BEI TRÄUMERN MIT UNENTWICKELTEN ODER FRAGMENTIERTEN ICH-STRUKTUREN

In der klinischen Praxis begegnen wir häufig Träumern mit einem unentwickelten oder fragmentierten Identitätsbewußtsein. Sie waren an der Entwicklung einer zentrierten und subjektiv positiv bewerteten Identität gehindert oder haben sich davor in Sicherheit gebracht, weil ihre frühe Umgebung zu bedrohlich war. Oft sind solche Träumer von unkontrollierbaren Affekten geplagt, die ihr Bewußtsein in Fragmente aufgesplittert haben. Die Prinzipien der Traumkompensation und -komplementation sind zwar auch auf diese Träumer anwendbar, man muß sich jedoch bei der klinischen Traumdeutung und Traumarbeit davor hüten, den unzulänglichen Ich-Zustand zu bedrohen, der keine negativen Projektionen integrieren kann, weil das Selbstbild bereits so negativ ist. Oft dient der Traum nur dazu, dem Therapeuten Komplexe und dynamische Vorgänge in der Psychologie des Träumers und eigene Gegenübertragungselemente aufzuzeigen, die dabei stören, eine Umgebung zu schaffen, in der sich eine Vorstufe des Ich inkarnieren kann (siehe Kapitel 12, Übertragungsreaktionen, S. 205).

Bei solchen Träumern ist es wichtig zu bedenken, daß es zwei Aspekte der Subjektstufen-Dynamik gibt. Die Emotion, die *durch* eine Gestalt oder Situation beim Traum-Ich ausgelöst wird, muß von der Emotion unterschieden werden, die dieser Gestalt *selbst* zugeschrieben oder auf sie projiziert wird, und ist gesondert zu behandeln. Bei Situationen, in denen der Träumer keine Erfahrung mit psychologischer Arbeit hat oder eine gespaltene oder zerbrechliche Ich-Haltung aufweist, ist es für den Therapeuten gewöhnlich sicherer und effektiver, wenn er sich nur mit der ersteren Art von Emotion beschäftigt, bis zumindest eine minimale Fähigkeit entstanden ist, psychologische Inhalte zu integrieren, die für das Selbstbild und das Ich-Ideal fremdartig und negativ sind.

Bei dem Beispiel eines Traumes, in dem das Traum-Ich von der Mutter des Träumers gescholten wird, ist es wichtig, zuerst mit den Gefühlen von Wertlosigkeit und hilfloser Wut umzugehen, die man dem Traum-Ich zuschreiben kann und an die der Träumer sich aus Situationen, die er mit seiner wirklichen Mutter erlebt hat, erinnert. Projektion ist eine subjektive Erfahrung, ungeachtet der Natur der Person, auf die die Eigenschaften projiziert werden. Diese Person muß aber einen — großen oder kleinen — Haken haben, an dem die Projektion aufgehängt werden kann. Behandelt man diese ich-fremden Eigenschaften als vom Träumer ›getrennt‹ und in Zusammenhang mit den emotionalen Reaktionen des Träumers darauf, so wird sowohl die Formung eines angemessenen Identitätsgefühls als auch die Korrektur einer unangemessenen Wahrnehmung der objektiven Wirklichkeit seitens des Träumers (wenn die Mutter nicht als scheltende Frau erkannt worden war) unterstützt. Erst später können die kritischen und tyrannischen Tendenzen des Mutterkomplexes im Träumer selbst behandelt werden, um ihm bewußt zu machen, wie diese Eigenschaften auf die Gestalt der wirklichen Mutter oder auf andere Personen, die dem Träumer gegenüber eine autoritäre, nährende und/oder therapeutische Rolle spielen, projiziert werden.

In den Träumen von Träumern mit einem unentwickelten oder fragmentierten Ich werden oft Energien dargestellt, die der Träumer nicht integrieren kann, es sei denn durch Übertragungs- und Gegenübertragungsarbeit. Sie zeigen dem Analytiker aber, was bearbeitet werden muß, und kompensieren oder komplementieren so die bewußte Haltung des Therapeuten in bezug auf die Analyse. Solche Träume können auch Bilder hervorbringen, die dem Träumer helfen sollen, sowohl die mögliche Entwicklung als auch die Kräfte, die sie verhindern, allmählich zu erfassen. Im obigen Beispiel wäre es wichtig, der Frage nachzugehen, inwiefern sich der Träumer vom Therapeuten gescholten fühlte; oder in welcher Weise er sich gegenüber der Macht und der Idealisierung, die vom Mutterkomplex auf die Gestalt des Therapeuten projiziert wurden, wertlos und hilflos fühlte.

Der Traum kann in allegorischer oder symbolischer Form die Störenfriede darstellen, die die Bindungen zwischen den Teilgliedern des Träumers oder zwischen Träumer und Analytiker angreifen. Es können Bilder sadistischer Elternkomplexe, neidvoller Zerstörer, personifizierter unbewußter Wut etc. vorkommen, die im analytischen Feld und in der intrapsychischen Dynamik durch projektive Identifikation wirksam werden. Ein Borderline-Klient träumte beispielsweise:

> Vor dem Büro des Therapeuten begegne ich einer schattenhaften Frau, die mir lachend mein Paket mit Früchten wegnimmt und nach meinen Augen kratzt.

Mit diesem Bild konnte der Träumer anfangen, die Art von Furchtempfindung zu identifizieren, die er bei seiner Mutter erfahren hatte, was die analytische Arbeit erschreckend und extrem schwierig gestaltete, da die mageren Früchte einer jeden Sitzung von einem wilden, spöttischen Dieb streitig gemacht wurden. Auch die Existenz dieser Furcht war dem Träumer bis dahin unbewußt gewesen, denn, wie der Traum zeigt, hielt die Furcht ihn davon ab, sich selbst und sogar seine Furcht zu sehen.

Manchmal stellen die Träume bisher unbekannte Fragmente verschiedener aufgespaltener Bewußtseinshaltungen dar und zeigen so die Facetten dessen auf, was sich schließlich zu einem verhältnismäßig zusammenhängenden und beständigen Identitätsgefühl entwickeln soll. Als Beispiel sei der Traum einer Frau angeführt, die träumte, in Einzelteilen unter einem Baum zu liegen. Sie konnte die Szene nicht verbal beschreiben, aber sie zeichnete Gliedmaßen, Rumpf, Organe, Kopf etc., die verstreut unter einem einfach gezeichneten, prächtig gedeihenden Baum lagen. Das Traum-Ich ist zwar zerstückelt, es wird aber von dem starken archetypischen Bild des Lebensbaums beschützt, der auf ein bestehendes Potential zur Integration hinweist, das der Träumerin fernliegt, aber vom Lenkenden Selbst in den Therapieprozeß hineingesät worden ist. Das Bild der Zerstückelung diente mehrere Jahre lang als metaphorische Umschreibung der Fähigkeiten, zu sehen (Augen), zu assimilieren (Magen und Eingeweide), zu denken (Kopf), zu handeln (Hände), die eigene Position zu finden (Füße), zu erschaffen (Gebärmutter) etc. In den Jahren der Therapie wurden diese Fähigkeiten allmählich miteinander verbunden.

Eine Traumserie, die sich über mehrere Monate oder Jahre erstreckt, erfüllt einen ähnlichen Zweck. Wie ein ganzer Satz von Spiegeln, die um die fragmentierten Aspekte herum angeordnet sind, zeigt sie all die Teile auf, die nacheinander bearbeitet werden müssen. Der Zeitpunkt für die Arbeit an den verschiedenen Aspekten wird vom Zeitpunkt des jeweiligen Traumes bestimmt.

KAPITEL 7

DIE DRAMATISCHE STRUKTUR DES TRAUMES

Immerhin gibt es eine große Mehrzahl ›durchschnittlicher‹ Träume, in denen sich eine gewisse Struktur erkennen läßt; und zwar ist sie derjenigen des *Dramas* nicht unähnlich.
(*GW,* Bd. 8, Randnummer 561)

Der Traum ist jenes Theater, wo der Träumer Szene, Spieler, Souffleur, Regisseur, Autor, Publikum und Kritiker ist.
(*GW,* Bd. 8, Randnummer 509)

Das Theatermotiv ist ein archetypisches Abbild der mythopoetischen Aktivität der Psyche, die Existenz und dramatisches Spiel gleichsetzt. Die dramatische Entfaltung von Energie ist ein Vorgang, der der Lebenstätigkeit immanent ist. Es überrascht daher nicht, daß Träume oft wie Dramen[1] aufgebaut sind: In einem dramatischen Handlungsablauf stellen sie ein Thema in einer bestimmten Szenerie dar, die Handlung nimmt ihren Anfang, gerät in eine ›Sackgasse‹ bzw. erreicht einen Knotenpunkt und läuft schließlich in einer Lösung oder Katastrophe aus; der nächste Traum setzt diesen Vorgang auf einer neuen Bühne fort. Es ist daher für die Kunst der Traumarbeit entscheidend wichtig, ein Gespür für den Traum als dramatische Darstellung zu gewinnen, um ihn anhand seiner dramatischen Struktur verstehen zu können.

ALLGEMEINER ÜBERBLICK ÜBER DAS TRAUMDRAMA

Um der psychologischen Bedeutung der Traumbotschaft auf die Spur zu kommen, ist es immer hilfreich, sich einen allgemeinen Überblick über den Traum oder die Traumserie zu verschaffen. Dieser Blick aufs Ganze erlaubt einen Zugriff auf das Thema bzw. die Themen oder den Komplex bzw. die Komplexe in der Psychologie des Träumers, die der Traum erhellen will. Zugleich zeigt er in bildlicher Form das dramatische Wechselspiel der Energien, so wie sie konstelliert sind. Diese Betrachtung wird unterstützt, wenn der Deuter sich gedanklich über die Hauptfäden der Handlung klar wird und die ›Besetzung‹ mit Traumgestalten und Bildern sowie die Art und Stoßrichtung der Handlung beachtet.

Was *geschieht* und was *nicht geschieht*, obwohl es der Kontext vielleicht erfordern würde, welche ungewöhnlichen Züge die Gestalten, die Szenerie, die Ereignisse oder die Handlung tragen — all das bedarf der Aufmerksamkeit. Es kann wichtig sein, auf Merkmale einer Veränderung zu achten, auf die Richtung der dramatischen Entwicklung und die Art der gewählten Orte und Beziehungen, etwa ob etwas in Schach gehalten oder polarisiert wird. Oft enthält die Szenenabfolge eine Kausalkette, die es zu entdecken gilt. Es ist immer hilfreich, die Bilder geistig nach Ähnlichkeit oder Unterschiedlichkeit zu gruppieren. Gibt es beispielsweise mehrere verschiedene Traumgestalten, so ist es wichtig zu erkennen, was ihnen gemeinsam ist oder in welcher Weise sie ein gemeinsames Thema ausdrücken, polarisieren, differenzieren und/oder variieren.

Ein Beispiel für solche Themavariationen fand sich in einem einfachen Traumbild, in welchem die Träumerin ihr Traum-Ich zwischen ihrem Ehemann und ihrem Hund liegen sah. Ihre Assoziation zu ihrem Hund war ›Zuneigung‹, zu ihrem Ehemann ›Distanziertheit‹. So dramatisierte der Traum unmittelbar die Polarisierung ihrer psychologischen Haltung gegenüber Intimität.

Beim Aufeinanderwirken der Energiebilder des Traumes kommt es innerhalb des Dramas oft zu Komplementarität und Kompensation, und der Deuter muß das Drama unter dem Gesichtspunkt dieser Beziehungen betrachten. Eine Schattengestalt kann das Traum-Ich komplementieren oder kompensieren, indem sie bisher unbewußte Elemente beisteuert, die der Abrundung oder der Unterstützung und Förderung dienen.

Oft gehören zum Hauptinhalt des Dramas Bilder, die als Protagonist und Antagonist präsentiert werden — eine Gegenüberstellung von alternativen Tendenzen, Emotionen, Stilen, Motiven und Perspektiven. Diese stellen gegensätzliche Faktoren in der Psychologie des Träumers dar, die erkannt, bewußt einbezogen und möglicherweise ins Gleichgewicht gebracht werden müssen. Derartige Polarisierungen sind oft die Grunddeterminanten des Traumsinns. Sie treten vom Traum-Ich getrennt in Erscheinung, oder aber das Traum-Ich identifiziert sich mit der einen Seite und muß sich der anderen Seite bewußt werden. Oder die Gegensätze werden als Probleme vorgelegt, denen man in angemessener Weise begegnen muß. Dies kann mittels Kampf, Kapitulation, Freundschaftschließen, Ausweichen etc. geschehen, je nachdem, was die Traumhandlung insgesamt an Möglichkeiten nahelegt, eine Beziehung zwischen dem Traum-Ich und diesen Faktoren und Gestalten zu schaffen oder zu beenden. Die Gegensätze können sich im offenen Konflikt gegenüberstehen oder in verschiedenen Arten von Beziehungen, wie etwa der der Vereinigung oder ›Heirat‹.

Ein Beispiel für die übliche Struktur der Komplementarität in Träumen, die in diesem Fall in polaren Gegensätzen dargestellt wird:

> Auf der Hauptstraße der Stadt finde ich einen Käfig. Drinnen befindet sich ein schwarzer Ziegenbock, um ihn herum liegen rohe Fleischstücke. Mein Chef hält sich diesen Ziegenbock dort.

Die Assoziation der Träumerin zu rohem Fleisch war die Raserei, mit der die Mänaden des Dionysos lebende Tiere zerfleischten. Die Assoziation zu ihrem Chef war strenges, wertendes Verhalten. Dieser Traum bringt den Chef mit dem Ziegenbock in Verbindung; den einen als Gefängniswärter, den anderen als Gefangenen. Dadurch wird in dramatisierter Form dargestellt, daß ihre engstirnige Haltung den Gegenpol — eine dionysische (Ziegenbock), zerstückelnde Impulsivität — eingepfercht hält. Die Exposition verlegt das Drama auf die Hauptstraße, was nahelegt, daß der Traum das Haupt- oder Zentralproblem ihrer psychologischen Mechanismen behandelt.[2]

DIE DRAMATISCHE STRUKTUR

Bei der Betrachtung der Gesamtstruktur des Traumes ist das Augenmerk auf die Abfolge seiner dramatischen Grundelemente zu richten, die ihren klarsten Ausdruck im Aufbau des klassischen griechischen Dramas findet: Exposition, Desis, Krisis bzw. Peripetie und Lysis.[3] Diese Stationen können in etwa mit Ausgangskonstellation, Verknüpfung oder Verwicklung, Krise bzw. Wendepunkt und Lösung bzw. Ergebnis wiedergegeben werden.

Wenn wir dieses gedankliche Strukturmodell verwenden, müssen wir allerdings beachten, daß das Drama im Unterschied zum Traum eine Kunstform darstellt, die in vielen Kulturen bewußt gestaltet und strukturiert worden ist. Wenn auch Drama und Traum beide eine unbewußte Dynamik darstellen — zumindest hinsichtlich ihrer psychologischen Allegorien und Symbolismen —, so ist der Traum doch aus sich selbst heraus ein Produkt der unbewußten und nicht-rationalen Prozesse im Individuum. Dennoch neigen wir, wenn wir uns geistig Notizen machen und einen inneren Dialog mit dem Traum führen, um ihn ins Wachbewußtsein ziehen zu können, häufig dazu, uns seiner anhand seiner dramatischen Struktur zu erinnern. Begegnet der Verstand dem Prärationalen, so dramatisiert er.[4]

Der Umstand, daß wir Träume häufig im Hinblick auf ihr Drama im Gedächtnis behalten, ist Ausdruck der Dramatisierungsfunktion in der mythopoetischen Schicht unserer Psyche. Das kann den Schluß naholegen, daß die Archetypen oder ›Tiefenstrukturen‹ unserer geistigen Organisation, welche dem Wachbewußtsein helfen, sich an Traumzustände zu erinnern und diese in eine Ordnung zu bringen, eine Affinität zu solchen dramatischen Ablaufmustern aufweisen. Andererseits scheinen bei dekompensierten Zuständen, bei Drogeneinfluß und ernsthafter Pathologie solche kognitiven Strukturierungspotentiale nicht zu existieren. Die Träume, von denen Träumer in diesem Zustand berichten, weisen oft wenig oder keine dramatische Struktur auf. Manchmal geschieht in Träumen auch nur ein — wenn auch intensives — Aufblitzen eines einzigen Bildes oder Ereignisses, oder es bleibt nur dieses im Gedächtnis. Solche Träume sind wie eine Reduktion auf eine bloße Exposition oder Krise. Derartige strukturelle Umstände können der Diagnose dienen und sind es wert, weiter untersucht zu werden.

Auch wenn nur ein einziges Bild oder ein einziger Sinneseindruck im Gedächtnis geblieben ist, kann diesem durch Assoziationen, Erklärungen

und Amplifikationen weiter nachgegangen werden, um dem Fragment
›Fleisch zu geben‹ und es als Schlüsselhinweis oder Botschaft festzuma-
chen, die dann im Leben des Träumers in entsprechender Weise verankert
werden muß.[5] Diesen Prozeß umgibt wiederum selbst die Dramatik großer
Detektivarbeit.

Zugunsten der Klarheit und der beabsichtigten Wirkung sind im Drama
Exposition (Darlegung des Themas), Desis (Verknüpfung bzw. Entwicklung), Krisis (›Sackgasse‹) und Lysis (Lösung) oder Katastrophe aufeinan-
derfolgend angeordnet. Im Traum dagegen können Teile der Abfolge über-
lappend oder kondensiert sein. Manche Elemente können erweitert, andere wiederum zusammengezogen oder in rudimentärer und/oder fragmen-
tierter Form dargestellt werden. Die Exposition kann kurz ausfallen oder
nur in einem Detail angedeutet werden. Der Schritt der Entwicklung kann
übersprungen werden oder mit der Krise vermischt sein. Die Krise kann
den Hauptteil der Handlung einnehmen oder nur angedeutet sein. Es
kann an einer Lösung fehlen, oder sie kann durch eine Katastrophe oder
Sackgasse ersetzt sein. Zu Verständniszwecken ist es jedoch äußerst hilfreich, diese vier Strukturelemente zu trennen und zu unterscheiden.

Jedes Drama wird mit einer Problemsituation eröffnet, die dem Zuschauer in der *Exposition* nahegebracht wird. Der Schauplatz wird in einer
bestimmten Zeit und Umgebung gewählt und mit bestimmten Charakte-
ren besetzt. Damit wird das Thema des Spiels festgelegt und den Zuschau-
ern aus der Perspektive des Autors vorgeführt. Die Problemsituation bezieht sich oft auf ein Thema, das festgefahren oder erstarrt ist und als Ausgangspunkt für die folgende Entwicklung dient. Bei Träumen können wir
das problematische Thema meist dadurch erkennen, daß wir den Eröff-
nungsschauplatz des Traumes betrachten. Dies bedeutet, die psychologische Bedeutung der affektgeladenen Assoziationen und Erklärungen zu
untersuchen, die sich mit der besonderen Ort- und Zeitwahl und den Eigenschaften der jeweils im Traum anwesenden Personen und ihrer Beziehung zum Träumer verbinden. All dies liefert den psychologisch/symboli-
schen Kontext oder Brennpunkt des Traumes. Die Aufgabe der Traumex-
position ist es also, das Thema oder Problem darzulegen, mit dem der
Traum sich befaßt. *Die Exposition stellt das Thema dar.* Wir können das mit
einem Geschäfts- oder Formularbrief vergleichen, der mit ›Betreff‹ über-
schrieben ist. Unter ›Betreff‹ wird angegeben, was das Schreiben ›betrifft‹,

worauf es sich bezieht, also das Grundthema der Mitteilung — z. B. eine Verabredung, eine Personalfrage, ein Zeitplan oder was auch immer.

Nehmen wir ›König Lear‹ von Shakespeare als Beispiel, so erkennen wir, daß das Publikum in der Exposition mit dem Problem des Königs vertraut gemacht wird: wie er sein Königreich unter seinen drei Töchtern aufteilen soll, indem er herausfindet, welche ihn am meisten liebt. Er versucht, einfach ausgedrückt, sich von der Last der Verantwortung zu befreien und zugleich die Kontrolle zu behalten.

Um einen allzuoft vernachlässigten Umstand nochmals zu wiederholen: Der psychologische Schauplatz eines Traums zeigt sich in erster Linie anhand des geographischen Ortes, an dem der Traum einsetzt, und/oder der Ausgangssituation, in der sich die dramatis personae in der ersten Szene befinden. Wenn wir die psychologische Bedeutung dieser Szenerie verstehen, sagt uns dies, worum es bei dem Traum geht.

Diese Szenerie stellt auch alles, was danach geschieht, in einen spezifischen Kontext. Ein Beispiel:

Ich gehe zu einem formellen Empfang und trage Sportkleidung.

Der Traum stellt die gegebene psychologische Situation als ›formellen Empfang‹ dar — als stilisiertes Treffen mit einem wichtigen persönlichen Element. Die Art, in der das Problem angegangen wird, die Reaktion auf und/oder die Anpassung an die Situation werden als problematisch aufgezeigt, da die Kleidung unpassend und der Situation nicht angemessen ist. Analog, verlegt ein Traum z. B. den Schauplatz zum Militär und fordert das Traum-Ich dort beim Mittagessen einen besonderen Nachtisch, so impliziert dies, daß der Träumer eine besondere Annehmlichkeit in einer Umgebung sucht oder erwartet, die auf kollektive Pflicht und Disziplin ausgerichtet ist und in der individuelle Vorlieben nicht zum Tragen kommen.

Ich bin mit einer Gruppe von Leuten zusammen. Ein Gedicht wird vorgetragen, und ich verfolge genau die Häufigkeit der vorkommenden Substantive, Verben und Adjektive.

Würde der Traum den Schauplatz in eine Gruppe von Linguisten verlegen, so wäre das gezeigte Verhalten angemessen. Fände der Träumer aber Assoziationen und Erklärungen, die auf eine Lesung des Gedichts in einem Kreis von Künstlern hinweisen, würde dies eine zu trockene intellektuelle

Haltung gegenüber der Welt der Imagination und vielleicht der magischen Dimension der Psyche implizieren.

Ohne Kenntnis des Kontexts, den uns die Exposition liefert, können wir vielleicht einzelne Stücke und Teile deuten, aber es entgeht uns die Gesamtthematik, auf die diese sich beziehen. Daher ist es immer von Bedeutung, möglichst viele Einzelheiten der Eröffnungsszene mit den dazugehörigen Assoziationen zu klären und dafür genügend Zeit und Mühe zu verwenden, wie trivial das auch mitunter erscheinen mag. In einem Fall, in dem der Traum im Schlafzimmer einer bestimmten Freundin begonnen hatte, stellte der Therapeut nur Fragen über das Schlafzimmer und fand heraus, daß der Träumer Schlafzimmer mit sexueller Intimität assoziierte. Der darauffolgende Traum ergab wenig Sinn, bis der Therapeut auf die Idee kam, nach der Freundin zu fragen. Die starke Gefühlsassoziation, die sich auf deren abweisende Kälte bezog, machte das Thema deutlich, nämlich daß Intimität unmöglich war, weil eine Schatteneigenschaft des Träumers abweisende Kälte war. Die genauen Einzelheiten des Schauplatzes waren nötig, um das Traumthema und die weitere Entwicklung klären zu können.

Assoziationen, Erklärungen, Gefühlsreaktionen und Amplifikationen (falls es sich um eine mythologische Szenerie handelt) müssen immer mit Bezug auf die Eröffnungsszene hervorgebracht werden.

Ein Traum begann wie folgt:

> Ich befinde mich in einem Lebensmittelgeschäft in China. Ich gehe hinaus, gelange aber nur in Mutters Schlafzimmer. Ein merkwürdiger Mann versucht einen Schrank zu öffnen.

Die Träumerin wurde gebeten, ihre Assoziationen, Erinnerungen und Gefühlsreaktionen, die sie hinsichtlich eines Lebensmittelgeschäfts im allgemeinen und dieses Lebensmittelgeschäfts im besonderen hatte, zu nennen. Sie sagte: ›Vater war nie zu Hause. Wenn er nicht arbeitete, pflegte er im Lebensmittelgeschäft herumzulungern.‹ Zu China assoziierte sie: ›Ich wollte einmal dorthin fahren. Ich glaube, ich fühlte mich sehr alleine und verzweifelt. In China gibt es starke Familienbande.‹ Zum Schlafzimmer der Mutter, dem Schauplatz der Entwicklung, assoziierte sie: ›Dort gingen immer Dinge vor, die ich nicht wissen sollte, dort gab es immer Streit.‹

Zusätzlich zu ihren Assoziationen erklärte sie Lebensmittelgeschäft als den Ort, an dem man alle benötigten Lebensmittel erhält, also der Anlage nach eine moderne Version des Füllhorns.

Der Schauplatz sagt uns sofort, daß im Traum die Suche nach (psychologischer) Nahrung in einem entfernten, vielleicht idealisierten Familienkontext thematisiert wird. Aus den Assoziationen können wir dann entnehmen, daß das Bedürfnis der Träumerin von väterlicher Abwesenheit, mütterlicher Geheimniskrämerei, von Zurückweisung und Konflikt herrührt — was alles zusammen ihre Gefühle von Einsamkeit und Verzweiflung verursacht hatte, die sie zögerlich eingestand.

Das folgende Beispiel veranschaulicht, wie ein Traum mißverstanden werden kann, wenn man die lokalen Aspekte der Szenerie außer acht läßt.

Ein junger Mann mit schriftstellerischen Ambitionen, der sich aber unfähig fühlte, damit weiterzukommen, träumte:

> Ich spreche mit einem blonden Mädchen und erzähle ihr, daß meine Schreibmaschine unzulänglich ist.

Seine Schreibmaschine stellte — gemäß Assoziation und Erklärung — sein Schreibwerkzeug und somit seine Fähigkeit zu schreiben dar. Zu ›blond‹ assoziierte er Oberflächlichkeit, Leichtigkeit und Fröhlichkeit. Die Art, wie er diese Eigenschaften im gleichen Atemzug nennt, ist schon an sich aufschlußreich: Fröhlichkeit wird hier letztlich mit Oberflächlichkeit gleichgesetzt. Wir könnten an dieser Stelle annehmen, daß er seiner leichten, fröhlichen Seite (seiner Anima), die er für oberflächlich hält und die es vielleicht auch ist, erzählt, daß seine Schreibmittel unzulänglich sind. Aber da er diese Ansicht bewußt ohnehin vertritt, wäre dieses Verständnis des Traumes unzureichend und würde uns nirgends hinführen. Welche Bedeutung hätte es außerdem, daß er seiner fröhlichen oder oberflächlichen Seite davon erzählt?

Der Therapeut nahm an dieser Stelle an, daß es vielleicht weiterhelfen könnte, den Schauplatz sorgfältiger herauszuarbeiten, und fragte, in welcher Umgebung sich die Szene abgespielt hatte. Der Schauplatz war auf einem Feld, zu dem er das Baseball-Spielfeld seiner Oberschulzeit assoziierte. Welche Erinnerungen oder Assoziationen hingen mit diesem Baseball-Spielfeld zusammen? Der Träumer erklärte, daß er sich in starkem Maße einem Wettkampf ausgesetzt fühlte und immer versuchen mußte, sich hervorzutun und etwas Besonderes zu sein.

Nun ergibt der Traum einen Sinn. Er besagt, daß der Träumer in einer Umgebung oder in einem Rahmen, in dem man immer Spitzenleistungen erbringen und etwas Besonderes darstellen muß, das Gefühl hat, seine Schreibmittel reichten nicht aus. Das erzählt er seiner potentiell fröhlichen Seite. Das heißt: Er kann seine Arbeit nicht genießen, wenn er nicht von Anfang an weiß, daß das, was er produzieren wird, aufsehenerregend sein wird (was ganz offensichtlich unmöglich ist), weil er sonst aus seiner Betätigung keine Freude und Befriedigung ziehen kann. Infolgedessen hat er das Gefühl, daß er zu unzulänglich für seine Arbeit ist.

Irgendeine typische oder ungewöhnliche Einzelheit aus der Exposition, die der Träumer vielleicht nicht einmal erwähnt oder an die er sich wirklich nicht mehr erinnert (und die dann erneut imaginiert werden muß), kann den fehlenden Schlüssel zum gesamten Traum liefern.

Die *Desis* oder Entwicklung kennzeichnet den Beginn einer Bewegung und Lösung aus der Erstarrung: die Tendenzen, Dynamiken und Möglichkeiten, die dem Thema, auf das die Exposition bzw. der Schauplatz hingedeutet hat, immanent sind und die sich wahrscheinlich aus diesem Thema entwickeln werden. Bei König Lear wäre das die unerwartete und irrationale Enterbung der geliebten Tochter, weil sie ihre Gefühle nicht in Worten ausdrückt, und die nachfolgende Entdeckung, daß die bevorzugten Töchter ihn hinauswerfen. Im Traum von Mutters Schlafzimmer könnte sich jetzt eine Handlung entspinnen, oder es könnte ein Gegenstand entdeckt werden, auf den die Träumerin reagiert. Wie bei allen anderen Phasen, so ist auch hier die Bedeutung der sich entfaltenden Handlung durch ›Übersetzung‹ mit Hilfe von Assoziationen, Erklärungen und Amplifikation zu ermitteln.

Die *Krise* ist der Höhepunkt des Dramas, an welchem die Spannung der einander entgegenstehenden oder sich gegenseitig bedrohenden dynamischen Kräfte kulminiert. Lear hat den Höhepunkt der Verzweiflung erreicht und rast im Wahnsinn über die Heide. Die Krise zeigt die maximalen Möglichkeiten — positiver, negativer oder sogar alptraumhafter Art — auf, die als Potential in der Entwicklung liegen, auf die der Traum hinweist.

Die *Lysis* schließlich — oder ihr Gegenteil, die *Katastrophe* — zeigt die Wege auf, die zur Lösung der Krise führen können. Manchmal wird anstelle einer Lösung ein katastrophales Ereignis dargestellt. In einem solchen Fall wird die Unwahrscheinlichkeit einer günstigen Lösung aufgezeigt, ausgehend von der in der Exposition dargelegten gegenwärtigen Haltung des

Träumers. Die Lysis zeigt den möglichen Ausweg; die Katastrophe kann versuchen, das Bewußtsein des Träumers aufzurütteln, indem sie ihm eine dringende Warnung zukommen läßt oder (was seltener geschieht) ihn mit einer unabänderlichen Situation vertraut macht. Im positiven Sinn zeigt die Lysis die Richtung oder das Ziel der neuen Möglichkeiten an, die es zu erschaffen/entdecken gilt.

In einem ausführlicheren Beispiel können alle diese Kategorien Anwendung finden:

> Ich befinde mich in einer Hütte und spiele mit alten Spielsachen. Der Ort ist staubig und heruntergekommen, aber das scheint mich nicht zu kümmern. Ich vertreibe mir einfach die Zeit. Ich beobachte die Ameisen, die über den Boden krabbeln, drüben am Fenster laufen Fliegen umher. Dann suche ich in einer Kiste nach etwas zum Lesen. Ich möchte gerne Wasser trinken, kann aber kein Glas finden und weiß nicht, wo der Wasserhahn ist. Meine Schwester ist auch da. Ich frage sie, was sie zum Zeitvertreib tun möchte. Ich weiß nicht genau, ob wir uns langweilen oder nicht. Wir reden über dieses und jenes; dann scheinen wir über etwas zu streiten. Sie sagt etwas, mit dem ich nicht einverstanden bin, es ist nichts Wichtiges, aber jedenfalls widerspreche ich ihr. Sie muß zeigen, daß sie ihren eigenen Standpunkt hat, und so geraten wir in einen tüchtigen Streit. Dann hören wir draußen einen Lärm. Sie sagt: ›Hörst du etwas?‹ Nein, ich habe nichts gehört. Aber jemand versucht die Tür zu öffnen. Wir wissen nicht, wer das sein könnte. Ich schaue durch einen Spalt in der baufälligen Tür und sehe einen Kerl, der wie ein Landstreicher aussieht. Wir sagen ihm, er soll weggehen, aber er versucht noch immer hereinzukommen. Wir stellen einen Stuhl und einen Tisch vor die Tür, aber es nützt nichts. Die Tür scheint sich trotzdem irgendwie langsam zu öffnen. Dann sagen wir ihm, daß er nicht an diesen Ort gehört, aber er hört nicht zu. Jetzt fürchte ich mich wirklich, renne zum Telefon und wähle die Nummer der Polizei. Keine Antwort. Ich wähle noch einmal. Jetzt hebt jemand ab. Ich frage: ›Ist dort die Polizei?‹ Die Stimme sagt: ›Wen wollen Sie?‹ Ich schreie: ›Ist dort die Polizei?‹ Aber stattdessen kommt jetzt die Stimme meiner Schwester durch die Leitung. Ich hänge ein und versuche es noch einmal. Jetzt befinde ich mich in einem Büro. Alle Schreibtische und Kabel sind ganz durcheinan-

der. Ich sage den Leuten, sie sollen das in Ordnung bringen, aber sie scheinen nicht zuzuhören. Sie sagen: ›Die Polizei hat anderes zu tun, sie kann sich nicht um Sie und Ihre Probleme kümmern.‹ Ich schreie, daß ich schließlich Steuern zahle, aber es nützt nichts. Dann sehe ich, wie meine Schwester mit meiner Mutter zu Hause spricht; sie spricht über einen Nebenapparat. Ich sage ihr, sie soll aus der Leitung gehen, weil ich ganz dringend die Polizei rufen muß. Sie aber sagt mir, sie hätte das gleiche Recht, das Telefon zu benutzen, wie ich, sie will nicht aus der Leitung gehen. Es sieht fast so aus, als wollte sie mich sabotieren. Dann sehe ich, daß sie mit dem Kerl, der hereinzukommen versucht, wissende Blicke austauscht. Offenbar stecken die beiden unter einer Decke und versuchen, mich zu erwischen. Sie sagt, ich würde nie mit ihr reden, obwohl wir doch gerade eine Auseinandersetzung hatten. Offenbar will sie, daß ich auf andere Weise mit ihr rede. Mir wird klar, daß ich das vielleicht tun muß, um sie dazu zu bringen, mir zu helfen, und ich wache auf.

Bei so langen und chaotischen Träumen ist es oft zunächst einmal hilfreich, sie zusammenzufassen, um so den Hauptfaden der Handlung zu finden. Der Therapeut kann das still für sich tun oder noch besser den Träumer bitten, es zu tun. Denn wenn einmal die Hauptelemente klar geworden sind, kann man für die dazugehörigen Einzelheiten die passenden Zuordnungen und Proportionen im Rahmen der dramatischen Gesamtstruktur finden. Damit ergibt sich nicht nur eine zusammenhängende Bilderfolge, mit der man arbeiten kann, der Träumer übt sich auch in Konzentration. Besondere Einzelheiten können später behandelt werden, wie die Zeit es eben erlaubt. Auf die Skeletthandlung vereinfacht würde dieser Traum so lauten: ›Ich bin mit meiner Schwester in einer Hütte, wir spielen und streiten. Wir fühlen uns von einem Eindringling bedroht. Ich versuche die Polizei anzurufen, aber meine Schwester blockiert die Leitung, indem sie mit zu Hause telefoniert. Mir wird klar, daß sie heimlich mit dem Eindringling verbündet ist, und ich werde mit ihr in einer Art und Weise reden müssen, die sie zufriedenstellt.‹

Der Schauplatz ist hier durch die Ortsangabe und die Anwesenheit einer Person vorgegeben. ›Ich bin mit meiner Schwester in einer Hütte.‹

Das Problem oder Thema, das der Traum zu behandeln versucht, wird durch diese Anwesenheit in der Hütte zusammen mit der Schwester angegeben. Worin besteht das Problem? Wir benötigen Assoziationen und Erklärungen.

Die von der Träumerin gegebene Erklärung für ›Hütte‹ war ein baufälliges, altersschwaches, heruntergekommenes und unordentliches Nebengebäude. Es war der Ort, an den sie sich als Kind ›gerne zurückzog, um alleine gelassen zu werden‹, wenn sie sich ›mißverstanden, nicht anerkannt, ungewollt und ohne Verbindung‹ zur Familie, insbesondere zur Mutter fühlte. Dort fühlte sie sich ›sicher‹, aber auch einsam und irgendwie gelangweilt, und sie wußte ›nichts mit sich anzufangen‹.

Die Schwester erinnerte sie an kameradschaftliches Spielen und kleine Streitereien. Das waren ihre Assoziationen. Bei der Erklärung beschrieb sie ihre Schwester als mürrische und rebellische Person, die es aber im Gegensatz zu ihr selbst geschafft hatte, sich im Leben einen unabhängigen Platz zu schaffen.

Diese Exposition führt uns zurück zu einem früheren ›Ort‹ aus der Kindheit. Da der Traum aber immer die Situation, wie sie ist, beschreibt, also so, wie sie jetzt in der Gegenwart gerade ist, müssen wir annehmen, daß sich die Träumerin psychologisch gesehen noch immer in dieser Hütte befindet, sich also (um uns ihrer Erklärung zu bedienen) zurückgezogen, mißverstanden, nicht anerkannt, ungewollt und ohne Verbindung fühlt. Wir können weiter annehmen, daß diese Gefühle ihr Sicherheit vermitteln, sie aber auch dazu bringen, sich im Leben und mit sich selbst zu langweilen. All dies scheint sich durch ihr anfängliches Verhalten in der Hütte zu bestätigen. Sie befindet sich an einem existentiellen ›Ort‹ der Vernachlässigung, Disharmonie und Unordnung.

Aber sie ist nicht allein: Sie teilt diese einsame Haltung mit ihrer Schwester. Der Versuch, sich dem auf der Objektstufe zu nähern, führte zu nichts. Die Schwester lebt weit entfernt, und es gibt kein besonderes Gefühl von Verbundenheit, weder von der einen noch von der anderen Seite. Die Schwester muß als innere Gestalt gesehen werden, als Teilpersönlichkeit oder unbewußte ›Schatten‹-Haltung, als eine nicht erkannte, mürrische, ärgerliche und rebellische Seite der Träumerin. (Später wird uns gezeigt, wie diese mürrische und rebellische Schattenschwester mit der Mutter kommuniziert; sie hat, mit anderen Worten, einen Bezug zu ähnlichen Eigenschaften der Mutter, mit denen sie in Verbindung steht oder sich identifiziert.)

In Kurzform läßt sich ein Bezug der Exposition zu Einsamkeit, Gefühlen des Ausgestoßenseins und rebellischem Ärger herauslesen. Der Ton der folgenden Erzählung und die verwendeten Worte (›scheint‹, ›Zeit vertreiben‹, ›nicht genau‹, ›nützt nichts‹, ›irgendwie‹, ›kann sich nicht kümmern‹, ›ganz durcheinander‹ etc.) verstärken noch die Art von zögerlicher Unverbindlichkeit, die das Traum-Ich zeigt, und die Hilflosigkeit, die durch seine fruchtlosen Ausbrüche noch betont wird.

Diese expositionelle Darstellung deckte sich sehr gut mit den Tatsachen. Die Träumerin stammte aus einer zerrütteten Familie, in der sie mit Mutter und Schwester gelebt hatte. Die Mutter hatte Beziehungen zu verschiedenen Männern, war den Kindern gegenüber barsch und vernachlässigte sie. Die Träumerin sah sich selbst als Opfer der Umstände, Fehlschlägen und Frustrationen ausgesetzt, die außerhalb ihrer Kontrolle lagen. Indem sie ihr zeigt, wo sie fixiert ist, bestätigt die Exposition ihren Gesichtspunkt und greift ihn gleichzeitig an: An dem ›Ort‹, der dem kindlichen Selbst ein Zufluchts- und Schutzort war, faulenzt sie jetzt. Als Erwachsene darin zu beharren ist ein Anachronismus, es ist nicht länger annehmbar, Zeit und Leben in gelangweilter Isolation zu verbringen und sich als zurückgewiesenes, hilfloses und immer mißverstandenes Opfer zu fühlen. Es wird auch gezeigt, daß sie ohne Verbindung zu dem ist, was ihr helfen könnte: ihre rebellische, aber auch potentiell unabhängige Seite.

Die Szenerie des Traumes gibt einen Blick auf die diagnostische Situation und eine Orientierung im Hinblick darauf, worauf sich die weitere Entwicklung bezieht.

Diese Entwicklung besteht darin, daß jemand versucht, einzudringen. Ihre Assoziation zu dem Möchtegern-Eindringling war ein geistig gestörter Patient aus einer Übergangsstation, in der sie einmal als Sozialarbeiterin gearbeitet hatte. Sie beschrieb diesen Mann als ›sozial gestörten, alkoholabhängigen Verbrecher‹. Er hatte eine Reihe kleiner Diebstähle begangen; einmal hatte er versucht, ihre Geldbörse zu stehlen. Diese Assoziationen zeigen, daß sie vom Eindringen sozial gestörten Verhaltens und von Suchttendenzen bedroht ist, die sich entweder direkt auf den Mißbrauch von Substanzen beziehen oder allegorisch verstanden und auf ihre Tagträumerei und ihren Eskapismus bezogen werden können. Dies alles kann sie ihrer ›Geldbörse‹ berauben, des Behältnisses für ihre Ausweispapiere und ihr Geld — was metaphorisch gesehen für ihre Identität und Energie steht.

Wir haben die Affektmotivation der Gestalt des Eindringlings noch nicht untersucht. Warum benimmt er sich nach ihrer Beurteilung oder Assoziation so? Welches Motiv steht hinter seinem sozial gestörten Verhalten? Was sie in ihm sieht, ist ein tiefempfundenes Gefühl von Deprivation und emotionaler Bedürftigkeit. Diese Bedürftigkeit versucht, sie zu erreichen; negativ gesehen in Form sozial gestörten Verhaltens, positiv gesehen dadurch, daß sie ihrer Unzufriedenheit gewahr wird und sie als Ansporn begreift, in ihrem eigenen Interesse bewußt und willentlich Schritte einzuleiten.

Die letztgenannte positive Implikation gründet sich auf die Amplifikation der Gestalt des Eindringlings als solcher. Der Eindringling ist eine archetypische Gestalt. Es handelt sich um ein häufig vorkommendes, mythologisches Traummotiv (z. B. in ›Der Schuhmacher und die Elfen‹, einem Märchen der Gebrüder Grimm). Wenn man sich dem bedrohlichen Eindringling stellt, ihn akzeptiert und eine geeignete Beziehung zu ihm eingeht, stellt sich oft heraus, daß er ein hilfreicher Freund und Wohltäter ist.

Während der Schauplatz bzw. die Szenerie auf die Wurzeln des gegenwärtigen Problems in der Vergangenheit hinweist, zeigt die Entwicklung aktuelle Bewegungen und Tendenzen auf, die sich aus dem Problem ergeben und zu einem toten Punkt führen oder in einer Sackgasse zu enden drohen. Die Krise ist der Höhepunkt, auf welchem die widerstreitenden Kräfte sich in größter Anspannung gegenüberstehen und an welchem es auf die eine oder andere Art zur Entscheidung oder zu einem Wendepunkt der Ereignisse kommen muß. Man kann sagen, die Krise zeigt uns Gegenwart und Zukunft. Sie zeigt, worauf die Entwicklung abzielt oder in welcher Weise sie sich bereits zu manifestieren beginnt.

In diesem Traum kommt es zur Krise, als es der Träumerin nicht gelingt, Hilfe von der Polizei, dem kollektiven Bewahrungsprinzip von Recht und Ordnung, zu bekommen. Die Funktion der Polizei ist es, ein allgemeingültiges, nicht ein persönliches Ordnungsprinzip durchzusetzen. Psychologisch gesehen ist die Polizei für die Träumerin nicht erreichbar, und eine nicht-individuelle, kollektive Haltung ist auch nicht geeignet, mit dem Problem des Eindringlings fertigzuwerden. Der Versuch, das zu tun, was allgemein als ›richtig‹ angesehen wird, wird hier als ungeeignete Antwort auf das Problem unbefriedigter Bedürftigkeit und eines passiv-aggressiven Eskapismus dargestellt. Es muß ein anderer, persönlicherer Weg gefunden werden, mit dem Eindringling umzugehen, wenn die Bedrohung neutralisiert werden soll.

Der Traum weist auf die Möglichkeit einer solchen Lysis an der Stelle hin, an der die Träumerin gewahr wird, daß sie mit ihrer Schwester reden muß, um sich deren Unterstützung zu sichern, und dann ›aufwacht‹. Die Schwester, die ihre rebellische Seite darstellt, ist nicht nur mit dem Eindringling verbündet, sondern hat auch eine Verbindung mit ›zu Hause‹, dem Kern des Selbstseins. Sie hat auch Kontakt zur Mutter, wohingegen die Träumerin als Reaktion auf deren promiskuitives Verhalten eine entgegengesetzte Haltung von Untätigkeit angenommen hat, ›um nicht wie die Mutter zu sein‹. Wenn sie eine bewußte Beziehung zu ihrer rebellischen Seite herstellt und diese akzeptiert, so führt das zu einem psychologischen ›Aufwachen‹. (Am Ende des Traumes wachte sie tatsächlich auf.) Dies würden wir als günstige Entwicklung und somit als Lysis bezeichnen. Wenn die Träumerin sich mit ihrem Schattenproblem verbindet und ihrer rebellischen, potentiell verbrecherischen, bedürftigen Seite in verantwortungsbewußter Weise Ausdruck verleiht, auch auf die Gefahr hin, dann wie Mutter zu sein, würde sie sich mit ›zu Hause‹ verbinden. Sie würde ihre wahre Identität entdecken, die geleugnet wird und sich nur negativ und destruktiv ausdrücken kann, solange sie sich auf ihr ›falsches Ich‹ verläßt. Anstatt sich nur Tagträumereien hinzugeben, könnte sie lernen, bestimmt aufzutreten und in realistischer Weise für das zu arbeiten und zu kämpfen, was sie persönlich möchte und benötigt. Das wäre der positive Wert der sozial gestörten Energie.

Innerhalb der dramatischen Struktur eines einzigen Traumes werden die energetischen Gegenpole in der Psychologie der Träumerin dargestellt: einerseits Polizei, andererseits sozial gestörte Tendenzen; einerseits Untätigkeit, andererseits Promiskuität oder Widerspenstigkeit. Da es bisher keine Vermittlung zwischen den Gegenpolen gibt, sind beide negativ polarisiert. Der Traum konzentriert sich auf diese Tatsache und hilft der Träumerin dabei, langsam ein Bewußtsein davon aufzubauen, wie beide Pole in ihrem Lebensdrama plaziert sind.

Die Lysis (oder Katastrophe) weist immer in die Zukunft, auf das, was sich anbahnt, was möglich oder wahrscheinlich, wenn auch zur Zeit noch nicht existent ist. Krise und Lysis (oder Katastrophe) können deshalb auch prophetisch sein, nicht nur in subjektiver Hinsicht, sondern auch auf der Objektstufe. Man kann jedoch nur im Rückblick sicher sein, daß eine bestimmte Botschaft äußere Ereignisse auf der Objektstufe vorankündigen sollte. Abgesehen von Hinweisen, aus denen man eine mögliche Warnung vor bisher übersehenen objektiven Umständen herauslesen kann, ist es am besten, scheinbare Prophezeiungen auf der Subjektstufe zu behandeln und sie als psychologische Möglichkeiten zu sehen. Sie können zeigen, was es an Möglichkeiten gibt, um einer Herausforderung zu begegnen oder einen Weg aus den Schwierigkeiten zu finden; diese Möglichkeiten müssen aber im wirklichen Leben erst handelnd umgesetzt werden. Nimmt man die Traumbotschaft ernst und bezieht man sie in sein Leben ein, so trägt man dazu bei, die positiven Aspekte dieser Vorankündigungsfunktion bewußte Wirklichkeit werden zu lassen und zugleich das zu vermeiden, wovor der Traum gewarnt hatte.

Es genügt nicht, ein Problem nur im Traum zu lösen. Es muß ein entsprechendes aktives Tun im wachen Leben folgen. Es reicht auch nicht aus, sich nur durch abstraktes Verständnis oder auch emotionale Einsicht auf den Traum zu beziehen. Erforderlich ist vielmehr, daß wir mit den Bildern und Botschaften leben und versuchen, im täglichen Leben auf verantwortungsbewußte und realistische Weise mit ihnen umzugehen. Der Traum zeigt uns, wo wir stehen, inwiefern wir irregehen und welche Möglichkeiten und Wege uns offenstehen; aber solange wir uns nicht daran versuchen, sie auch auszuprobieren und mit den Schwierigkeiten zu ringen, die damit verbunden sind, ist die Traumbotschaft vergebens.

KAPITEL 8

MYTHOLOGISCHE MOTIVE

Das Problem hat insofern einen praktischen Aspekt, als leicht der Fall eintreten kann, daß eine an sich bedeutsame Kollektividee … im Traum nur durch ein untergeordnetes Attribut vertreten ist, zum Beispiel ein Gott durch sein theriomorphes Attribut …
Die ›Göttin‹ erscheint als schwarze Katze, und die Gottheit selber als *lapis exilis* (der geringe Stein). Für die Deutung bedarf es dann allerdings gewisser Kenntnisse, welche weniger mit Zoologie oder Mineralogie als vielmehr mit der Tatsache eines historischen *consensus omnium* betreffs des in Frage stehenden Gegenstandes zu tun haben. Diese ›mythologischen‹ Aspekte der Dinge sind immer vorhanden, auch wenn sie im gegebenen Fall unbewußt bleiben.
(*GW,* Bd. 9:2, Randnummern 55, 57)

Die Archetypen [greifen] regulierend, modifizierend und motivierend in die Gestaltung der Bewußtseinsinhalte [ein].
(*GW,* Bd. 8, Randnummer 404)

Träume können spezifische Motive aus der mythologischen Schatzkammer der Menschheit präsentieren und sogar durch diese strukturiert werden. Solche Bilder sind allesamt archetypisch, Ausdruck grundlegender Form- und Ordnungsmuster, und symbolisch. Ein Symbol ist »ein Bild, das die nur dunkel geahnte Natur des Geistes bestmöglich kennzeichnen soll. … [Es] weist über sich selbst hinaus auf einen noch jenseitigen, unerfaßlichen, dunkel geahnten Sinn, der in keinem Worte unserer derzeitigen Sprache sich genügend ausdrücken könnte.«[1] Solche Bilder sind Träger der Kernmuster kollektiver Energie, um die herum sich die persönlichen Komplexe[2] konstelliert haben.

Solche mythologischen Traummotive stellen für das menschliche Bewußtsein Grundprinzipien von Gestaltung und Sinn dar, Ordnungsmu-

ster einer transpersonalen und wahrscheinlich sogar suprapersonalen kreativen Kraft, die im Laufe der Jahrhunderte entdeckt, zum Ausdruck gebracht und gefeiert worden ist in Ritualen, Kunst, Legenden, Märchen
oder historischen Darstellungen. Sie zeigen die Art und Weise auf, in der
das kollektive Unbewußte der Menschheit in verschiedenen kulturellen
Ausdrucksformen spirituell, philosophisch, sozial, ethisch und ästhetisch
auf die großen Themen der Existenz geantwortet hat. Die mythischen Bilder, die ins Traumbewußtsein eindringen, sind durch die als solche nicht
darstellbaren Grundprinzipien der Gestaltung, die wir archetypisch nennen, strukturiert. Sie zeigen einen Weg, auf dem diese Muster unsere
Wahrnehmung erreichen und zur Grundlage unserer religiösen Riten,
Emotionen und Verhaltensweisen werden können. Durch ihr Auftauchen
in Träumen gestatten sie uns eine unmittelbare Konfrontation mit den numinosen, transpersonalen und letztlich nicht darstellbaren Elementen, die
Tätigkeit und Bewußtsein des Menschen strukturieren — die Muster von
Leben, Tod, Wiedergeburt, Kindheit, Entwicklung, Opfer, Konflikt, Leiden, Erfolg, Ordnung, Beziehungen, Trennung oder Verbindung, um nur
einige Beispiele zu nennen.

Solche mythologischen Strukturen sind thematische Feldanordnungen.
Sie beschreiben und bieten Orientierung, Sinn und Führung sowohl innerhalb des subjektiven psychischen Bereichs als auch im Hinblick auf in-
terpersonale Beziehungen und Ereignisse. Wie alle Traumsymbole können
diese mythologischen Strukturen äußerst hilfreich sein, allerdings nur
dann, wenn sie in der Weise assimiliert werden, daß sie für die spezifische
psychologische Situation im Leben des Träumers von Bedeutung sind. Sie
müssen als persönliche psychologische Dynamik erfahren werden. Das archetypische Bild, der persönliche Komplex und die Adaption müssen als
ineinander verwobene Aspekte der individuellen Lebenssituation des Träumers gesehen und bearbeitet werden.

Solche Motive, die aus der unermeßlichen Schatzkammer des kollektiven Unbewußten spontan in die Träume einzudringen pflegen, sind dem
Träumer häufiger unbekannt als geläufig.

Wenngleich sie oftmals in Teilen den noch lebendigen (alten oder modernen) Mythen oder Volksmärchen ähneln, so können es doch auch neue
Produkte sein, die individuell geschaffen oder entdeckt werden, um mit
den ihnen zugrundeliegenden Lebensthemen mitzuschwingen, welche in
der Psychologie des Träumers ausagiert werden. Denn, wie Jung treffend

schreibt: »Man träumt bestenfalls den Mythos weiter und gibt ihm moderne Gestalt.«[3]

Es erscheint in der Tat so, als sei die Fähigkeit der Psyche, Mythen zu erschaffen oder Geschichten zu erzählen, ein machtvoller Faktor der Organisation und der Heilung. Ereignisse, Verwundungen und Erfahrungen werden zu einer bedeutungsvollen dramatischen Geschichte oder einem Schauspiel verwoben und dadurch zu einem organischen, umfassend funktionierenden Ganzen zusammengefaßt.

Archetypische Bilder entstammen einer psychischen Schicht, die jenseits des persönlichen Bewußtseins und der rational-intellektuellen Funktion liegt. Sie sind transpersonal, oft sogar suprapersonal insofern, als sie repräsentative Ausdrucksformen von Kräftemustern sind, welche jenseits persönlicher Willensentscheidung und Kontrolle, ja selbst jenseits des persönlichen Verständnisses liegen und in einer Dimension von Feldwahrnehmung wirken, die von den Beschränkungen durch Raum und Zeit, so wie wir sie kennen, frei zu sein scheint. Hierin zeigt sich eine enge Analogie zu dem, was wir im weitesten Sinne als Instinktfunktion bei Tieren bezeichnen.[4] Andererseits verbinden sie uns auch mit der Dimension des Geistigen und der der spirituellen Erfahrung. Archetypische Motive weisen also auf ein noch nicht realisiertes Entwicklungspotential hin. Auch angesichts von Bildern, die ganz offensichtlich als Fehlkonstellationen oder Schreckensbilder erscheinen, sollte der Therapeut daran denken, daß es den archetypischen Energien, welche gegenwärtig vielleicht den Kern destruktiver Komplexe bilden, bestimmt ist, zu Heilfaktoren zu werden. Diese Energien müssen nicht erlitten oder in zwanghafter oder besessener Weise ausagiert werden, sie können vielmehr auf konstruktive Weise zur Verfügung stehen, sobald sich die bewußte, persönliche Adaption in die Richtung verändert, daß die archetypische ›Absicht‹ bedachtsam akzeptiert und in verantwortungsbewußter Weise zum Ausdruck gebracht wird.

DAS ERKENNEN MYTHOLOGISCHER MOTIVE

Wir können magisch-mythologische Motive verhältnismäßig leicht erkennen, wenn ein Traum uns mit Elementen konfrontiert, die sich rational betrachtet und nach den Maßstäben unserer alltäglichen Wirklichkeit als unmöglich darstellen. Manchmal sehen die Gestalten seltsam aus oder handeln auf befremdliche Weise. Manchmal, wie in den nachfolgenden Beispielen deutlich wird, kann jemand ins Herz geschossen werden und trotzdem am Leben bleiben, oder eine Katze verwandelt sich in eine rasende Löwin, die man besänftigen kann, indem man ihr eine Rassel schenkt. Solche Verhaltensweisen können nur auf magische Weise in Mythen oder Märchen geschehen. Wir wissen, daß wir im Traum in das Reich der Mythen und der Magie eingetreten sind, wenn sich die zugrundeliegende psychische Energie so manifestiert, daß sich Gestalten verwandeln können, daß Blumen sprechen und sich wie menschliche Wesen benehmen können, daß Tiere zu Prinzen und Prinzessinnen werden, Götter und Göttinnen in Tiergestalt erscheinen und Katzen zu Löwinnen anwachsen.

Während einerseits das Auftauchen solcher irrationaler Elemente den Traumdeuter darauf hinweist, daß er nach mythologischen Traummotiven suchen soll, ist es andererseits jedoch auch wichtig, auf die Anwesenheit von energetischem psychischem Material zu achten, welches so weit vom Ich-Bewußtsein abgespalten ist, daß es auf einen großen psychologischen Abstand und/oder große Schwierigkeiten bei dem Versuch hindeutet, das Bildmaterial zum täglichen Leben des Träumers in Bezug zu setzen.

Verworrene und abstruse Irrationalität und Chaos dieser Art dürfen nicht mit mythologischen Themen und Märchen verwechselt werden. Mythologische und märchenhafte Motive mögen irrational erscheinen, sie weisen aber einen strengen und umfassenden inneren Zusammenhang, eine konsistente Ästhetik und Motivation und sogar eine eigene Art von Logik auf. Der Unterschied zwischen diesen Motiven und einer chaotischen Unordnung ist oftmals vergleichbar mit dem Unterschied, den man spürt, wenn man eine musikalische, vielleicht sogar eine atonale Komposition hört und sie mit einem wilden Geklimpere auf dem Klavier vergleicht, oder wenn man ein Bild von Picasso oder Klee betrachtet, im Gegensatz zu hingeklecksten, nicht zusammenpassenden Formen oder Farbfragmenten. Der Therapeut bedarf geschulter Einfühlsamkeit und Erfahrung, um diese Unterschiede wahrnehmen zu können.

Fehlt es den Traumbildern an einem Zusammenhang oder werden scheinbar unzusammenhängende und chaotische Elemente dargestellt, kann dies auf die Aktivitäten von psychotischen oder Borderline-Schichten des Träumers schließen lassen. Das Auftauchen von solch starren, groben und unpersönlichen und/oder unheimlichen oder destruktiven archetypischen Traumbildern weist oft auf die Distanziertheit oder sogar Dissoziation hin, die Träumer oder Therapeut bezüglich der in Frage stehenden Energie aufweisen. In einer solchen Situation ist es unwahrscheinlich, daß eine Beziehung zu dem potentiellen Heilfaktor hergestellt werden kann, denn solange die Dissoziation anhält, kann die Energie nicht in konstruktive Kanäle gelenkt werden.

Man darf mythische und märchenhafte Motive, falls sie echt sind, nicht auf bloße Pathologie zurückführen[5], bestimmte mythische Themen der Zerstörung (wie Szenen aus der Hölle, Szenen von Verfall und Zerstückelung oder das Chaos der letzten Schlacht) können aber auf kritische Übergangsphasen im analytischen Prozeß hinweisen, deren Ausgang ungewiß ist.[6]

Abgesehen von märchenhaften Handlungen kann man mythologische Motive auch daran erkennen, daß ihnen eine anscheinend schicksalhafte, dramatische und umfassende Macht zu eigen ist. Es handelt sich um Abbilder von Strukturen, deren Grundmuster ganzen Aspekten im Leben des Träumers zugrundeliegen. Oftmals hat ihr Auftauchen im Traum eine eigenartig getönte Qualität, fast wie aus einer anderen Welt, eine ›Numinosität‹, die den Träumer und/oder Analytiker mit einem Gefühl von Ehrfurcht erfüllt.

Manchmal, aber nicht immer spielt die mythische Traumhandlung in einer anderen historischen Umgebung oder in einer anderen Kultur als der gegenwärtigen, oder auch in einem eindeutig phantastischen Raum/Zeit-Gefüge. Solche Schauplätze tun uns einen Komplex kund, der dem Bewußtsein des Träumers genauso fern ist, wie Zeit und Ort des Traumes von unserer gegenwärtigen Wirklichkeit getrennt sind. Sie legen uns die Existenz einer Dynamik nahe, die sich noch immer im Bezugsrahmen einer vergangenen kulturellen oder historischen Epoche ausdrückt oder sogar auf diesen fixiert ist. Man wird hierzu Assoziationen, Erklärungen und Amplifikationen heranziehen müssen, die sich auf diese Epoche beziehen.

Eine Traumszenerie aus der frührömischen Zeit beispielsweise kann mit Motivationsproblemen und Orientierungswerten wie Mut, Selbstkontrolle, Verantwortungsbewußtsein und dem Dienst für Staat und Gemeinschaft zu tun haben, oder, negativ gesehen, mit ruchlosem Eroberungsdrang, der in den Rang einer Tugend erhoben worden ist. Eine Rokokoumgebung kann von Leichtigkeit und anmutigem Stil oder von oberflächlicher Verspieltheit zeugen. Sie kann aber auch den Beginn von Aufklärung und rationaler Ordnung anzeigen, je nach der Art der Assoziationen und Erklärungen, die der Träumer anbietet.

Wenn wir mit mythologisch/archetypischer Dynamik konfrontiert werden, müssen wir uns bei unserer Beurteilung dessen, was richtig oder falsch, was einwandfreies oder zu beanstandendes Verhalten ist, von märchenhaften und mythologischen Modalitäten leiten lassen und nicht so sehr von unserer gewöhnlichen, alltäglichen Rationalität. Das so imaginierte Material stammt aus einer tiefen inneren Quelle, weit entfernt vom alltäglichen Bewußtsein des Träumers, wo die Gesetzmäßigkeiten magischer Bewußtseinsschichten gelten.[7] Am Rande eines aktiven Vulkans zu sitzen ist nach gewöhnlichen und alltäglichen Maßstäben unverantwortlich und verrät psychologisch gesehen ein hohes Maß an Unbewußtheit und/oder Leugnung eines emotionalen Ausbruchs. Andererseits ist, wie oben erläutert[8], das Motiv einer vulkanischen Spalte archetypisch gesehen ein Symbol für den Zugang zur transpersonalen Yin-Dimension der Großen Göttin mit ihrer Verbindung zu Tod und Wiedergeburt. Es kann auf die Fähigkeit hinweisen, die Anderwelt wahrzunehmen, die als vulkanische, eruptive Emotionalität hochkommt.

Gäbe es im Traum eine direkte Anspielung auf ein ›übernatürliches‹, mythisches oder märchenhaftes Element — wie ein faunähnliches Geschöpf, das nahe dem Krater spielt und an die Gefährten des Dionysos erinnert, oder ein Dreifuß, der an die Sibylle denken läßt, welche die Orakel empfängt, oder eine mysteriöse Stimme, die aus dem Dunst aufsteigt, oder auch eine Empfindung von Numinosität und Ehrfurcht —, so würde die Aufmerksamkeit des Deuters jeweils unmittelbar auf die archetypische Ebene der Traumbotschaft gelenkt. Die Botschaft würde dann ihre Betonung auf den sexuellen Aspekt (Faun) oder die potentielle prophetische Weisheit (Sibylle) der tiefen Quelle legen. Das Bild einer unangemessenen Haltung im Hinblick auf die Örtlichkeit (Vulkan) gibt dem Deuter einen warnenden Hinweis darauf, daß der Träumer sorglos mit Gewalten dieser symbolischen Dimension herumspielt, etwa durch Gedankenspielereien oder dadurch, daß er ihnen intellektualisierend ›auf dem Kopf herumtanzt‹ oder ›Symbole zusammenhäuft‹.

Während alle Träume Allegorien und Symbole enthalten, die Aufmerksamkeit und Verständnis verlangen, fordern archetypische Traumelemente vom Therapeuten ein einfühlsames Erfassen der vielfältigen Motive aus der reichhaltigen mythologischen Schatzkammer der Menschheit. Für jeden Psychotherapeuten ist es deshalb ganz allgemein von Wichtigkeit, sich mit diesem Material immer mehr vertraut zu machen und sich nicht mit einer einzigen Mythologie zufriedenzugeben, die nur allzuoft einfach der des Analytikers am nächsten kommt. Solche umfangreichen Studien liefern Material, das geeignet ist, bei einem breiten Spektrum von Analysandenträumen amplifizieren zu können.

DAS ZUSAMMENSPIEL VON ARCHETYPISCHEM UND PERSÖNLICHEM MATERIAL

Unter Amplifikation versteht man, wie bereits erläutert, eine Methode der Traumerkenntnis, bei der die Traummotive mit einer kollektiv wirksamen mythologischen Bedeutung verbunden werden, indem man sie mit überliefertem mythologischem Material vergleicht. Anstatt den Traum *ad primam causam* zu reduzieren, auf Kindheitserlebnisse oder gegenwärtige Probleme, arbeitet diese Methode mit den Kenntnissen und Assoziationen des Träumers oder Therapeuten, die sich auf den traditionellen Bestand an Mythen und Erzählungen beziehen, um so die wahrscheinliche Wirkungsrichtung der vorgelegten Geschichte feststellen zu können. Dies hilft, den persönlich konstellierten Komplex mit seinem archetypischen Kern zu integrieren.

Ohne solch einfühlsame und weitreichende Kenntnis der mythologischen Materie kann es geschehen, daß entscheidend wichtige Traumelemente verlorengehen oder nur eingeschränkt interpretiert werden und/ oder mißverstanden oder nur als rationale oder persönliche Verzerrungen angesehen werden. Ebenso würde es der Aufmerksamkeit des Therapeuten entgehen, wenn Traumaspekte von dem vorgegebenen mythologischen Muster abweichen. Solche Aspekte sind aber besonders wichtig, da derartige Variationen immer auf entscheidend wichtige Elemente in der Psychologie des Träumers aufmerksam machen, die der Erkundung bedürfen.

Eine 38jährige Frau, die einige Borderline-Merkmale aufwies, brachte einen Alptraum mit in die Therapie, der sich in Variationen über zwanzig Jahre lang wiederholt hatte. Sie war entweder vage und unbestimmt oder gab sich rebellischer Negativität hin, geriet oft in Panik und neigte zu selbstzerstörerischem Handeln. Sie träumte:

Ich gehe die Treppe hinunter in den Keller. Es ist dunkel und schrecklich. Ein Mann hält sich hier versteckt. Er kommt heraus und steht vor mir. Ich habe solche Angst, daß ich mich nicht bewegen kann. Er lächelt und schießt mich ganz ruhig geradewegs ins Herz. Ich sterbe nicht. Ich wache auf.

Zu Beginn der Arbeit ging es darum, Assoziationen zu dem Traum zu bekommen. Die dunkle Gestalt erinnerte die Träumerin an ›einen Hauswarttyp‹. Sie beschrieb ihn nur als ›schrecklich still und furchterregend‹. Hauswarte sind der Erklärung nach Personen, die ›auf das Gebäude und den Abfall aufpassen und im Keller leben‹. Ins Herz geschossen zu werden ›wäre sicherlich tödlich, hier sterbe ich aber nicht‹.

Träume wiederholen in der Regel ihre Botschaften so lange, bis sie verstanden worden sind und bis man sich im Leben mit ihnen auseinandergesetzt hat. Dieser Traum war in vorausgegangenen Therapien behandelt und als Enthüllung verborgener Wünsche nach masochistischer Befriedigung und als Ausdruck ödipaler Furcht vor Penetration durch den Analytiker-Vater betrachtet worden. In beiden Deutungen lag eine, wenn auch nur mittelbar erfaßte Teilwahrheit, sie berührten aber nicht den Kern des Problems und, was noch wichtiger ist, sie waren therapeutisch ohne Wirkung. Die archetypischen Themen, um die es hier geht, haben nichts mit Ödipus zu tun, sondern mit Hades-Dionysos, dem Gott der Unterwelt (Untergrund, dunkler Keller), und mit Ekstase und Eros, dem Verwunder der Herzen, der nicht tötet. Es ist klar, daß der Alptraum sich wiederholte, um die ihm angemessene Beachtung zu erfahren. Als ein sich wiederholender archetypischer Traum wies er auf ein grundlegendes Lebensproblem hin.

Der Therapeut behielt seine Amplifikationen zunächst für sich, gemäß der Grundregel, wonach zuerst persönliche Elemente durchzuarbeiten sind.[9] Nachdem diese aber dem Therapeuten geholfen hatten, sich gegenüber der hinter dem Fall liegenden archetypischen Dynamik zu orientieren, hatten sie ihren Zweck erfüllt.

Hades ist der Gott der Toten und der reichen Unterwelt, wo Saat und Abfall gelagert werden. Er ist der Entführer von Demeters Tochter, der Kore, und wird manchmal mit Dionysos gleichgesetzt, dem stillen Herrn der Ekstase.[10] In diesem Traum wird das Thema jedoch variiert. Anstatt entführt zu werden, steigt die Träumerin selbst in die Unterwelt des Kellers und begegnet dort dem furchterregenden männlichen Element ihrer eigenen Psychologie. Dieses Motiv des Abstiegs, das an Ishtars Suche nach ihrem Geliebten in der Unterwelt erinnert, wird hier vermischt mit dem Motiv des Eros-Cupido, dessen Pfeil die süße Agonie der Liebe auslöst. Die Verflechtung der Themen legt nahe, daß es im Traum-Ich einen Triebimpuls gibt — vielleicht in Zusammenhang mit der Suche nach leidenschaftlicher Liebe —, der die Träumerin aus dem täglichen Leben herausnimmt und sie mit der Furcht vor Vergewaltigung und Tod und einer Verbindung zu schicksalhafter, ekstatischer Leidenschaft konfrontiert.

Der Therapeut notierte nach der Sitzung den Traum und machte sich Gedanken darüber:

> Es gibt einen dunklen und furchterregenden Ort in der ›Unterwelt‹, einen Ort, der angefüllt ist mit etwas, das der Ebene ›Abfall‹ zuzurechnen ist. Dieses Reich untersteht Hades-Eros-Dionysos, einer Macht, die sich ›Herr‹ der Ekstase, Liebe und Kreativität nennt und die es darauf abgesehen hat, das Herz der Träumerin zu durchbohren. Diese ist so von Furcht vor dieser Macht erfüllt, daß sie bei der Begegnung nur die Todesdrohung spüren kann. Hält man sich aber an das Mythologem und die Lysis des Traumes (›Ich sterbe nicht, ich wache auf‹), so ist anzunehmen, daß in ihrem Fall eine vorteilhafte Rückkehr in die ›Oberwelt‹ möglich ist, also eine Integration des unbewußten Materials in ihr persönliches Leben.

Der Therapeut stellte sich versuchsweise auch einige Fragen zur Deutung, die er der Träumerin aber selbstverständlich nicht mitteilte. Er vermerkte in seinen Notizen zu diesem Fall:

> In ihrem Traum geht sie nach unten. Warum? Im Unbewußten wird sie dann mit dem konfrontiert, was in ihrer Psychologie abgespalten ist und was sie fürchtet — einer stillen Todesdrohung, in der auch ein Aufwachen zu dem liegt, was sie liebt. Ist es die geliebte Mutter? eine alte Liebe? eine unbewußte Leidenschaft? … Der Wärter und Herrscher, der wie Hades-Dionysos ›unten‹ wohnt, schießt sie ins Herz, er durchbohrt ihr Gefühlszentrum — nicht eine ›displazierte Vagina‹, wie ihr jemand gesagt hat — mit seiner phallischen Liebe/Macht, und doch stirbt sie nicht, sondern erwacht. Hier haben wir das Motiv des Eros, und damit wird die Traumbotschaft klarer. … Hat man ihr beigebracht, daß es gefühl-

los und selbstsüchtig sei, das, was sie liebt, für sich zu beanspruchen? — Der Traum stellt es so dar, daß sie wach werden muß für ihr Potential an Liebe, freudiger Selbstbestätigung, Selbstausdruck und sogar für eine Liebesbeziehung, die möglich wird, wenn sie ihrer Furcht ins Gesicht sieht und Anspruch erhebt auf das, was ihr Herz begehrt. Sie hat aber vor diesem >Abfall< auch Angst. Was für eine Ekstase wurde da weggeworfen oder ausrangiert? Eine Menge Punkte, bei denen man erst einmal abwarten muß und sehen, was passiert.

Die Traumszenerie war unbekannt; da sie jedoch einen Abstieg zu einer anderen Ebene, zu einer unbewußten oder früheren, jetzt verdrängten Bewußtseinsschicht enthielt, wurde die Träumerin gebeten, Assoziationen zu einer früheren Zeit ihres Lebens hervorzubringen, zu der sie die im Traum erlebte Furcht wirklich erfahren hatte. Die Träumerin erinnerte sich daran, durch die >Schweigebehandlung< bestraft worden zu sein, wenn sie ihrer Mutter getrotzt hatte. Sie erinnerte sich auch daran, nächtelang alleine geschluchzt zu haben, bis sie wieder Gnade gefunden hatte. Der Therapeut notierte still für sich die Analogie zwischen der Schweigebehandlung und dem schweigenden, furchterregenden Hauswart und erkannte, daß die Furcht, im Stich gelassen zu werden, und ein strafender Animus innerhalb des Mutterkomplexes sich in das frühe Erleben liebevoll angenommenen Selbstausdrucks hineingedrängt hatten. Nichts davon wurde jedoch ausgesprochen, da die Träumerin dabei war, emotionale Erinnerungen zurückzuholen. Der Rest der Sitzung und die während der nächsten Monate stattfindenden Sitzungen waren der Bearbeitung schmerzhafter Erinnerungen an die Beziehung zu ihrer pflegebedürftigen und kontrollierenden Mutter gewidmet und wurden teilweise von anderen Träumen geleitet, die während dieser Zeit auftraten.

Als die Träumerin viele Monate später anfing, den unwiederbringlichen Verlust zu spüren, den sie im Alter von 18 Jahren erlitten hatte, als sie eine mögliche Karriere als Konzertgeigerin aufgegeben und als >selbstsüchtig und unpraktisch< rationalisiert und abgetan hatte, erinnerte der Therapeut daran, daß der Alptraum zuerst im Alter von 18 Jahren aufgetreten war. Da der Traum damit wiederum relevant geworden war, wurde die Träumerin noch einmal auf ihn aufmerksam gemacht. Für Träumerin und Analytiker eröffnete sich nunmehr eine neue Verständnisebene. Diesmal erkannte die Träumerin, daß sie sich dagegen gewehrt hatte, das zu beanspruchen, was sie liebte, indem sie sich selbst ins Herz schoß und in rebellischer Weise ihre Leidenschaft für Musik durchbohrte, um das Gefühl zu fliehen, diese könnte ihr von der narzißtischen Mutter gestohlen werden. Sie begann zu trauern. Der Therapeut notierte eine weitere Erkenntnis, die sich bei der Besprechung des Traumes und des erinnerten historischen Materials ergeben hatte:

Aus gutem Grund fürchtet sie sich davor, die ekstatische Energie des dunklen Gottes zu empfangen, denn sie war vom mütterlichen Halt abgeschnitten und schnitt sich selbst von dem Gefäß der Kunst ab, in welchem sie diese Energie bewahren und auf kreative Weise ins Leben hätte einbeziehen können. Da ihr keine mütterliche oder kreative Verankerungsmöglichkeit für transpersonale Energien zur Verfügung stand, drohten diese Energien das Gefäß ihres Ich zu überfluten. Weil sie ihren künstlerischen Ausdruck unterdrückt hat, um die Mutter zu kränken und auszuschließen (oder aber als Liebesgabe an die Bindung zur Mutter, wie der Schuß ins Herz vermuten läßt), kann sie angesichts des Transpersonalen nur den Schrecken des Todes erleben. Ohne die Behütetheit eines mütterlichen oder körperlichen Gefäßes, welches die ekstatische Lust unterstützen/aufnehmen könnte, kann sie auch keine sexuelle Leidenschaft annehmen.

Nach vielen Wochen der Verzweiflung und Wut sprach die Träumerin diesen Traum indirekt noch einmal an, indem sie den Wunsch äußerte, sie wäre wirklich gestorben, anstatt ihr Talent abzutöten. Bei der nochmaligen Bearbeitung dieses Traumes in der Analyse wurde ihr klar, daß ihr Leben, wenn sie die einst für die Musik empfundene Leidenschaft zurückgewinnen könnte, in eine neue Richtung gelenkt würde. Mit der Unterdrückung dieser Leidenschaft hatte sie auch ihre Fähigkeit zur Intensität abgelegt, welche ihr jetzt gleichzeitig furchterregend und erstrebenswert erschien. Sie erkannte, daß sie sogar bei der Erinnerung an das Vergnügen, welches das Geigenspiel ihr gebracht hatte, tief erschrocken war. Sie begann zu erkennen, daß die Furcht vor der unvermittelten Ehrfurcht und Ekstase die Ursache dafür war, daß sie sich von ihrem musikalischen Talent abgewandt und mit unverbindlichen Beziehungen begnügt hatte. Im Lauf der nächsten Jahre begann sie die Verantwortung dafür zu übernehmen, ihr Herz den Leiden und Freuden von Eros-Dionysos zu öffnen, als sich diese archetypische Energie in ihren persönlichen Wünschen und Leidenschaften manifestierte. So wurde sie fähig, die Botschaft des wiederholt aufgetretenen Traumes als eine Bereicherung (Hades-Pluto ist auch der Gott der Reichtümer) ihres Lebens zu verwirklichen.

Dieses Beispiel zeigt, daß an einem archetypischen Traum manchmal über mehrere Jahre hinweg gearbeitet werden muß, wobei die Arbeit mitunter langsam vorangehen kann. Jedesmal aber gelangt man tiefer und kommt einem Berührtwerden durch den archetypischen, heilenden Kern eines Komplexes näher.[11] In der klinischen Praxis manifestieren sich allerdings oft Persönliches und Archetypisches gleichzeitig und Seite an Seite in den Träumen einer Nacht. Wie immer gilt es dann, sowohl den ›großen‹ als auch den ›kleinen‹ Themen und Träumen seine Aufmerksamkeit und Sorgfalt zu widmen.

Ein äußerst erfolgreicher Geschäftsmann, der an periodisch auftretenden Anfällen von Depression, Gefühlen der Entfremdung und Leere litt, die sich mit manischen Phasen wütender Erregung und destruktiver Feindseligkeit abwechselten, brachte aus ein und derselben Nacht die folgenden Träume mit:

> Mein Geschäftspartner hat vor langer Zeit Frau und Kinder verlassen, so daß er jetzt Konkurs anmelden muß.

> Die Katze der Familie ist in wütendes Toben verfallen, sie beißt und kratzt nach allem, was ihr in den Weg kommt. Ich spüre, daß das daher rührt, daß ich dem Tier keine Aufmerksamkeit geschenkt habe. Während ich versuche, die Katze zu bändigen, wird sie größer und größer, bis sie Größe und Gestalt einer Löwin erreicht hat. Ich fürchte Gefahr für Leib und Leben, wenn es mir nicht gelingt, sie zu versöhnen, indem ich ihr ihre Rassel zurückgebe.

Die Handlung des ersten Traums bewegt sich im Rahmen des eher Gewöhnlichen, soweit man das von Träumen sagen kann. Jemanden im Stich lassen und Konkurs machen, das sind zwar archetypische Ereignisse, die aber doch als persönliche, alltägliche Begebenheiten eingestuft werden können. Da jedoch die Handlung dieses Traumes in keiner Hinsicht auf wirkliche Ereignisse zutraf und auch nichts mit der Person des wirklichen Geschäftsführers zu tun hatte, war klar, daß der Traum eine allegorische Beschreibung einer auf der Subjektstufe angesiedelten Dynamik lieferte.

Es war erforderlich, die Eigenschaften des Geschäftspartners herauszufinden — und deren Bezug zur Psyche des Träumers —, um erkennen zu können, welche Eigenschaften ihn von einer Verbindung mit dem Weiblichen (Ehefrau) und der Fruchtbarkeit künftiger Entwicklung (Kinder) abgeschnitten und seinen psychologischen Konkurs verursacht hatten, so daß er ohne die Energie, die eine Förderung seines Lebensgeschäfts möglich gemacht hätte, zurückgeblieben war.

Der zweite Traum ist komplizierter. Hier werden wir mit Ereignissen konfrontiert, die rational betrachtet und nach den Begriffen unserer alltäglichen Wirklichkeit unmöglich, mit mythischer und märchenhafter Dynamik aber zu vereinbaren sind. Wir werden also auf ein mythologisch-magisches Motiv aufmerksam gemacht, weshalb wir unsere alltäglichen, rationalen Bewertungsmaßstäbe verändern müssen.

Eine Katze, die sich in eine Löwin verwandeln kann, ist keine gewöhnliche Katze. Im Drama des Traumes geschieht diese Verwandlung, nachdem das Traum-Ich versucht hatte, die Katze zu bändigen. Auf der persönlichen Ebene kann daher eine solche Bändigung, ein Versuch, Disziplin zu halten, oder eine Unterdrückung, als psychologische Ursache der Gestaltveränderung angesehen werden: Die wütende Katze wird mächtiger, wenn sie in Schranken gehalten wird. Der Umstand, daß es überhaupt zu so einer Wandlung kommt, weist auf ein Reich der Märchen und Mythen hin, in dem eine magische Ordnung herrscht. Es ist daher auch eine symbolische, und nicht nur eine metaphorisch/allegorische Betrachtungsweise gefragt.

Was in der gewöhnlichen Wirklichkeit absurd ist, kann in einem bestimmten Mythos oder Märchen möglich sein, Sinn ergeben oder sogar ein hilfreiches oder erforderliches Verhalten darstellen, auch wenn das in einem anderen Mythos oder Märchen nicht der Fall ist. Bei jedem Traumbeispiel müssen wir entscheiden, welche Reaktion und welches Verhalten in der mythologischen Situation, die wir vor uns haben, am ehesten gefragt ist. Ein unbedingtes Muß ist es daher, immer zuerst die Handlung und die Wirkungs- und Zielrichtung der jeweiligen Geschichte zu bestimmen, auf welche sich Traumstruktur und Ereignisse beziehen. Dazu können wir auf zwei Wegen gelangen: durch mythologische Amplifikation und durch Phantasie: aktive oder gelenkte Imagination.[12]

Bei jedem Traum bestimmt sich die Bedeutung eines Bildes danach, was es ›ist‹ und was der Träumer dazu assoziiert.

Metaphorisch oder allegorisch betrachtet, im Sinne von Assoziationen, kann das Bild einer im Traum erscheinenden Katze auf persönliche Erlebnisse mit Katzen hinweisen, auf ein bestimmtes Haustier, auf das die Projektionen des Träumers gefallen sind, oder eine besondere Situation, die mit einer Katze zu tun hatte. Die Katze kann scharfe Krallen haben, sie kann verspielt oder erotisch sein. Sie kann an Großmutters gute Stube erinnern oder an Tom Sawyers Warzenbehandlung.

Der Erklärung nach ist eine Katze ein domestiziertes Tier. Sie repräsentiert somit eine instinkthafte Energie und die Empfindung, ganz eins mit seinem Körper zu sein; diese Energie ist aber verhältnismäßig ›domestiziert‹ und steht in enger Verbindung mit dem Bewußtsein. Darüber hinaus verhält sich die Katze im Gegensatz zu Hund oder Pferd unabhängig, sie bewegt sich geschmeidig, sieht bei Nacht, spielt mit ihrer Beute etc.

Symbolisch betrachtet ist die Katze ein Abbild einer theriomorphen ›göttlichen‹ Macht spontaner Autonomie, die verschlingend und verspielt und ihrer Natur nach fruchtbar und empfänglich ist. Sie steht für eine bestimmte Eigenschaft oder einen Aspekt körperlicher, instinkthafter, transpersonaler Energie.

In diesem Traum läßt sich das Bild der Hauskatze, die sich in eine brüllende Löwin verwandelt, mit den altägyptischen Mythen von Bastet und Sekhmet amplifizieren. Beide galten als Aspekte derselben archetypischen weiblichen Macht. Bastet, die Katzengöttin, war die Göttin der Freude, des Tanzes, der Musik und der Verspieltheit; sie stellte die befruchtende Macht der Sonne dar. Sekhmet, die Löwengöttin, die ›Mächtige‹, wie man sie nannte, symbolisierte die versengende, zerstörerische Macht der Sonne. Im Mythos verwandelt sich ihr Zorn über die Hybris der falschen Priester in einen zügellosen Blutrausch. Hätte Ra, die höchste Sonnenmacht, ihr nicht ein berauschendes Getränk verabreicht, das sie dazu brachte, ›Liebe, nicht Krieg zu machen‹, dann hätte ihr Zorn die ganze Menschheit vernichtet.

Eine Anspielung auf Bastet und Sekhmet ist auch deshalb wahrscheinlich, weil sie in der Assoziation des Träumers zu der Rassel aufgezeigt wird, die er der Katze zurückgeben sollte. Er beschrieb die Rassel als ›etwas, das aussieht wie ein umgedrehtes Hufeisen mit einem Griff‹. Dies ließ ihn an eine Rassel denken, mit der er als kleines Kind gespielt hatte. Der Lärm dieser Rassel, so erinnerte er sich, hatte seine Mutter gestört, und sie hatte ihm erklärt, daß sie sie ihm wegnehmen müsse. Bei alten Statuen finden wir eine solche ›Rassel‹ in der Hand von Bastet. Sie wurde als ›Sistrum‹ bezeichnet und kam bei festlichen Prozessionen mit Musik und Tanz zum Einsatz, welche zu Ehren der Göttin stattfanden.

In diesem Fall fallen also die Assoziationen des Träumers mit der Amplifikation des Therapeuten zusammen; sie scheinen zum gleichen Mythologem zu passen, das somit zur Deutung herangezogen werden kann. Ist dies nicht der Fall, so obliegt es dem Therapeuten, weiterzusuchen. Es wäre völlig unangemessen, wenn der Therapeut einfach das seiner Ansicht nach passende Mythologem heranziehen würde, unabhängig davon, ob die Assoziationen des Träumers damit übereinstimmen oder nicht. Bei einem solchen Vorgehen würde ein fremdes Element in das Material des Träumers eingeschmuggelt.

Wenn die Wirkungsrichtung der Geschichte nicht durch Amplifikation, also durch Verbindung mit einer überlieferten Geschichte oder einem überlieferten Motiv bestimmt werden kann, läßt sich der dramatische Kontext ebensogut durch ›aktive‹ oder ›gelenkte Imagination‹ finden. Bei diesen beiden Techniken wird der Träumer dazu ermutigt, die Traumgeschichte durch Phantasie oder richtiggehende Erfindung zu vollenden. Jede Art des Geschichten-Machens basiert auf unbewußter Aktivität, ungeachtet der bewußten Absicht des Geschichtenerzählers, und dient somit dazu, die Traumgeschichte zu vollenden und die dramatische Absicht des Traumes festzustellen.

In unserem Fall imaginierte der Träumer in seiner Phantasie, daß die Löwin sich wieder in eine Katze zurückverwandelte, sich verspielt auf seinen Schoß kuschelte, schnurrte und spielte, sobald sie ihre Rassel wiederbekommen hatte.

Wir können jetzt eine vorläufige Deutung des mythologischen Motivs versuchen, das uns mit diesem Material bisher vorgelegt worden ist: Katze und Löwin sind ›göttliche‹, also transpersonale Mächte. (Hier fallen sie mit Motiven der ägyptischen Religion zusammen.) Götter werden in theriomorpher, tierischer Gestalt dargestellt, denn jede Tierart galt als Vertreterin einer typischen, transpersonalen Essenz. Diese kommt in der jeweiligen Spezies verhältnismäßig ›rein‹ und damit gottähnlich zum Ausdruck. Man glaubte, daß diese Essenz bei menschlichen Wesen nur teilweise und mit anderen Faktoren vermischt vorhanden sei. Die Katzenmacht oder Katzennatur wird hier als unbeachtet und vernachlässigt dargestellt. (Der Träumer widmete der Katze keine Aufmerksamkeit.) Gemäß den Assoziationen des

Träumers hatte diese zu tun mit Verspieltheit, körperlicher Nähe zu anderen und Freude am eigenen Körper. Die historische Bastet-Gestalt würde ebenfalls auf Freude und Vergnügen hinweisen. Werden sie nicht beachtet, so verwandeln sich diese instinkthaften Bedürfnisse in rachsüchtige, zerstörerische Kräfte, die — im Mythos — die Menschheit zu vernichten drohen, in diesem Fall die Menschlichkeit des Träumers und seine Beziehungen zu anderen Menschen. Unterdrückung und Verleugnung, ebenso wie ›Ich-Inflation‹, können Psychopathologie im Inneren und eine mögliche Katastrophe im Äußeren anziehen. Wenn man aber eine respektvolle Beziehung zu ihr herstellt und ihr gibt, was ihr zusteht — in diesem Falle die Rassel/das Sistrum, das Eigentum der Göttin ist —, kann eine furchterregende Macht besänftigt und sogar in lebensfördernde Energie umgewandelt werden.

Dieser Traum gibt uns einen symbolischen Überblick über das ›Leitmotiv‹, das die gegenwärtige Situation des Träumers, wenn nicht sogar sein ganzes Leben kennzeichnet. Geht man nun nur archetypisch vor, so ist die Deutung nicht spezifisch genug. Bestenfalls bleiben wir mit der Frage zurück, wie und wo die Hybris des Ich zu suchen ist. (Hybris ist in der mythologischen Amplifikation enthalten: Sekhmets Aufgabe war es, die Mißachtung der Götter durch die falschen Priester zu bestrafen.) Schlimmstenfalls kann der Träumer dies als Predigt über abstrakte philosophische oder religiöse Prinzipien aufnehmen. Um den symbolischen Überblick zu ›verankern‹, müssen wir eine Verbindung zu persönlichem Material herstellen, welches uns zeigen kann, bei welchen bestimmten, konkreten Handlungen oder Haltungen es zu einer ›Vernachlässigung der Katze‹ gekommen ist.

Diese *persönliche Verankerung* können wir mit Hilfe jener ›gewöhnlichen‹, persönlichen, nicht archetypischen, allegorischen Träume bewerkstelligen, die mit den archetypischen zusammenfallen, und/oder — wie im vorherigen Beispiel, vgl. S. 118ff — durch persönliche Assoziationen des Träumers zu dem archetypischen Traum. Normalerweise ist es nicht schwer, an solche ›gewöhnlichen‹ Träume heranzukommen. Auf jeden einzigartigen ›großen‹ Traum entfällt gewöhnlich eine Anzahl ›kleiner‹, das heißt persönlicher Träume. Erliegt der Therapeut der Versuchung, diese zugunsten des archetypischen Materials zu vernachlässigen und zu übersehen, so riskiert er den Verlust einer persönlichen Verankerung. Häufig wird es nicht einmal möglich sein, die Relevanz des archetypischen Dramas aus sich heraus zu verstehen, ohne gleichzeitig oder vorher das persönliche Material zu bearbeiten.

Hier wurde der persönliche Traum *zusammen* mit dem archetypischen Traum vorgelegt, und so können wir *nach strukturellen und thematischen Ähnlichkeiten suchen.* Der Konkurs des Geschäftspartners kann als Äquivalent zu der Zerstörung angesehen werden, welche die Löwin angerichtet hatte. Die Assoziationen und Erklärungen, die bezüglich des Geschäftspartners gegeben wurden, ließen ihn als einen Menschen erscheinen, der übermäßig darauf versessen war, geschäftlich und finanziell erfolgreich zu sein und Prestige und Macht zu erlangen. Er wurde aber auch als emotional zurückgezogen, persönlich unzugänglich und als jemand beschrieben, der Spielfreude für frivol hält. Als der Träumer sich im Lichte dieses Spiegelbildes selbst betrachtete, kamen ihm Erinnerungen an seine Kindheit, wo er zu kämpfen hatte, um sich zum Selbstschutz emotional zu verschließen, damit er nicht von den Depressionen und der hysterischen Gewalttätigkeit seiner Mutter überflutet wurde. Er hatte ›Frau und Kinder verlassen‹, zwar nicht wörtlich, wie der Geschäftspartner es im Traum getan hatte, aber metaphorisch, indem er sich weiterhin emotional aus Gefühlsbeziehungen zurückzog. Er fühlte sich einsam und entfremdet. Was seine Gefühle und seine Authentizität anbelangt, war er ›bankrott‹: Da er seine Affekte leugnete, wurde er von seinen manischen Ausbrüchen mitgerissen wie eine wütende Löwin. Als der Sachverhalt in dieser konkreten, persönlichen Weise ausgedrückt wurde, konnte der Träumer die Bedrohung durch die Löwin erkennen, ja sogar erleben, ebenso wie die Notwendigkeit, sie mit einem ›Trank‹ zu besänftigen, der sein gewohntes Bewußtsein verändern und ihm gestatten würde, sich mehr den Emotionen zu öffnen und ihr das Sistrum zurückzugeben — die spielerische Musik des Lebenstanzes, deren er sich beraubt hatte, genauso wie er der Rassel seiner Kindheit beraubt worden war.

Wie im folgenden Beispiel gezeigt wird, kann man eine persönliche Verankerung erreichen, indem man archetypische und persönliche Elemente innerhalb ein und desselben Traumes trennt und dann zueinander in Beziehung setzt.

Eine junge Frau brachte folgenden Traum mit:

> Während ich auf der Straße gehe, überfällt mich ein Ganove und reißt die Geldbörse an sich, die ich bei mir habe. Ich renne ihm nach, jetzt über Felder, Berg und Tal; aber obwohl der Mann äu-

ßerst langsam geht, kann ich ihn immer weniger einholen, je schneller ich laufe.

Das Motiv, sich nicht wirksam genug bewegen zu können und trotz äußerster Anstrengung entweder jemanden nicht einholen oder nicht vor ihm fliehen zu können, tritt in Alpträumen ziemlich häufig auf. Es steht für ein Gefühl furchterregender Erfolglosigkeit oder Hilflosigkeit.

Die Sprache, die bei diesem Traum die Handlung mit dem Ausdruck ›über Berg und Tal‹ versieht, läßt sofort eine Märchenstimmung aufkommen. Aber auch ohne dieses Detail verweist das Magische, das in der paradoxen Diskrepanz liegt, einen langsamen Fußgänger nicht einholen zu können, obwohl man schneller läuft als er, auf ein symbolisches Motiv. Es handelt sich um ein wohlbekanntes, in vielen Mythologien auftauchendes Motiv. Eine Geschichte, die dem Traum genau entspricht und ihn daher amplifiziert, ist die walisische Erzählung von Pwyll, dem Prinzen von Dyved. Darin beobachtet der Prinz eine unbekannte Dame, die auf einem schneeweißen Pferd vorbeireitet, ›angetan mit einem schimmernden goldenen Kleid‹. Zunächst sendet er andere nach ihr aus, dann versucht er selbst, sie zu verfolgen, aber ›je schneller er wurde, um so ferner war sie ihm‹. Erst nachdem er mehrmals vergeblich versucht hat, sie einzuholen, spricht er sie an und bittet sie, auf ihn zu warten. Sie antwortet ihm: ›Gerne werde ich warten, für Euer Pferd aber wäre es besser gewesen, hättet Ihr schon vordem darum gebeten.‹[13]

Die stille Vermutung, daß der Räuber eine potentiell hilfreiche, transpersonale Gestalt sein könnte, ergab sich für den Therapeuten als Ergebnis seiner Amplifikation. Er hatte *Das Mabinogi* gelesen — die Träumerin nicht. Dieser Umstand schließt die Gültigkeit der Amplifikation nicht aus. Ein Traum, der wie der vorliegende aus einer Raum/Zeit und persönliches Verständnis transzendierenden Dimension heraus wirkt, verwendet in der Regel Fakten und Motive, die das gegenwärtige Verständnis des Träumers (manchmal auch das des Therapeuten) übersteigen. Die Vermutungen, Assoziationen und selbst die Amplifikationen, die der Therapeut wählt, können allerdings auch auf seine eigene Psychologie zutreffen. Es darf nie als selbstverständlich angenommen werden, daß sie in jedem Fall zum Träumer passen, solange sich dies nicht bei der Bearbeitung des Traumes bestätigt.

In diesem Traum wird ebenso wie in dem vorausgegangenen Beispiel eine suprapersonale Macht angezeigt, eine Macht, die sich nicht durch willentliche Anstrengung des Ich ›fangen‹ oder zwingen läßt, sondern die angesprochen werden will und zu der man voller Respekt in Beziehung treten muß. Das könnte man als allgemeine Bedeutung des archetypischen Motivs im Traum bezeichnen. Was aber fangen wir mit der Tatsache an, daß die ›göttliche‹ oder transpersonale Energie sich gerade in einem Ganoven manifestiert, der Geldbörsen klaut? Und inwiefern kann dies für die Psychologie der Träumerin relevant sein?

Es bedarf der Assoziation, Erklärung und weiterer Amplifikation, um diese entscheidenden Fragen beantworten zu können. Zunächst einmal: Was verbirgt sich in dem Bild der entrissenen Geldbörse? Die Träumerin beschrieb sie als ihre Brieftasche. Der Erklärung nach ist eine Brieftasche ein Behältnis für wichtige persönliche Habe — im Falle dieser Träumerin (dessen muß man sich immer versichern) für Ausweispapiere, Geld und Kreditkarten. In die psychologische Sprache übersetzt, können wir diese Brieftasche als allegorische Darstellung eines Behältnisses für ihr persönliches Identitätsgefühl (Ausweispapiere), die ihr zur Verfügung stehende Energie oder Libido (Geld) und ihren potentiellen psychologischen Wert und/oder ihre Glaubwürdigkeit in der Welt (Kreditkarten) betrachten. Nichts Geringeres als ihr persönliches Gefühl, sie selbst zu sein, ihre Identität, ihr Selbstvertrauen und ihre Fähigkeiten werden hier im Traum als gestohlen dargestellt.

Was in ihrer Psychologie benimmt sich als Dieb? Um das herauszufinden, müssen Gestalt und Handlung ›verankert‹ werden — das heißt in persönlichen, psychologischen Ausdrücken verstanden und gefühlt werden. Die Gestalt war der Träumerin unbekannt.

Sie wollte die Szene sogleich nachspielen, wie sie es in der Gestalt-Übungsgruppe gelernt hatte. Ihre beharrliche und eilige Art — eine Wiederholung ihres Verhaltens aus früheren Sitzungen — erachtete der Therapeut als für die Traumbotschaft relevant. Dies würde später dazu dienen können, der Träumerin die Botschaft bewußt zu machen. Da der Therapeut auf der anderen Seite um den möglichen Wert von Spiel und Phantasie wußte, wenn es darum geht, festzustellen, ob Amplifikationen und auch Deutungen relevant und gültig sind oder nicht, hielt er die imaginative Methode hier für hilfreich. Auch ist in diesem Fall der Traum verhältnismäßig unabgeschlossen. Es gibt keine Lysis. (Siehe Kapitel 7, Die dramatische Struktur.) Wie wir gesehen haben, läßt sich die wache Imagination dafür einsetzen, Träume fortzuführen, die sonst unvollendet blieben.

Der Therapeut schlug allerdings vor, den rennenden Räuber anzusprechen, anstatt ihn zu verfolgen.[14] Als die Frau dem Räuber ›Halt, halt!‹ nachrief, hatte sie das Gefühl, als würde nichts geschehen. Ebenso frustriert, wie sie es im Traum gewesen war, wurde sie ungeduldig und zunehmend lauter. Dann wurde sie ruhig, schaute den Therapeuten an und erwartete, daß er eingreifen würde. Als sie über diese Sackgasse sprachen, in der sich lediglich die Traumhandlung wiederholte, wies der Therapeut auf ihren gebieterischen und ungeduldigen Ton hin. Die Träumerin hatte einige Schwierigkeiten, eine Alternative zu finden. Schließlich gelang es ihr zu sagen: ›Würden Sie bitte stehenbleiben. Ich brauche diese Geldbörse wirklich. Sie gehört Ihnen nicht, also geben Sie sie mir zurück. Bitte.‹ Daraufhin drehte sich der Dieb in ihrer aktiven Imagination um. Er kam ihr jetzt wie ein Professor aus ihren College-Tagen vor, und sie hörte ihn in ihrer Vorstellung sagen: ›Nur keine Aufregung; du hast viel zu lernen.‹ Als sie fragte, ob er ihr die Geldbörse zurückgeben würde, sagte er nur geheimnisvoll: ›Gehe mit mir, und du wirst bekommen, was du brauchst.‹

Um mehr über die Gestalt herauszufinden, mit der sie mitgehen sollte, waren Assoziationen nötig. Der College-Professor für Literatur (der sich zeigte, als sie den Ganoven ansprach) war, wie die Träumerin sagte, ›wirklich inspirierend‹. Diese Umwandlung in eine positive Gestalt paßt zur mythologischen Amplifikation, bedarf aber noch weiterer persönlicher Verankerung. Der Therapeut fragte, was an ihm inspirierend war. Die Träumerin erinnerte sich an seine dichterische Vorstellungskraft, sein Gespür für bedächtige Stärke und sein ruhiges, bestimmtes Selbstvertrauen. Er schien zu wissen, was er wollte und wie er das Beste aus seinen Schülern herausholen konnte; und, so vermutete sie, auch aus dem Leben. Er war stark; aber diese Stärke war gepaart mit einer ruhigen, bescheidenen, äußerst feinfühligen und verständnisvollen Anpassung an Menschen und Situationen.

Unwichtig ist, daß ihre Sicht dieses Mannes vielleicht in hohem Maße idealisierend oder gar unrealistisch war. Als ihre Assoziation zu der Gestalt zeigt diese Sicht ihre Projektion eines unbewußten Potentials auf den Professor auf und weist uns auf die ambivalenten Eigenschaften der Teilpersönlichkeit hin, die sich in dem Ganoven wiederfindet, der ihr Selbstsein und ihr Eigenpotential so lange von ihr fernhält, wie sie ihn aktiv und voller Verzweiflung ›verfolgt‹. Wenn sich die Träumerin auch von jemandem beraubt fühlt, den sie zuerst negativ, nämlich als Ganoven einstuft, so stellt sich schließlich doch heraus, daß es sich um eine Lehrergestalt handelt. Die Traumbotschaft drängt die Träumerin, zu einer neuen Einschätzung zu kommen und von der einfühlsamen, starken und besonnenen Art des Lehrers zu lernen. Dann wird sie sich nicht mehr ihrer gewohnten defensiven und eigensinnigen Art, loszustürmen, um die Kontrolle zu erlangen, beraubt fühlen, sondern wird ihre Brieftasche und alles, was diese symbolisiert, zurückhalten — und zwar potentiell umgeformt.

Zur zusätzlichen Klärung ist es wichtig, sich jetzt dem zuzuwenden, was routinemäßig zu Beginn jeder Traumarbeit untersucht werden sollte, nämlich der Exposition. (Siehe Kapitel 7, Die dramatische Struktur.) Die Träumerin wurde gebeten, den Ort zu beschreiben, an dem der Traum seinen Anfang nahm: Was für eine Straße war das, und welche Assoziationen hatte sie zu dieser Straße? Es stellte sich heraus, daß es die Straße war, die zu ihrer gegenwärtigen Arbeitsstelle führte — metaphorisch gesehen, der Zugang zu ihrer Lebensaufgabe. Ihre Assoziationen führten sie zu ihrer getriebenen, ehrgeizigen Haltung und ihrer Angst, sie müsse immerzu Willenskraft, Druck und politische Schachzüge anwenden, um ihre chronisch ungesicherte Position in Arbeit und Beziehungen abstützen zu können. Diese ängstliche, zwanghafte und manische Art konnte daraufhin näher untersucht werden, indem das Augenmerk auf Kindheitsereignisse und deren Auswirkungen auf das gegenwärtige Verhalten der Träumerin in bezug auf den Analytiker und die Therapie gerichtet wurde.

Bei der Traumbearbeitung hatte sich der Analytiker im stillen immer wieder über die Implikationen des Bildes hinsichtlich der Übertragung Gedanken gemacht. Gab es in der letzten Sitzung etwas, das wie eine Diebstahlserfahrung empfunden werden konnte? Wurde etwas auf den Therapeuten oder den Therapieprozeß projiziert, das die Träumerin ihres gewohnten Identitätsgefühls und ihrer Energiereserven beraubte? Wenn die Amplifikation auch besagte, daß dies positiv sein und eine mögliche Begegnung mit einer transpersonalen Gestalt oder einer Gestalt des Selbst bedeuten könnte, so galt es doch auch, sich Fragen zu stellen wie etwa der Idealisierung des Therapeuten als Träger der Projektion oder der Frustration hinsichtlich des therapeutischen Prozesses, damit diese bewußt gemacht werden könnten. Der Therapeut erinnerte sich daran, daß die Analysandin in der vorausgegangenen Sitzung in ganz dringlicher Weise über ihre gegenwärtige Beziehung gesprochen und einen Rat gesucht hatte, der sich sofort umsetzen ließe. Als dem mit Gedanken und Deutungen hinsichtlich ihrer Art begegnet wurde, zwanghaft und ängstlich loszustürmen, um die Probleme auf der praktischen Ebene zu lösen, war die Analysandin in eine Art deprimiertes Schweigen verfallen. Der Traum folgte dieser Interaktion als Kommentar des Lenkenden Selbst zum transpersonalen Lebensprozeß (die Gestalt der Pferdegöttin in *Das Mabinogi*), da dieser Prozeß sich auch in der Therapie manifestiert. Der Traum regt zur weiteren Erkundung der Gefühle der Träumerin nach der Begegnung in der vorausgegangenen Sitzung an, kleidet sie in Bilder aus einem mythischen Kontext — und stellt sie als ein Lebensproblem dar, das weit größer ist als die therapeutische Beziehung, sich aber auch in dieser manifestiert.

Die Schlußfolgerungen, die sich aus den Implikationen des Traumes für die Übertragung auf persönlicher und auf archetypischer Ebene ergeben, sollten zu guter Letzt noch mit Hilfe anderer Methoden nachgeprüft werden, wie Nachspielen, gelenkter oder aktiver Imagination oder anderer sorgfältiger Arbeit, die darauf abzielt, Assoziationen, Erklärungen oder Amplifikationen zu finden, um die symbolischen und allegorischen Traumbilder verankern zu können. Im günstigsten Fall, wie in diesem Beispiel, werden alle Wege ineinander münden und dem Träumer und dem Analytiker die gleiche Grundbotschaft über den therapeutischen Prozeß des Analysanden vermitteln, wie er im gegenwärtigen Feld konstelliert ist.

Da die Szenerie des Traumes das Problem in ihren Zugang zur Arbeit verlegt, besteht in erster Linie ein Bezug zu ihrem Arbeitsstil und ihrer fixen Idee, willentliche, aktive Arbeit leisten zu müssen, was sie als Lebensstil pflegt. Dem gilt es als erstes nachzugehen. Danach kann das Problem auf die Übertragung bezogen werden. Wäre die Szenerie eine metaphorische Beschreibung des therapeutischen Prozesses gewesen (siehe Kapitel 12: Träume von Therapie und Therapeut), so hätte man in umgekehrter Reihenfolge weitermachen müssen. Denn es ist in jedem Fall äußerst hilfreich, das Problem dort anzugehen, wo der Traum es ansiedelt. Im Falle dieser Träumerin waren anfängliche Deutungen hinsichtlich der Übertragung wegen ihrer obsessiven Abwehr gegen Beziehungen weniger annehmbar, auch wenn sie dem Therapeuten sogleich in den Sinn kamen.

Jetzt sind wir in der Lage, alle Teilinformationen zu einer kohärenten Deutung zusammenzufassen. Die Botschaft des Traumes — eine Einheit aus persönlichen Assoziationen und spielerischen Darstellungen, Erklärungen und mythologischer Amplifikation — könnte sich für den Therapeuten jetzt so darstellen:

Durch Ihre Haltung gegenüber Leben und Arbeit — die darin besteht, immer Pläne zu schmieden und zu versuchen, vorwärtszudrängen — werden Sie Ihrer wahren Identität, Ihres Eigenpotentials und Ihrer Lebensenergie beraubt. Ihre Fähigkeit zu bestimmtem Handeln und Auftreten wendet sich gegen Sie, und Sie können das, was Ihnen gehört, nicht nutzen. Anstatt zu rennen und zu drängen, müssen Sie einen bewußten Bezug zu dem herstellen, was in Ihnen ist, indem Sie es ›ansprechen‹ und kennenlernen. Wenn Sie, anstatt zu rennen und zu drängen, um das zurückzubekommen, was Sie verloren haben, eine menschliche Beziehung zu dem Dieb herstellen, werden Sie entdecken, daß er ein Lehrer ist. Sie entdecken, was er Sie lehren kann, indem Sie mit der Lehrergestalt mitgehen, anstatt ihr hinterherzurennen. Die Gestalt verfügt über die Eigenschaften, die Sie bei Ihrem Professor beeindruckt haben — Eigenschaften wie Einfühlsamkeit, Empfänglichkeit, dichterische Inspiration und auch eine andersartige Stärke. Diese Eigenschaften können Sie lehren, sich dem entsprechenden Potential in Ihnen selbst zu öffnen, wenn Sie das Vertrauen aufbringen, mit diesem neuen Verhaltensstil mitzugehen und zu experimentieren.

Eine ähnliche Botschaft hätte natürlich auch in einem gewöhnlichen, persönlichen Traum gegeben werden können. Wir können unterstellen, daß sie sich hier in archetypische, mythisch-symbolische Begriffe kleidete, weil es sich um ein wesentliches und umfassendes Lebensthema handelt, ein ›karmisches‹ Problem, das im gegenwärtigen psychologischen und spirituellen Kontext der Träumerin noch nicht hinreichend beachtet wird und vielleicht auch vom Analytiker nicht genügend gesehen wird. Dieser eine Traum enthüllt ein Lebensmuster, welches in seiner Bedeutung über das gegenwärtige Thema der Arbeit, das die Träumerin hierzu assoziierte, hinausgeht. Es strukturiert ihre Beziehung zu ihrem Partner (das Thema der vorausgegangenen Sitzung) und zum analytischen Prozeß (was sich in ihrem Verhalten vor, während und nach dem Nachspielen und in ihrer noch unbewußten, negativen Reaktion auf die nachdenkliche Art des Analytikers zeigte). Die archetypischen Elemente des Traumes weisen darüber hinaus auf die heilsamen Verbindungsstrukturen zwischen dem Ich und dem Lenkenden Selbst, dem Persönlichen und dem Transpersonalen hin, welche den Hintergrund bilden, vor dem die fehlkonstellierten Komplexelemente bei der Träumerin zu sehen sind. Der hinter dem Traum stehende

Mythos enthüllt eine ganzheitliche Struktur, die Krankheit und Konditionierung vorgelagert ist und Unterstützung und Lysis im Lebensdrama der Träumerin bringen kann.

Wie und in welchen Teilen diese Botschaft der Träumerin übermittelt werden soll, ist eine Frage, die selbstverständlich wie immer von der Ausrichtung und der klinischen Beurteilung des Therapeuten abhängt.

Manchmal kommt es vor, daß Träume, die in historischer Umgebung spielen, sich — wenn sie in Zusammenhang mit einer gegenwärtigen ›Sackgasse‹ und mit Kindheitsverletzungen bearbeitet und durch Phantasie oder gelenkte Imagination amplifiziert werden — als ein Geflecht entfalten, in welchem Elemente enthalten sind, die als Erinnerungen an ein vergangenes Leben empfunden werden. Solche Erfahrungen führen oft zu mächtigen Affektentladungen. In diesen Fällen sollte das Gefühl des Träumers, eine Erinnerung an ein vergangenes Leben zu haben, respektiert werden. Es ist aber ebenso wichtig, daß das Material mit der gegenwärtigen psychologischen/existentiellen Situation des Träumers in Verbindung bleibt und auch allegorisch und/oder symbolisch verstanden wird.

Eine Psychiaterin mit Autoritätsproblemen, die schwer phobisch, manchmal fast paranoid waren, träumte:

> Ich befinde mich in Spanien, an einem Ort, der wie ein Kerker aussieht. Dort sind schwarzgekleidete Männer. Ich habe furchtbare Angst.

Bei der früheren therapeutischen Arbeit war ihr Autoritätsproblem in Zusammenhang mit Erinnerungen an einen dominanten Vater und ihrer späteren Erfahrung mit Professoren, die sie an der Medizinischen Fakultät mit einer Mischung aus Gönnerhaftigkeit und Frauenfeindlichkeit behandelt hatten, angegangen worden. Nach dem Traum wurde sie aufgefordert, sich auf die Szenerie und auf ihre extreme Angst zu konzentrieren. Was auftauchte, war eine entsetzensschwangere Phantasie-›Erinnerung‹ daran, in einem spanischen Inquisitionsgefängnis unter Folter befragt und getötet worden zu sein. Die Flut von Entsetzen und Verzweiflung, die bei der Bearbeitung dieses Materials freigesetzt werden konnte, diente als mächtige Abreaktion. Als sie gewahr wurde, daß sie gegenwärtig jeder Autoritätsgestalt wie einem furcherregenden Inquisitor begegnete, konnte sie auch ihre Phobie besser verstehen und wurde dadurch fähiger, sich von deren Zugriff auf ihre jetzigen Lebensbeziehungen zu disidentifizieren.

DER UMGANG MIT MYTHOLOGISCHEN MOTIVEN

Um mit den mythologischen Aspekten archetypischen Materials umgehen zu können, sind immer mehrere Schritte erforderlich.

Zunächst muß das Mythologem als solches erkannt werden. Das ist nicht immer einfach, denn die mythologischen *dramatis personae* erscheinen nicht notwendigerweise in ihren historischen Kostümen oder in genau den Geschichten, in denen wir sie in der Schule oder bei unserer Lektüre kennengelernt haben. Gewöhnlich zeigen sie sich in einem Fragment oder einer Variation ihres Themas und/oder in einem zeitgenössischen Bezugsrahmen. So wurde ein Träumer beispielsweise von einem Elektriker gewarnt, daß er versehentlich durch ein Hochspannungskabel getötet werden könnte, wenn er nicht aufhörte, sich hier herumzutreiben. Das war seine symbolische Begegnung mit dem transpersonalen Herrn des Donnerkeils und Herrscher über die Energien, Zeus. Ein ›eindrucksvoller Elektrohandwerker‹ sprach zu ihm, nicht der bärtige griechische Gott des Praxiteles. Sekhmet erschien als wütende Löwin. Cupido könnte mit einem Gewehr schießen. Die Versuchung durch den Teufel könnte als Begegnung mit einem hinterlistigen und betrügerischen Superverkäufer oder einer Arbeitsvermittlungsagentur inszeniert werden. Und der siegreiche Sonnenheld, der von den dunklen Mächten des Bösen bedroht wird, könnte als Superman oder J. F. Kennedy auftreten. Krishna, der Wagenlenker aus der *Bhagavad Gita* (der den Helden in die Schlacht fährt, in welcher dieser mit seinem Gewissen ringen muß, um seinen Standort im Wirken des Schicksals anerkennen zu können), könnte ein weiser Chauffeur sein. Der Bau eines neuen Appartmenthauses kann mit der Erschaffung einer neuen Welt zu tun haben. Die schwierige Suche nach einem verborgenen Schatz könnte den Träumer in ein schäbiges Ford T-Modell versetzen, mit dem er einen Geigerzähler durch die Wüste von Arizona schleppt.

Diese mythologischen Motive müssen von den sozialen, politischen, historischen und kulturellen Bürden befreit werden, die sie in der Vergangenheit trugen, und in ihren manchmal verkürzten oder gar verzerrten zeitgenössischen Analogien erkannt werden. Das erfordert eine ausreichende Vertrautheit mit den Hauptthemen der mythologischen Traditionen der verschiedenen kulturellen Epochen und Zyklen sowie Kenntnisse in vergleichender Religionskunde und Anthropologie.

Zum zweiten erfordert der Umgang mit mythologischem Material psychologisches Verständnis für die entsprechenden traditionellen symbolischen Sinnzusammenhänge. Denn bei der Amplifikationsmethode entspricht das Feld traditioneller Bedeutungen der Erklärung auf der persönlichen Ebene. So wird der Sonnenheld einen Bezug zu einem Aspekt des bewußten Strebens und/oder eines befruchtenden Vaterprinzips aufweisen. Tod deutet üblicherweise auf einen Zusammenhang mit der Auflösung bestehender Muster und/oder der Transformation durch eine Begegnung mit vorher nicht wahrgenommenen archetypischen Energien hin. Eine lunare Symbolik bedeutet in der Regel Yin, Gefühl und eine Betonung von Empfänglichkeit, gleichgültig, ob sie in den Träumen eines Mannes oder einer Frau auftritt, aber es ist auch zu denken an den trockenen, schwerelosen Satelliten der Erde, an lunare Rhythmen, an Mondsüchtigkeit und den alten Mond-Segler-Gott Noah-Sin[15] etc. Jedes Symbol hat eine große Bandbreite möglicher Kollektivbedeutungen, und es ist sowohl Vertrautheit mit ihnen als auch psychologische Reflexionsarbeit nötig, um die relevante traditionelle Bedeutung dem gegenwärtigen, besonderen Ausdruck in einem modernen Traum annähern zu können.

Zum dritten bedarf es imaginativen Geschicks, um solch allgemeine Bedeutungen mittels persönlicher Assoziationen und Erklärungen des Träumers an dessen besondere Situation anpassen zu können. Der Teufel kann sich auf einen unterdrückten, ›teuflischen‹ Stoff beziehen, der ausgleichend und versöhnend wirken könnte, er kann aber auch Verführer sein, Lichtbringer (Luzifer) oder Verderber. Gemäß den Assoziationen eines bestimmten Patienten, die sich vielleicht auf Goethes *Faust* beziehen, kann er eine Versuchung darstellen, auf die man sich einlassen muß, damit das Leben sich erneuert. Wie wir oben gesehen haben, ist das Verknüpfen von symbolischer Bedeutung und persönlichem Kontext Teil der psychotherapeutischen Kunst. Dazu muß man sich in archetypische und persönliche Dimensionen und in deren Verwobenheit und Schnittpunkte einfühlen können.

Eine Frau träumte beispielsweise:

> Ein paar Männer töten eine Hirschkuh. Mein Vater ist aufgebracht und möchte meine Hilfe. Dann sind die Männer hinter mir her. Ich verwandle mich in einen Jungen.

Hier haben wir das Motiv der Iphigenie[16], der Tochter des Königs Agamemnon. Als seine Männer Artemis beleidigten, indem sie eine ihrer heiligen Hirschkühe töteten, ließ die Göttin die Winde stillstehen; so konnte die griechische Flotte nicht zur heldenhaften Eroberung Trojas auslaufen. Um die Göttin geneigt zu machen und wieder guten Wind für die Reise zu gewinnen, verfügte Agamemnon, daß Iphigenie getötet werden sollte. Im Augenblick des Opfers trug Artemis das Mädchen fort nach Tauris als ihre Priesterin.

Der Traum präsentiert Elemente des griechischen Mythos, jedoch mit einem anderen Ausgang. Im Traum gibt es keine Weihe für die Göttin. Das Traum-Ich identifiziert sich vielmehr mit dem Aggressor und verwirft seine weibliche Identität, um der Bedrohung durch einen kontrollierenden, eigenwilligen Vater zu entkommen. War eine solche maskuline Identifikation zunächst auch für das psychologische Überleben der Träumerin hilfreich, so wurde sie doch in ihrem Erwachsenenleben zum Problem, und durch den Traum wurde sie als Problem in die Therapie eingebracht.

BESONDERE MOTIVE

Es gibt bestimmte Grundthemen, die sich auf das Leben als Prozeß mit bestimmten Stationen und Durchgängen beziehen. Diese treten häufig in Träumen auf, wenn die gesamte Lebensorientierung des Träumers präsentiert oder neu präsentiert wird. Zu ihnen zählen das Motiv des Weltspiels, das Leben als Spiel, die Reise oder Straße, der Fluß, das Überqueren eines Gewässers über eine Brücke, durch eine Furt oder in einem Boot, alchemistische und biologische Transformationen, Tanz oder Ritual sowie Themen des Berufs und der Berufung, der Aufgabenzuteilung oder des Haushalts etc. Diese Motive scheinen dann aufzutauchen, wenn es um Probleme bei den vom Schicksal aufgegebenen Kämpfen geht, die damit zu tun haben, daß man sich angemessen vorbereitet, sich verpflichtet oder bindet, zu einer Entscheidung fähig und dazu in der Lage ist, sich mit voller, zielgerichteter Ich-Beteiligung auf etwas einzulassen.

Andere große Themen, um die herum wir unsere individuellen Mythologien kreieren/entdecken, sind solche, die sich auf die archetypischen Rhythmen und Entwicklungen im Rahmen unserer körperlichen Existenz beziehen. Die kindliche Entwicklung und die Lebensstationen des Geborenwerdens, Atmens, Berührens, Gehalten- und Gefüttertwerdens, des Zähnebekommens und -verlierens, des Heranreifens, Trennens, Vereinigens, der Elternschaft, des Sterbens und Wiedergeborenwerdens etc., all diese Themen markieren den Pulsschlag von Veränderung und Transformation. Sie sind die dramatischen Schrittmacher unserer Lebensdramen. In diesen archetypischen Erfahrungen, ebenso wie in unseren Träumen, Phantasien oder Visionen von solchen Erfahrungen, verschmelzen die symbolischen und die transzendenten Dimensionen mit dem Persönlich-Biographischen und führen zu diesem hin.

Aus Platzgründen können nur einige dieser Grundmotive erörtert und beispielhaft dargestellt werden. Der Leser sei im übrigen auf die existierende umfangreiche Literatur über mythologische und archetypische Symbolik verwiesen.

DAS SPIEL DES LEBENS

Das Drama bildet im besten Falle das ritualisierte ›So ist es eben‹ des Lebens ab. Daher rühren seine kathartische Wirkung und seine Anziehungskraft in allen Zeitaltern, von der Antike an, als es die Handlungen der Götter oder Schicksalsmächte darstellte, bis zu den heutigen säkularisierten Stücken, Filmen und Fernsehproduktionen. Sie alle zeigen den Archetypus des Lebens, indem sie es mit einer Show, einem Schauspiel oder einem Traum der Gottheit vergleichen/gleichsetzen, mit einer Aufführung eines göttlich festgesetzten Dramas.

Das Motiv des Lebenstheaters (die griechische Wurzel *theatron* stand für die Bühne, auf der das Publikum Zeuge des Schauspiels der Götter und Göttinnen, der kreativen und destruktiven Lebenkräfte wurde) ist ein archetypisches Ritual. In Träumen kann das Traum-Ich als Darsteller in einem Stück, Tanz oder Konzert, als Zuschauer solcher Veranstaltungen in einem Theater oder Kino oder beim Fernsehen, Radiohören etc. gezeigt werden. Das Traum-Ich kann das Geschehen aus zunehmendem Abstand beobachten, weit entfernt von einer unmittelbaren Teilnahme an der schicksalhaften Handlung, und/oder es kann einer kollektiven oder privaten Zuschauerschaft dieser Handlung angehören oder ein leidenschaftlich betroffener Zeuge sein. Nimmt es als Schauspieler an dem Spiel teil, so deutet dies auf eine bewußtere, aktive Rolle im Lebensdrama. Ist das

Thema jedoch negativ dargestellt (d. h. wird die bewußte Identifikation des Träumers mit einer Rolle wiederholt), so kann dies andeuten, daß der Träumer eine stereotype Rolle ausagiert oder spielt.

Tritt in einem Traum das Theatermotiv auf, ›eine Vorführung zu beobachten‹ — sei es, daß man einen Film, ein Schauspiel oder eine Fernsehshow sieht oder daß man träumt, einen Traum zu träumen (Traum im Traum) —, so wird ein großes, umfassendes Lebensthema präsentiert. Der Träumer wird mit einem dominanten Zug seines gesamten Lebensmusters konfrontiert. Die Botschaft lautet: Darum geht es in deiner ›Show‹, in deinem Leben. Sich wiederholende Kindheitsträume, an die man sich intensiv erinnern kann, haben die gleiche Bedeutung.

Was immer bei diesen Vorstellungen gespielt wird, zu sehen oder zu hören ist, weist uns auf die Leitmotive unseres Lebens — oder doch zumindest der Lebenssituation hin, in der wir uns zu dem Zeitpunkt befinden, zu dem wir diesen Traum träumen. Ein Traum, der in einem Traum geträumt wird, weist entsprechend auf ein verborgenes, aber entscheidend wichtiges Thema hin, ein Thema von archetypischer, existentieller Bedeutung.

Als Beispiel hierfür kann der Traum einer Frau in mittleren Jahren dienen:

> Ich sehe einen Film, der immer weiterläuft, der immer wieder endet und neu beginnt. Man sieht den Film immer wieder, gleichgültig, wann man hineingeht. Er handelt von Richard Burton, der viele Frauen ruiniert hat. Im Film gehe ich jetzt mit ihm in den Getreidespeicher. Wir sollen unter dem Getreide begraben werden, aber ich springe heraus, nehme ihn an der Hand und gehe nach draußen, und die Handlung beginnt wieder und immer wieder von vorne.

Der fundamentale, existentielle Charakter dessen, was der Traum aufdeckt, wird hier durch die Wiederholungen unterstrichen. Die Traumhandlung scheint zu implizieren, daß die Weigerung der Träumerin, sich mit der Gestalt Richard Burton unter dem Getreide begraben zu lassen, immer wieder in eine nicht enden wollende Sackgasse führt.

Zu Richard Burton assoziierte sie eine Rolle des Schauspielers in einem Film, den sie gesehen hatte und in welchem er ihr als ›grausamer Mann, abgeschnitten von seinen Gefühlen‹ erschienen war. Als sie gebeten wurde, sich sich selbst in dem Zustand oder der Stimmung vorzustellen, die sie ihm tendenziell zuschrieb, drückte sie sich etwa so aus: ›Alle sind gegen mich. Es sind alles Schufte. Ich kann keinem vertrauen, nur mir selbst. Also tue ich, was mir paßt oder nützt.‹

Diese Haltung, so impliziert der Traum, hat viele Frauen ruiniert. Wir könnten das so deuten, daß diese Haltung sie immer wieder und in vielen Situationen als Frau ruiniert hat. In der Tat hatten ihre Neigung, sich als Opfer zu fühlen, und ihr düster grollender, paranoider Zynismus ihr schon viele Gelegenheiten verdorben.

Zu dem Getreidespeicher fanden sich keine persönlichen Assoziationen. Die Amplifikation, die der Therapeut im stillen für den Getreidespeicher gefunden hatte, war der Ort, an dem sich der Jahreskönig regelmäßig in Vertretung des Stammesgottes als Opfer hingab. Er wurde getötet/unter dem Getreide begraben, um das Wachstum der neuen Feldfrüchte zu gewährleisten. Der Tod des Alten und Abgenutzten galt als spirituell/magisch notwendiges Opfer, um neues Leben hervorbringen zu können.

Wenn die Träumerin ihre abgenutzte ›Burton‹-Haltung nicht aufgibt, bleibt sie in einem sich stereotyp wiederholenden Zyklus gefangen, der es ihrem Leben verwehrt, neue Bedeutung zu erfahren/finden. Ein solches Aufgeben wäre wie ein Opfer. Für die Träumerin, die so stark mit der Burton-Haltung identifiziert war, fühlte sich das an, als stürbe sie selbst zusammen mit dieser Burton-Haltung. Ihr Identitätsgefühl wurzelte in dieser frühen und frühreifen Abwehrhaltung, die ihr das Überleben angesichts der Härten einer mißbrauchten Kindheit ermöglicht hatte. Sie kann es deshalb nicht über sich bringen, diese Haltung aufzugeben, weil sie das als Aufgabe ihrer selbst und ihrer Kindheit mitsamt deren Abwehrmechanismen und endlosen Hoffnungen auf Wiedergutmachung empfinden würde. Das Opfer kann daher nicht gebracht werden, es werden viele Gelegenheiten versäumt, und sie bleibt in der Sackgasse: Die Show geht in endloser Wiederholung weiter — bis sie dieser grundsätzlichen Herausforderung ihres Lebensschicksals begegnen kann.

GEBURT

Die Geburt stellt die Erstinkarnation unseres Lebensthemas dar. Wie Experimente mit LSD gezeigt haben[17], schließt das Geburtserlebnis häufig ein

Gefühl des Sterbens, eine Todesdrohung oder eine Empfindung mit ein, die man als Erinnerung an vergangene Leben und Tode erfährt. Der Übergang von der intrauterinen Existenz zum Einsetzen der Geburt wird gewöhnlich als Übergang aus einer verhältnismäßig ungestörten kosmischen Einheit zu einem Verschlungenwerden von einem geschlossenen System erfahren, mit der Erfahrung von ›es gibt keinen Ausgang‹ oder von Hölle. Das Vorwärtsgetriebenwerden durch den Geburtskanal findet seine Analogie in dem Gefühl, in einen Kampf zwischen Tod und Wiedergeburt verstrickt zu sein, verbunden mit ekstatischen Gefühlen von Aggression, Schlacht, feurigen Eruptionen, Blutorgien, Tod und sexueller Erregung mit sadomasochistischen Bildern. Das Ankommen am Ende des Geburtskanals ist analog sowohl zu Tod als auch zu Erlösung und Befreiung (Geburt).

Es ist nicht verwunderlich, daß die Art und Weise, wie der Geburtsvorgang jeweils erlebt und/oder im Laufe der therapeutischen Regression, in der Phantasie oder im Traum in Erinnerung gerufen worden ist, von fundamentaler Bedeutung dafür ist, wie Leben und Identität erfahren werden. Ebenso ruft die Erfahrung, dem Tod ins Auge zu sehen, entweder in seiner endgültigen Gestalt oder in den ›kleinen Toden‹ der fundamentalen Lebensveränderungen und Transformationen, existentielle Reaktionen hervor. Dementsprechend haben die anderen in der Kindheit erfahrenen biologisch-archetypischen Mustervorgänge (genährt werden, atmen, gehalten werden etc.) ebenfalls tiefgreifende, lebenslange Auswirkungen.

Träume mit solch mytho-biographischem Material verlangen mehr als nur abstrakte Deutung. Sie können unmittelbare, sogar körperliche Erfahrung erforderlich machen. In der Regel sind derartige Träume ziemlich verschlüsselt. Manchmal können sie Teile der Lebensgeschichte vermischt mit aktuellem, persönlichem Material anbieten, welches hilft, die Geschichte zu verankern, in anderen Fällen können sie nicht einmal assoziative Reaktionen auslösen. Manchmal ist eine unmittelbare Deutung auf der Subjektstufe oder der aktuellen Objektstufe weder möglich, noch würde sie die Tiefe des Materials ausloten können. Daher ist besonders in diesem Fall in der Regel ein Erfahrungserleben erforderlich, das sich auf das Erleben im Körper und/oder in der Phantasie stützt.

Ein Mann in den mittleren Jahren war auf unangenehme Weise in einer Lebenssituation festgefahren, in der er außerstande war, die entschiedene Wahl zu treffen, die er treffen mußte. Das Vermeiden von Entscheidungen war eines seiner Lebensmuster. Es manifestierte sich auch hinsichtlich des Therapieprozesses, wo er viele Stunden damit zubrachte, darüber nachzugrübeln, welchen Wert es hatte, weiterzumachen, und wo er Deutungen und die Gegenwart des Therapeuten ignorierte. Nach einigen Monaten brachte er einen Traum mit:

> Sie [der Therapeut] bieten mir eine Behandlung an, bei der ich mich zusammenrollen und in einer höchst unbequemen Haltung auf den Boden legen muß. Danach fühle ich mich erleichtert.

Der Träumer wußte überhaupt nichts mit dem Traum anzufangen und brachte zunächst keine Kommentare oder Assoziationen dazu hervor. Als er gefragt wurde, protestierte er und erklärte, daß seine Therapie nicht unbequem sei. Zu dem Behandlungsangebot befragt, bezog er sich assoziativ auf eine frühere, hilfreiche Verschreibung des Therapeuten, der auch Psychiater war.

Der Therapeut hatte sich über die Übertragungsbotschaft Gedanken gemacht: darüber, ob der Traum möglicherweise eine Situation kompensierte, in der es zu wenig Konfrontation und Unbequemlichkeit gab, oder ob er eine Warnung darstellte, daß der Träumer sich in eine möglicherweise destruktive ›Haltung‹ hineingezwungen sah. Die obige Assoziation informiert den Therapeuten nun jedoch darüber, daß der Traum sich auf etwas ›potentiell Hilfreiches‹ bezieht, also auf den Therapieprozeß oder den Therapeuten als Vertreter des Lenkenden Selbst (den Inneren Therapeuten; siehe Kapitel 12: Träume von Therapie und Therapeut, S. 206), und nicht so sehr auf die Person des Therapeuten bzw. auf die Übertragung und Gegenübertragung.

Als Übertragungs-/Gegenübertragungsthematik gesehen, wäre die Situation sehr ernst und würde implizieren, daß ein sadistischer Therapeut eine Regression erzwingt, die dem Träumer eine masochistische Befriedigung verschafft. Das Traummotiv weist aber wahrscheinlich eher auf eine ›Behandlung‹ hin, die das Selbst vorschlägt oder fordert.

Das Lenkende Selbst, dargestellt in der Traumgestalt des Therapeuten, bietet dem Träumer eine Situation an, die in Analogie zu seiner oben beschriebenen existentiellen ›Sackgasse‹ steht. Der ganze Traum kann daher als Lysis-Traum gesehen werden, als heilender Ausgang des therapeutischen Prozesses. Therapeutisch läßt sich das dadurch kanalisieren, daß man es in eine Gestalt-Darstellung einmünden läßt. Die Lage bzw. Haltung des Träumers könnte das zutage fördern, was seiner defensiven Weigerung, am Leben teilzunehmen, zugrunde liegt.

Wird, wie in diesem Fall, unmittelbar auf eine bestimmte Körperhaltung hingewiesen, so kann es hilfreich sein, diese unmittelbar zu erfahren. In diesem Fall bat der Therapeut den Träumer, die Traumposition — physisch und tatsächlich — einzunehmen, um herauszufinden, wie sie sich anfühlte. Der Träumer schob sich hin und her und sagte fortlaufend: ›Ich kann nicht, ich kann nicht.‹ Der Therapeut bemerkte, daß er dabei auch die Fäuste ballte und der Atem mühsam und gepreßt wurde.

Wie schon dargelegt, gehört alles, was sich bei der Bearbeitung eines Traumes ereignet, ebenso zum Traum wie eine Assoziation. Der Träumer wurde daher gebeten, auf diese Zustände von Anspannung zu achten, sie sogar noch zu verstärken und immer weiter zu sagen: ›Ich kann nicht, ich kann nicht.‹ Als er das tat, wurde sein Unbehagen immer größer. Er wurde richtiggehend spastisch, fast von Krämpfen geschüttelt, und schließlich rollte er auf dem Boden umher und erlebte seine physische Geburt in Steißlage wieder. Sein Identitätsgefühl wechselte hin und her zwischen seiner Mutter, die ausrief ›Ich kann nicht‹, als sie aufgefordert wurde, zur Beschleunigung der Austreibung fester zu pressen, und ihm selbst, wie er sich machtlos und unfähig fühlte, sich zu bewegen oder aus dieser festgefahrenen Position herauszukommen, und fürchtete, er würde sterben oder seine Mutter verletzen, wenn er versuchte, die Sache zu ›erzwingen‹. Der Traum bot ihm damit ein spiegelbildliches Simile zu seiner Lebenshaltung, indem er ihn in die Erfahrung der ›Sackgasse‹ bei seiner eigenen Geburt hineinführte. Er erlebte, daß sein chronischer Zustand von Unentschlossenheit wie ein Feststecken im Geburtskanal war, wo er sich unfähig fühlte und Angst hatte, sich vorwärtszubewegen.

Schließlich konnte er mit Anregung und Ermutigung des Therapeuten bis zur vollständigen Entbindung fortfahren und den Geburtsvorgang imaginativ vollenden. Das brachte ein Gefühl der Erleichterung und eine Veränderung seiner Disposition mit sich, was ihm allmählich dabei half, das Risiko auf sich zu nehmen, eigene Entscheidungen zu treffen. Das mühsame Hindurcharbeiten durch einen festgefahrenen Geburtsvorgang wurde ihm als sein großes Lebensthema gezeigt, als Mythos seines Lebens.

KINDER

Soweit Träumen von Kindern und Babies keine Bedeutung auf der Objektstufe zukommt, sie sich also nicht auf wirkliche Kinder beziehen oder auf
Probleme, die der Träumer vielleicht mit wirklichen Kindern hat, haben sie
mit dem ›inneren Kind‹ zu tun — der kindlichen Ebene im Träumer, also
mit allem, was unvollendet und/oder im Wachstum begriffen ist oder des
Wachstums bedarf, sowie mit den Früchten einer Beziehung zu anderen
Menschen oder auch mit produktiven Fähigkeiten. Im positiven Sinne
kann dies, je nach den Assoziationen und Erklärungen des Träumers, auf
latente Kräfte und Möglichkeiten hinweisen, auf das, was im Leben des
Träumers noch nicht gereift oder erfüllt ist, auf Wachstum und die Fähigkeit zur Erneuerung, auf das Gefühl, staunen zu können, auf die Verbindung zum Reich des Transpersonalen, auf freien, spontanen Ausdruck von
Emotionen, auf positiven Exhibitionismus etc.

Im negativen Sinn verweisen solche Träume auf Unreife, kindliche Omnipotenz und Infantilität.[18] Häufig kann auch ein Bezug zu dem verletzten
und verwundeten Kind im Träumer oder zu traumatischen Erinnerungen
an die Kindheit bestehen, die der Träumer psychologisch noch immer mit
sich herumträgt und die er gewöhnlich zugunsten seines ›erwachsenen‹
Ich-Ideals zu vergessen und zu unterdrücken sucht.

Um die Bedeutung eines im Traum auftauchenden Kindes feststellen zu
können, ist es hilfreich, das Alter des Kindes herauszufinden. Ist dieses aus
dem Traum selbst nicht eindeutig zu entnehmen, so wird sich wahrscheinlich die erste Phantasie oder Assoziation, die dem Träumer auf die Frage
nach dem Alter des Kindes in den Sinn kommt, als bedeutsam erweisen;
denn in der unbewußten Psyche gibt es ein verläßliches und ziemlich ge-
naues Zeitempfinden. Nimmt man das so gefundene Alter als Richtschnur,
so kann ein Traum von einem dreijährigen Kind sich auf eine Erfahrung
beziehen, die der Träumer ungefähr im Alter von drei Jahren gemacht hat;
oder er bezieht sich auf etwas, das etwa drei Jahre vor dem Traum begonnen hat oder entstanden ist (geboren wurde).

Angesichts der so häufig unterdrückten, traumatischen Erinnerungen,
mit denen uns die Gestalt des Kindes wahrscheinlich verbinden will, ist es
besonders wichtig und nützlich, den Träumer zu veranlassen, sich in das,
was das Traumkind erlebt oder fühlt, ›hineinzufühlen‹, es körperlich nach-
zuempfinden oder zu versuchen, es in der Phantasie zu erforschen. Er sollte

versuchen, die Welt mit den Augen des Kindes zu sehen und mit ihr oder mit den anderen Traumgestalten so zu kommunizieren, wie es der geistigen Verfassung des Traumkinds gemäß ist. In den meisten Fällen fördert dieser Vorgang Erinnerungen zutage, die sonst möglicherweise nicht so leicht zugänglich wären.

Ein Baby liegt in seinem Bettchen.

Bei diesem einfachen Traum gab es keine weiteren Einzelheiten. Als der Träumer aber davon berichtete, nahm er ein angstvolles, bedrückendes und alptraumhaftes Gefühl wahr, das ihn wiederholt gequält, das er aber nie verstanden hatte. Er wurde gebeten, sich in seiner Vorstellung selbst als dieses Baby zu sehen und zu fühlen, das diese alptraumhafte Angst empfindet, und dann wiederzugeben, was er als Baby erlebte. Als es ihm schließlich gelang, das Baby zu ›fühlen‹, verspannte er sich und empfand etwas wie Atemnot. Als er die Phantasie verstärkte, spürte er ein Kissen, das auf sein Gesicht gedrückt wurde und ihn zu ersticken drohte. Der Therapeut bat ihn, bei dieser Phantasie zu bleiben, um vielleicht herausfinden zu können, wer ihm das antat. Mit Entsetzen und Ungläubigkeit erkannte der Träumer, daß es seine eigene Mutter war, die ihn zu ersticken schien.

Das war zu wichtig und schrecklich, um es auf dieser Ebene zu belassen; der Therapeut schlug dem Träumer daher vor, in seiner Vorstellung den Körper des Babys zu verlassen, um die Szene aus der Vogelperspektive zu beobachten und zu berichten, was er sah — und vor allem, was die Mutter veranlaßte, so zu handeln. Jetzt ›sah‹ und erinnerte sich der Träumer an eine schreckliche, die ganze Atmosphäre durchdringende Angst, als seine Eltern sich auf der Flucht vor den Nazis irgendwo im besetzten Frankreich versteckt hielten. Offensichtlich war eine Durchsuchung der Nachbarwohnung im Gange, und um ihre Anwesenheit nicht durch das Geschrei des Babys zu verraten, drückte die Mutter ein Kissen auf sein Gesicht. Dem kleinen Kind waren diese logischen Gründe natürlich nicht zugänglich. Alles, was es empfinden konnte, war die angsterregende, traumatische Drohung zu ersticken. Die unbewußte Erinnerung daran beeinflußte die gesamte Lebenshaltung des Träumers tief. Es erübrigt sich zu erwähnen, daß diese Erinnerung ebenso allegorisch/metaphorisch und symbolisch wie (wahrscheinlich) wirklich war. Metaphorisch brachte sie dem Träumer die Art seiner Beziehung zur Mutter zu Bewußtsein, die er als erstickend empfand. Symbolisch lieferte ihm das Bild des hilflosen Kindes, das sich von einer erdrückenden und übermenschlichen Macht überwältigt fühlte, ein Abbild seiner existentiellen Beziehung zum und seines Gefühls gegenüber dem Leben als Ganzem. Die Arbeit an diesem Traum half auch, den Träumer für die Wirklichkeit des Holocaust-Geschehens zu öffnen, das hinter seinem persönlichen Mutterkomplex und seiner Lebensangst stand, und erlaubte ihm einen Ansatz von Objektivität und Perspektive.

Ein anderer Aspekt der Traumgestalt des Kindes zeigt sich in dem folgenden Traum:

> Ein Kind hat meine Schmuckschatulle kaputtgemacht und den Inhalt verstreut. Ich schreie das Kind an. Jetzt liegt es krank im Krankenhaus, und mein Therapeut sagt mir, ich müsse die Mandeloperation durchführen.

Nach dem Alter des Kindes befragt, meinte die Träumerin, es sei etwa ein Jahr alt. Vor einem Jahr hatte ihre Analyse begonnen. Man könnte also annehmen, daß das Kind eine Entwicklung darstellt, die ›Kind‹ der Analyse ist. Ein kindlicher Aspekt der Träumerin ist zum Leben erweckt worden, aber im Laufe des Therapieprozesses noch nicht ausreichend behandelt worden. Die Wahrscheinlichkeit eines Bezugs zum Therapieprozeß wird noch erhöht durch die Tatsache, daß der Therapeut im Traum erscheint.

Der Schmuck, etwas Kostbares (Erklärung), wird aus einer beschädigten Schatulle ausgeschüttet. Wertvolle psychologische Inhalte werden aus dem ›kaputtgemachten‹ analytischen Behältnis ausgeschüttet. Der Traum zeigt an, daß beim gegenwärtigen Stand des Therapieprozesses oder in der Übertragung etwas fehlt oder ›krank‹ ist.

Nach den Motiven für die Zerstörung der Schatulle befragt, antwortete die Träumerin: ›Not und Bedürfnis.‹ Diese Not und Bedürftigkeit reichten zurück bis zu ihren frühesten Kindheitserinnerungen, die von dem Gefühl beherrscht waren, von den Eltern nicht anerkannt und ungewollt zu sein. Die Mandeloperation rief Erinnerungen an das Gefühl wach, im Stich gelassen und im Krankenhaus geängstigt und verletzt worden zu sein, der Gnade von Fremden ausgeliefert. Damit verbunden war das Gefühl, auf niemandes Schutz vertrauen zu können. Also mußte die Träumerin sich stoisch verhalten.

Im Traum wird ihre Reaktion auf die geleugnete Abhängigkeit dadurch dargestellt, daß sie ihr kindliches Selbst anschreit. In Identifikation mit der elterlichen Haltung und aus dem Gefühl heraus, sich auf niemanden verlassen zu können, unterdrückte sie brutal jeden Ausdruck von Bedürftig-keit. So kontrollierte und vermied sie dem Therapeuten gegenüber jeden Ausdruck ihrer wachsenden Abhängigkeit. Da sie den Elternkomplex auf den Therapeuten projizierte, hatte sie das Gefühl, daß von ihr erwartet wurde, ›verantwortungsbewußt‹ zu sein und sich selbst um das zu küm-mern, was sie als ihre ›kranken‹ Gefühle betrachtete, anstatt diese zu zei-gen. Daher erwartete die Traumgestalt des Inneren Therapeuten, daß sie die Mandeloperation als Chirurgin übernahm — metaphorisch verstan-den: daß sie die Verantwortung für die Therapie übernahm, eine Aufgabe, die sie erfüllte, indem sie ihre Abhängigkeitsaffekte abschnitt. Die unreali-stisch fordernde Art des Traumtherapeuten wurde auf den wirklichen The-rapeuten projiziert und auch als Aspekt der Gegenübertragung in ihm in-duziert.

Die Bedürftigkeit der Träumerin, die unterdrückt und von ihrem nega-tiven Elternkomplex geleitet wird, beschädigt den analytischen Behälter, weil sie zuläßt, daß Inhalte sich nach draußen ›ergießen‹. Es stellte sich her-aus, daß dieses Ergießen darin bestand, daß die Träumerin unbewußt und zwanghaft ihre exzessiven und unrealistischen Forderungen nach Fürsorge und Unterstützung an ihrem Ehemann ausließ, wozu auch gehörte, daß sie von ihm erwartete, ihren Beschwerden und Enthüllungen über die analy-tischen Sitzungen zuzuhören. Er sollte sich um den Ausdruck der Affekte des ›Kindes‹ kümmern, die so aus dem Therapieprozeß herausgehalten wurden.

Durch den Traum wurde der Therapeut auf den Gegenübertra-gungsaspekt aufmerksam gemacht, der als Aufhänger für die Projektion ge-dient hatte. Dieser lag in der geduldig wartenden Haltung des Therapeu-ten — der wartete, bis ein Traum das Thema ansprach, anstatt sich mit dem affektiven Rückzug der Analysandin auseinanderzusetzen und selbst zu intervenieren. Angesichts des vorsichtigen emotionalen Abstandhaltens der Träumerin war es zu einer zeitweiligen Kollusion, einem unbeabsich-tigten verdeckten Zusammenspiel zwischen Therapeut und Analysandin gekommen. Dies wäre einer angemessenen Therapie im Wege gestanden, wenn das Verstehen des Traumes es nicht ans Licht gebracht hätte.

Ein anderes prognostisches Beispiel ernsterer Natur für das Motiv des Kindes findet sich im Traum eines Krankenhauspatienten:

Eine Flutwelle verschlingt mein Haus. Mir und den meisten Be-
wohnern gelingt es, nach draußen zu gelangen; aber das Kind war
bereits tot.

Dieser Traum kündigte eine bevorstehende akute psychotische Phase an,
nach der es nur noch möglich war, eine mittlere Realitätsanpassung wie-
derherzustellen (das Traum-Ich entkommt). Der Ton von Endgültigkeit,
in dem im Traum der Tod des Kindes verkündet wird, läßt vermuten, daß
Entwicklungsmöglichkeiten bereits zerstört worden sind. Es war nur noch
ein geringes Persönlichkeitswachstum möglich.

TIERE

Tiergestalten beziehen sich auf die prärationale Affekt- und Triebebene.
Die jeweilige Natur der Triebeigenschaft drückt sich in dem Charakter aus,
den der Träumer zu dem Traumtier assoziiert oder der dem Tier archetypisch und mythologisch in folkloristischen Erzählungen und kollektiven
religiösen Traditionen zugeschrieben wird.

Wie bereits erwähnt, gingen die vorjüdischen und vorchristlichen Tier-
kulte von der Voraussetzung aus, daß eine gottähnliche, transpersonale
und vergleichsweise reine Essenz jede einzelne Tierart strukturiert und erfüllt. Archetypisch gesehen ›ist‹ z. B. ein Falke oder Habicht Schärfe der
Sicht, in der ägyptischen Mythologie damit auch solares Bewußtsein. Bei
den Römern ›ist‹ der männliche Wolf pure aggressive Stärke; der Fuchs ist
in vielen Märchen ein schlauer Schwindler oder Führer und Wegweiser.
Die Schlange ›ist‹ eine Quelle heilsamer Weisheit und steht in vielen Kulturen für die Macht der Wandlung und für Unsterblichkeit, wohingegen
sie im Alten Testament eine gefährliche, teuflische Verführerin ist. Das
Schwein ›ist‹ Erdverbundenheit, Fruchtbarkeit, Oralität und wird in vielen
Kulturen mit der Großen Göttin verbunden.

Beim Umgang mit Traumtieren müssen deshalb zusätzlich zu den persönlichen Assoziationen und Erklärungen des Träumers immer auch mythologische Amplifikationen in Betracht gezogen werden. Um dem Träumer die Erklärung zu erleichtern, kann es mitunter hilfreich sein, ihn aufzufordern, sich ein Tiertheater oder ein Schauspiel vorzustellen, in welchem jede Rolle von einem Tier gespielt wird: Angenommen, der Löwe

wäre König, der Fuchs ein schlauer Berater, der Hund ein getreuer Gefolgsmann etc., welche Rolle würde dann dem Traumtier zufallen?

Wie in allen anderen Fällen, so müssen auch hier die persönlichen Erklärungen und Assoziationen mit denjenigen das Tier betreffenden biologischen und verhaltensmäßigen Erklärungsfaktoren und mythologischen Amplifikationen verwoben und vermischt werden, welche für die persönlichen Reaktionen am ehesten relevant sind. Manchmal ähneln diese dem persönlichen Material, manchmal ergänzen (komplementieren) sie es, indem sie wichtige Motive aufzeigen, die dem Träumer unbekannt waren. Als ein Träumer beispielsweise von einem ›gefährlichen weiblichen Alligator‹ träumte, der ›in einem sumpfigen Teich herumschwamm‹, war es wichtig für ihn zu erfahren, daß weibliche Alligatoren ihren Jungen außergewöhnlich viel Aufmerksamkeit und mütterliche Zuwendung angedeihen lassen (Erklärung). Die ›gefährliche‹ orale ›Aggression und der mächtige peitschende Schwanz‹ konnten daraufhin als Mittel zur Verteidigung von neuem Leben gesehen werden. Dies ermöglichte dem Träumer eine Perspektive auf das Bild, die ihn tief bewegte.

Es reicht nicht aus, das Tier nur als Darstellung eines Instinkts zu bezeichnen. Will man nicht eine wichtige Botschaft übersehen, so muß man in jedem Fall die besondere Qualität oder Art des Affekts oder instinkthaften Triebs in Betracht ziehen, der in Gestalt des Traumtieres das Bewußtsein zu erreichen versucht.

Auch in der Mythologie, in Märchen und Folkloregeschichten brauchen oder fordern Tiere sehr unterschiedliche Arten von Beziehungen. Manchmal muß man sie fürchten. Manchmal muß man ihnen vertrauen, sie meiden, sie ausfindig machen, töten oder beschützen. Bei allen Traditionen und Versionen besteht Einigkeit nur in einem Punkt — man darf sie nie ungestraft vernachlässigen. Es ist immer wichtig, ihre Botschaften oder Absichten zu beachten, denn auf die eine oder andere Weise haben sie immer einen wichtigen Beitrag zu leisten.

In dem wiederkehrenden Alptraum eines kleinen Jungen starrte ihn ständig ein Fuchs an. Der Träumer hatte keine persönlichen Assoziationen, aber er erinnerte sich an ein Märchen, in welchem ein schlauer Fuchs dem Helden aus einer festgefahrenen Situation herausgeholfen hatte. Der Therapeut bat den Träumer, sich den Fuchs wie in einem Märchen oder einem Tiertheater (wie oben beschrieben) vorzustellen und auf die Worte zu hören, die der Fuchs an den richten würde, dem er zu helfen versuchte. Er stellte sich vor/fand heraus, daß der Fuchs sagte: ›Sei gescheit, benutze deinen Verstand!‹ Dies wurde dann als Traumbotschaft für den Jungen genommen, der ziemlich passiv und naiv war und sich seines ›gescheiten Verstandes‹ nicht bewußt war.

Monster und Dinosaurier sind in Träumen keine Seltenheit. Sie beziehen sich auf eine prähumane Energie, die ›monströs‹ oder archaisch und primitiv ist oder so empfunden wird. Oft ist die Gestalt eine unnatürliche Kombination von Eigenschaften und kommt dem Träumer entsetzlich, wunderbar, fabelhaft und ungewöhnlich vor. Diese Eigenschaften müssen näher betrachtet werden, und es gilt einen Bezug zu ihnen herzustellen.

DIE DEUTUNG VON MYTHOLOGISCHEM MATERIAL

Ob man im Einzelfall einem Analysanden eine Deutung von mythologischem Material anbietet oder nicht, ist eine Frage der klinischen Beurteilung. Im allgemeinen ist es nicht angezeigt, auf amplifizierendes Material hinzuweisen oder solches zu erläutern, indem man die entsprechenden mythologischen Geschichten erzählt, wenn es hierfür nicht einen zwingenden Grund gibt und wenn nicht vorher die persönlichen und die auf die Übertragung bezogenen Themen reduktiv[19] behandelt worden sind. Andernfalls können Amplifikationen von der Dynamik der Situation im Hier und Jetzt ablenken oder sogar dazu benutzt werden, sich von dem Problem zu distanzieren oder es zu rationalisieren. Amplifikationen können auch zu einer Idealisierung des wissenden Therapeuten oder zu Neid auf ihn führen oder dazu benutzt werden, von der therapeutischen Beziehung abzulenken und dadurch schwierigen Übertragungs-/Gegenübertragungsthemen auszuweichen. Auf diese Weise kann eine Amplifikation zu einem kümmerlichen Ersatz werden für eine gründliche Bearbeitung des persönlichen Materials, wie sie für den Aufbau des Ich und zur Ergründung unbewußter Komplexe nötig ist.

Auf der anderen Seite weisen mythologische Amplifikationen auf transzendente Bedeutungsmuster hin. Dies ist besonders dann eine unschätzbare Hilfe, wenn es um unlösbare Lebensprobleme geht, weil die Amplifikation Orientierung bietet und das Unbehagen des Ich mit seiner kollektiven und spirituellen Matrix in Beziehung bringt. Amplifikationen können zwar leicht ›inflationär‹ wirken, indem sie zur Identifikation mit großen mythischen Mustern ermutigen, es kann aber mitunter wünschenswert sein, das Ich des Träumers seinem Selbst näherzubringen, indem man ihn mit existentiellen Themen in Verbindung bringt.

Amplifikation kann einen sehr fragilen Ich-Zustand abstützen. Ist es noch nicht zu einer Übertragung gekommen oder ist diese durch sehr negative Projektionen gefährdet, so kann der Hinweis auf universelle Themen, die die Psyche des Patienten *halten* können, therapeutisch wirken. Wenn man dem Träumer die Geschichte des Traummotivs erzählt, kann man ihm in solchen Fällen manchmal ein Gefühl von Sinn vermitteln, das die mühevolle persönliche Analysearbeit überbrückt und den Träumer das Verständnis des Analytikers spüren läßt. Die Geschichte spricht unmittelbar das Unbewußte des Analysanden an und legt ihm ein Heilungsmuster vor. Sie kann auch dazu dienen, eine manchmal notwendige Atmosphäre zu schaffen, die dadurch bestimmt ist, daß die Eltern/der weise Geschichtenerzähler/der Heiler das verwirrte und verletzte ›Kind‹/den Patienten sicher ›halten‹. Dies war der Fall bei einer fast psychotischen, depressiven Frau, die folgenden Traum zu ihrer ersten Sitzung mitbrachte:

> Ein Glas Wein ist übergelaufen und läuft endlos immer weiter aus, gleichgültig wieviel ich auch aufwische.

Ihre Angst, etwas über sich selbst zu enthüllen (zu verschütten), das sie belasten könnte, hinderte sie am Sprechen, und so saß sie, nachdem sie den Traum erzählt hatte, in qualvoller Stille da. Der Therapeut deutete das in dem Sinn, daß sie große Angst zu haben schien, Unordnung zu machen oder etwas auslaufen zu lassen. Daraufhin spürte er, wie die Angst der Träumerin sehr stark wuchs, die sich jetzt sogar dafür gescholten fühlte, daß sie Angst hatte. Da der Analytiker gehört hatte, daß die Patientin zu Unfällen auf dem Heimweg von der Therapie neigte und sich jeweils nach der ersten und der letzten Sitzung bei zwei früheren Therapeuten mehrere Glieder gebrochen hatte, beschloß er ihr diesmal ein Märchen vom überlaufenden Topf zu erzählen. Es handelte sich um eine Variante des Themas vom ständig fließenden transzendenten Gefäß, dem Füllhorn des Lebens, das dem Traummotiv analog war. Es war zu hoffen, daß die Geschichte die Psyche der Patientin so lange tragen würde, bis ein neues Treffen vereinbart werden konnte. In diesem Fall erfüllte die Erzählung der mythologischen Amplifikation ihren Zweck, indem sie die Aufmerksamkeit der Träumerin von ihren Schuldgefühlen vor einem sadistischen Über-Ich auf den Archetypus der immer fließenden ›guten Brust‹, der Quelle des Lebens lenkte, mit der sie in Kontakt kommen konnte. Daß die Identifikation mit dieser belohnenden Quelle durch das bloße Erzählen der Geschichte eine idealisierende Übertragung zur Folge haben könnte, war vom Analytiker bewußt abgewogen und in Kauf genommen worden.

Der Analytiker muß solche Implikationen und die möglichen psychologischen Auswirkungen einer Auflösung oder Unterstützung persönlichen Materials auf der archetypischen Ebene immer abwägen. Amplifikation ist eine wirkungsvolle therapeutische Methode. Der Therapeut muß sie als Teil seines therapeutischen Repertoires beherrschen, da sie eine unschätzbar wertvolle Orientierungshilfe sein kann. Wenn es aber darum geht, das amplifizierende Material vor dem Analysanden auszubreiten, so muß der Therapeut auch die ernsten Folgen sorgfältig bedenken — im Guten wie im Schlechten —, die bei jeder wirksamen Medizin unvermeidlich sind.

KAPITEL 9

TECHNISCHE EINZELHEITEN

ZEITLICHE REIHENFOLGE

In der Dimension, in der Träume operieren, sind Raum und Zeit relativiert oder aufgehoben. Was unser Wachbewußtsein als in Raum oder Zeit getrennt betrachtet, kann in Träumen in räumlicher oder zeitlicher Simultanität erscheinen. Ereignisse, die gewöhnlich aufeinander folgen — etwa bei einer Verknüpfung als Ursache und Wirkung —, können in Träumen als gleichzeitige Geschehnisse dargestellt werden. Andererseits kann das, was das Wachbewußtsein als typische kausale Ursache-Wirkungs-Beziehung betrachtet, im Traum als zeitliche Aufeinanderfolge gezeigt werden.

Häufig weist daher eine Aufeinanderfolge oder (manchmal) gar eine Gleichzeitigkeit auf einen Kausalzusammenhang hin. Geschehen X und Y gleichzeitig oder folgen sie unmittelbar aufeinander, sei es als Bündel oder als Kette von Ereignissen, so bedeutet das, daß sie miteinander verbunden sind: liegt X vor, so kommt es auch zu Y. Wird das Ereignis X simultan gesetzt, fällt es also zeitlich mit Ereignis Y zusammen, so kann das bedeuten, daß eine Art Koinzidenz- oder Ursache-Wirkungs-Beziehung zwischen beiden besteht, deren genaue Natur oder Richtung zwischen X und Y noch festgelegt werden muß; folgt Ereignis Y auf Ereignis X, so kann das bedeuten, daß X die Ursache von Y ist.

Dazu ein Beispiel:

> Ich versuche ein schwieriges Pfadstück zu bewältigen. Ein Mann bietet mir seine Hilfe an. Ich lehne ab, da ich fürchte, zu abhängig von jemandem zu werden. Dann befinde ich mich auf einer einsamen Landzunge. Ich bemerke, daß ich verkrüppelt bin.

Zu dem Mann assoziierte die Träumerin ihren Liebhaber, mit dem sie aus genau den Gründen Schwierigkeiten hatte, die der Traum ihr widerspiegelte: Sie war so bedacht darauf, sich gegen ihre Abhängigkeit zu wehren, daß sie keine emotionale Unterstützung und Nähe annehmen konnte oder wollte. Über die konkret persönliche Objektstufe hinaus allegorisierte der Traum aber auch ihre existentielle Orientierung. *Nachdem* — was in unsere rationale Sprache übersetzt *infolge von* oder einfach *weil* bedeutet — sie immer die Hilfe anderer ablehnt, wird sie isoliert, einsam und in ihren Fähigkeiten ›verkrüppelt‹. Geht man einen Schritt weiter, kann man auf der Subjektstufe aus dem Traum auch herauslesen, daß die Fähigkeit der Träumerin, den Lebenspfad zu bewältigen, verkrüppelt ist, *weil* sie die Hilfe der Elemente ihrer unbewußten Psyche (der ›inneren‹ Männlichkeit oder des Animus) zurückweist und sich so von ihrer eigenen Tiefe und ihrem Potential isoliert.

Ein weiteres Beispiel soll aufzeigen, wie wichtig es ist, die Exposition sorgfältig in die Betrachtung mit einzubeziehen, damit man sich nicht von den Bildern des Traumes in die Irre führen läßt:

> Ich bin mit meinem Ehemann zusammen, wir leben in armseligen Verhältnissen und sind hungrig. Wir erkennen, daß es keinen Ausweg gibt: Wir müssen sterben, und wir haben es geschafft, mit dieser Tatsache fertigzuwerden. Jetzt sind wir zufrieden und kommen gut zurecht.

Bezüglich der äußerlichen, konkreten Wirklichkeit ist dieser Traum irrelevant. Dem Paar ging es materiell gesehen sehr gut. Zu dem Ehemann assoziierte die Träumerin ihr ›Beziehungsproblem‹. Sie empfand ihn als äußerst perfektionistisch und überkritisch. Auf der Subjektstufe betrachtet, spiegelt der Traum die armseligen Umstände ihres Beziehungsproblems *infolge* oder *wegen* ihres kritischen Perfektionismus wider.

Den Tod nannte die Träumerin die ›unvermeidliche Begrenzung aller Dinge‹, etwas, dem man ›schwer ins Gesicht sehen‹ und das man ›schwer annehmen kann‹. Symbolisch gesehen, weist er auf eine radikale Transformation hin.

Im Traum ist sie bereit, die transformative Tatsache einer unvermeidlichen Begrenzung anzunehmen. Dann sind das Traum-Ich und der innere Ehemann auf einmal ›zufrieden‹ und können ›gut zurechtkommen‹. *Weil* die Begrenzung als existentielle Wirklichkeit angenommen wird, was impliziert, daß die Träumerin in der Lage ist, Maßstäbe zu finden, die weniger perfektionistisch und kritisch sind, wird sich die Beziehungsproblematik bessern. Auf einer äußeren Ebene bezieht sich dies auf ihr Beziehungsproblem mit ihrem wirklichen Ehemann. Auf der Subjektstufe erlaubt ihr eine solche Veränderung ihres ›inneren‹ perfektionistischen Kritikers, sich selbst mehr anzunehmen und weniger selbstkritisch zu sein.

DIE UMWERTUNGSFUNKTION VON TRÄUMEN

Oft tendieren Träume dazu, eine falsche Einstellung neu zu bewerten oder zu korrigieren. Dies ist eine besondere Art von Kompensation; anstatt einen allgemeinen Ausblick auf die ›andere Seite‹ zu geben, weist ein solcher Traum unmittelbar auf den Irrtum hin. Er kann beispielsweise zeigen, daß etwas, das man für wertvoll erachtet hat, wertlos oder gar schädlich ist. Umgekehrt kann etwas, das vielleicht abgelehnt und/oder gefürchtet worden ist, als höchst wertvoll dargestellt werden. Eine für schützend und unterstützend gehaltene Gestalt kann vom Traum in die Rolle eines Verbrechers oder Räubers gesteckt werden, während ein gefürchteter Eindringling oder ein als kriminell Verdächtigter als unschuldig oder hilfreich dargestellt werden kann; die erhoffte Medizin wird als Gift oder gar als die Ursache der Krankheit gesehen. Manchmal kann sich im Traum sogar ein richtiger Wer-war-der-Täter-Krimi abspielen.

Solches Material muß sowohl nach den Wertmaßstäben des Träumers als auch nach denen, die in allgemeinen Erklärungen vorherrschen, sowie im Hinblick auf seinen dramatischen Kontext und seine wahrscheinliche Kompensationsfunktion (in bezug auf die bewußte Haltung) sorgfältig bewertet werden. Erst dann kann man durch Deutung bestimmen, was als ›richtig‹ und was als ›falsch‹ gezeigt werden sollte. Es erübrigt sich, darauf hinzuweisen, daß dann, wenn dies gelingt, solche Traummotive von diagnostischer und wegweisender Bedeutung sind, indem sie unmittelbar aufzeigen, in welche Richtung die Aufmerksamkeit zu lenken ist und die Entwicklung zu gehen hat und in welche nicht.

Ein anschauliches Beispiel für diese Notwendigkeit, zu ›entwirren‹, liefert der folgende Traum:

Es ist notwendig geworden, daß das *Time* Magazin den *US World Report* übernimmt, da die Arbeitsbeziehungen beim *US World Report* von der Gewerkschaft bestimmt werden und deshalb höchst unangemessen und destruktiv sind.

Der Stil und die Metaphern dieses Traumes sind völlig unpersönlich und kollektiv und erzählen uns bereits etwas über den psychologischen Abstand des Träumers von seinen Problemen und seine Haltung ihnen gegenüber. Der Träumer war ein ziemlich traditionsbewußter und konservativer Geschäftsmann. Er las beide im Traum erwähnten Zeitschriften, hatte aber weder Beziehungen zu deren Geschäftsleitung, noch war er ein Befürworter liberaler Politik. Der ziemlich knappe und betont direktive Traum ergibt auf der Objektstufe keinen Sinn. Zu Gewerkschaften assoziierte der Träumer ›egoistische, arbeitsscheue Selbstgefälligkeit und Faulheit‹. Das *Time* Magazin stand seiner Ansicht nach für ein ›degeneriertes, liberales und destruktives Establishment‹. Den *US World Report* dagegen lobte er als in der ›besten Tradition amerikanischer Werte‹ von ›strengem Wettbewerb‹ stehend, wo ›jeder für sich selbst einsteht‹.

Angesichts dieser Assoziationen wird offensichtlich, daß dieser Traum vom bewußten Wertesystem des Träumers abweicht und diesem sogar genau widerspricht. Er zeigt eine Verbindung des konservativen Standpunkts mit dem, was er als ›faule‹ und ›egoistische Selbstgefälligkeit‹ bezeichnet; daher ist dieser unangemessen und möglicherweise destruktiv — wohingegen eine liberalere Haltung, die der Träumer für ›degeneriert‹ hält, tatsächlich gefordert ist. Da sein Interesse an den wirklichen Zeitschriften und deren politischer Ausrichtung ziemlich gering war, sind die Bilder metaphorisch, im Hinblick auf ihre psychologische Bedeutung zu verstehen. Wir müssen nach einer Deutung auf der Subjektstufe suchen.

Hier wurde die Kompensation ganz offenkundig. Der Träumer glaubte an strenge Selbstverleugnung bis hin zu rigider, emotionaler Sterilität. Hart zu arbeiten war für ihn der höchste Wert. Diese Haltung, so signalisiert ihm der Traum, ist zu konservativ, zu selbstgefällig und sogar selbstzerstörerisch. Sie stört die ›Arbeitsbeziehungen‹, also die Arbeitseffizienz und die produktiven Beziehungen zwischen Zweck und Mitteln. Anstelle dieser seiner restriktiven Haltung, und um seine Fähigkeit, zu leben und zu arbeiten, nicht zu gefährden, verlangt der Traum nach einer Veränderung seiner Werte. Was er für degeneriert hält — nämlich eine größere und ›liberalere‹ Rücksicht auf seine persönlichen und emotionalen Bedürfnisse —, muß die Verantwortung für seine Angelegenheiten übernehmen.

Dieser abstrakte Traum mußte zuerst im Hinblick auf seine abstrakten, philosophischen Betrachtungsweisen und Überzeugungen behandelt werden, denn gerade diese machten den Standpunkt des Träumers aus. Erst dann konnte er der inneren, emotionalen Ebene nähergebracht werden.

Ein anderes, recht markantes Beispiel für eine Neubewertung findet sich im folgenden Traum:

> Ein Terrorist, voll mit Schnaps und LSD, richtet sein Gewehr auf mich und brüllt: ›Du brauchst Selbsterkenntnis!‹

Hier wird der Ruf nach Erkenntnis in unannehmbarer und absurder Form von einer fanatischen, obsessiven und gefährlichen Gestalt geäußert. Größere Bewußtheit kann man nicht bei vorgehaltener Waffe oder ›voll‹ mit bewußtseinsverändernden Substanzen erreichen.

Das fanatische Streben des Träumers nach Erkenntnis wird hier als ein ›falscher‹ und ineffektiver Ansatz dargestellt. Das Traumdrama selbst dient als Botschaft auf der Subjektstufe. Der Träumer wird zur Erkenntnis des mörderischen Fanatikers in ihm selbst aufgerufen und zu einer Neubewertung seiner Verwendung ›bewußtseinsverändernder‹ Mechanismen als Ersatz für eine Auseinandersetzung mit seinem psychologischen Schmerz und seiner spirituellen Wirklichkeit. Auf der Subjektstufe stellte sich heraus, daß dazu auch gehörte, daß er ›Individuation‹ zu erzwingen suchte, indem er darüber spintisierte, sich ›Lehrer‹ suchte etc. Der Traum mußte auch vom Therapeuten beachtet werden, weil derjenige, der zur Erkenntnis aufruft, eine Anspielung auf die Gestalt des Inneren Therapeuten ist. Da solche Eigenschaften in die Übertragungs-/Gegenübertragungsbeziehung hineinprojiziert, induziert oder in ihr negiert werden könnten, muß der Therapeut das Vorhandensein bzw. potentielle Vorhandensein solcher Eigenschaften in der Therapie oder in ihm selbst in Betracht ziehen und untersuchen. (Siehe Kapitel 12: Träume von Therapie und Therapeut.)

Eine besondere Variante der Umwertung in Träumen gründet sich auf das Thema ›nicht dies, sondern das‹. Ein Beispiel:

> Mein Neffe kommt aus einem Haus, das ich für das meiner Schwester halte. Es stellt sich aber heraus, daß es Ruths Haus ist und nicht

das meiner Schwester. Von dort geht er zu dem Haus, das wirklich meiner Schwester gehört.

Die Assoziation zu dem Neffen war ›Minderwertigkeitsgefühl‹. Dieses Gefühl plaziert der Traum ausdrücklich an einen anderen Ort als den vom Träumer vermuteten. Die Assoziation zur Schwester war auf Angst gegründete ›Passivität‹, zu Ruth ›übermäßig forderndes, ungestümes Konkurrenzdenken‹.

Der Traum korrigiert auf metaphorische Weise eine Diagnose. Das Minderwertigkeitsgefühl entspringt nicht, wie der Träumer vermutete, der Passivität und Angst, sondern dem genauen Gegenteil. Wie der Traum zeigt, fühlt der Träumer sich unzulänglich, da er zuviel von sich erwartet und fordert. Dies führt erst in zweiter Linie im Ergebnis zu Angst und Passivität (das Betreten des schwesterlichen Hauses). Was hier erforderlich ist, ist nicht mehr, sondern weniger angespannte, wetteifernde Anstrengung.

Eine besondere Variante ist der Traumtypus ›Wer war der Täter‹, der sich oft wie eine richtige Detektivgeschichte liest.

Ein junger Mann aus konservativen und konventionellen Verhältnissen hatte homoerotische Gefühle, die er voller Selbsthaß verwarf. Er versuchte angestrengt, sich ›männlicher‹ zu machen, indem er sein ›weibisches‹ Feingefühl unterdrückte und sich mit der traditionellsten Macho-Haltung identifizierte. Dies bewirkte, daß er sich zunehmend sich selbst entfremdet fühlte. Er hatte folgenden Traum:

> Mein Freund warnt mich, ich soll mich vor den Homosexuellen-Hassern in acht nehmen, die mich fertigmachen wollen, und zeigt sie mir. Aber ich habe nicht auf ihn gehört, und jetzt lauern sie uns auf und fangen uns. Sie nehmen uns alle Ausweispapiere und alle Habe weg und beginnen uns zu foltern. Ich frage, wie sie von uns erfahren haben. Sie sagen mir, daß G., ein früherer Schulfreund von mir, sie auf unsere Spur gebracht hat. Ich versuche ihnen einen falschen Namen anzugeben, in der Hoffnung, dann von ihnen freigelassen zu werden. Aber ich weiß, daß das nicht funktionieren wird, da sie ja unsere Papiere haben.

Seinen Freund, der ihn zu schützen versuchte, bezeichnete er als warme, intuitive und einfühlsame Person. G., einen Schulfreund, den er verachtet hatte, nannte er einen ›langweiligen Kerl, der unten durch ist‹, einen ›phantasiearmen, konventionellen und brutalen Typen‹.

Dieser Traum zeigt dem Träumer, daß seine einfühlsame Seite, deren er sich schämt und die er zu unterdrücken sucht, ihn vor Selbsthaß schützen könnte, wenn er sie nur annehmen und auf sie hören würde. Stattdessen versucht er zu sein, was er nicht ist, quält sich selbst und wird von Identitätsverlust bedroht. Der Schuldige aber — die Kraft, die die Bedrohung ›auf [seine] Spur gebracht hat‹ —, genau jene Haltung, welche er als sein Ideal von Männlichkeit heraufzubeschwören versuchte, wird ihm hier in einer wenig schmackhaften Neubewertung präsentiert. Sie wird hier als ein unsensibler ›langweiliger Kerl, der unten durch ist‹, dargestellt. Der Versuch des Träumers, aus seiner Sackgasse herauszukommen, indem er sich auf eine falsche Identität stützt, vorgibt zu sein, was er nicht ist, und Toleranz und Selbstannahme vortäuscht, hilft ihm nicht. Die Homosexuellen-Hasser haben seine Nummer. Seine Identität wird, wie der Traum es ausdrückt, von seiner Selbstablehnung festgehalten (›da sie ja unsere Papiere haben‹), und er kann der Folter nicht entgehen, diesem Problem ins Gesicht zu sehen.

Eine junge Frau, die einige Jahre in einer ziemlich langweiligen, kinderlosen Vernunftehe verbracht hatte, fühlte sich zum ersten Mal von einem anderen Mann emotional zutiefst bewegt. Sie hatte aber das Gefühl, daß sie keine ›Schwierigkeiten machen‹ sollte. Sie träumte:

> Ich bin ein Soldat in der Armee. Ich möchte nicht kämpfen oder irgend etwas mit Krieg zu tun haben. Ich suche Hilfe bei meinem Freund, der, wie sich herausstellt, nichts für mich tun kann. Dann werde ich von den Feinden gefangengenommen, die blaue Mäntel tragen und alle Frauen sind. Sie verurteilen mich zum Tod durch Verhungern. Die einzige Möglichkeit, meine Freiheit zu erlangen, so läßt man mich wissen, ist es, scharlachrote Kleider zu tragen.

Hier zeigt sich in der Exposition eine ›pazifistische‹ Haltung, die die Träumerin in Schwierigkeiten bringt. Daher bedarf diese Haltung, was immer sie psychologisch bedeuten mag, offenbar einer Korrektur.

Die Assoziationen der Träumerin zu Soldat und Armee waren, daß sie ›es nicht mochte, zu kämpfen oder in Auseinandersetzungen zu geraten, weil sie an die universelle Liebe glaubte‹. Damit wiederholt sie das, worauf die Exposition des Traumes hinweist. Zu dem Freund, an den sie sich um Hilfe wandte und der für das Traum-Ich ›nichts tun kann‹, assoziierte die Träumerin ›einen Aussteiger‹. Zu der Farbe Blau (der feindlichen Uniform) assoziierte sie ›Spiritualität‹. Frauen würden ihrer Meinung nach ›nie kämpfen, wenn sie es irgendwie vermeiden könnten‹. Zu Scharlachrot, der Farbe, die ihr ihre Freiheit wiedergeben würde, assoziierte sie Leidenschaft, Feuer, Blut und Hawthornes *Der scharlachrote Buchstabe* als Mal einer Ehebrecherin.

Eine mythologische Amplifikation, die sich auf dieses Traumthema bezieht, ist die Anfangsszene der *Bhagavad Gita*. Dort hat der Protagonist Arjuna, der Anführer einer Armee, die in Schlachtordnung aufgezogen ist, das Gefühl, nicht kämpfen zu können, weil sich in den Reihen der Feinde Freunde und Verwandte befinden. Sich am Kampf gegen sie zu beteiligen würde Brudermord bedeuten. Als er sich dem Geschehen fernhält und diese Gedanken abwägt, wird er von dem Gott Krishna in Gestalt seines Wagenlenkers angesprochen und dafür getadelt, daß er der ihm zugeteilten Lebensrolle und seinem *Dharma* auszuweichen sucht. Ihm wird zu verstehen gegeben, daß es seine Aufgabe als Mensch ist, so zu handeln, wie seine Bestimmung als Krieger es verlangt. Die ›Früchte der Tat‹ liegen nicht in seiner Hand. Diese sind Angelegenheit der Götter oder des Göttlichen Selbst.

Diese Amplifikation, die durch die Assoziationen und die dramatische Entwicklung bestätigt wird, stützt den Hinweis der Exposition auf eine Tendenz zum Eskapismus. Die Friedensliebe der Träumerin wird im Traum als ein Versuch dargestellt, eine Verwicklung in das Leben und seine Konflikte zu vermeiden. Das Traum-Ich wird von blaugekleideten Frauen gefangengenommen — ihr Eskapismus wird von einer kollektiven Identität übernommen, die sich in Rationalisierungen und pseudo-spirituellen Idealismus in bezug auf Weiblichkeit ›kleidet‹. Das Tragen der Farbe Scharlachrot — ›Leidenschaft, Feuer, Blut‹ und sogar Ehebruch — würde ihre Freilassung bewirken. Implizit macht der Traum damit klar, daß er sich nicht um bloß abstrakte, philosophische Erwägungen kümmert. Er weist vielmehr auf eine Neueinschätzung der besonderen moralischen und spirituellen Vorstellungen der Träumerin hin, welche im Dienste eines Eskapismus mißbraucht wurden und ihr vermeiden halfen, voller und emotionaler zu leben und die Konflikte ihrer konkreten Lebenssituation zu durchleiden.

Eine andere besondere Form einer Neubewertung im Traum ist der Traum von einem Eindringling. Oft stellt der Eindringling eine psychische Energiequalität dar, die gefürchtet und vom Bewußtsein abgetrennt worden ist. Sein Erscheinen in einem Traum ermöglicht es dem Träumer in erster Linie, sich die Angst und/oder Abwertung bewußt zu machen und sich mit den Eigenschaften auseinanderzusetzen, die der Eindringling repräsentiert. Damit beginnt ein langsamer Prozeß, in dessen Verlauf es zu einer bewußten Beziehung zwischen dem Identitätsgefühl des Träumers und diesen Eigenschaften kommt. Ein auffallendes Beispiel für diese Traumkategorie ist der Traum einer verhältnismäßig jungen Frau, die sich im Endstadium einer Krebserkrankung befand, dem Tod nahe war und ängstlich versuchte, diesen Umstand zu leugnen. Sie hatte einen Alptraum von einem Fremden, der versuchte, ins Haus zu gelangen. Da es an Assoziationen fehlte, bat der Therapeut sie, in ihrer Vorstellung durch das Guckloch zu schauen, um zu sehen, wer es war. Sie beschrieb den Fremden als einen chassidischen Studenten. Aber rational konnte sie sich diese Furcht nicht erklären. Die Träumerin kam aus religiösen, orthodox jüdischen Verhältnissen, hatte es aber geschafft, ohne jegliche Art von religiöser oder spiritueller Verbindung zu leben. In Todesnähe ›wollte‹ sich eine Art spirituelle Verbindung etablieren. Da es an einer individualisierten persönlichen Form fehlte, präsentierte sich die spirituelle Dimension in der Tracht der Vorfahren: Der Geist ihrer Vorfahren wollte zu diesem kritischen Zeitpunkt gehört und gesehen werden. Er kam als Eindringling, und wegen seiner Bedeutung für die Träumerin begegnete sie ihm anfangs mit Furcht und Widerstand.

DER TAGESREST

Bei seiner Darstellung der beabsichtigten Botschaft bedient der Traum sich ganz ungezwungen geeigneter Bilder, ungeachtet der zeitlichen Reihenfolge. Auf der unbewußten Ebene sind die räumlichen Beziehungen relativiert, und es gibt keinen Unterschied zwischen Vergangenheit, Gegenwart und Zukunft. Geeignetes Bildmaterial kann daher von jedem Ort und aus jeder Zeit abgerufen werden. Folglich kann auch alles, was am Tag zuvor geschehen ist, dem Traumzweck dienen und nützliches Material für seine

Metaphern und Symbole liefern, gleichgültig, wie wichtig oder unwichtig das Tagesereignis selbst dem Träumer gewesen ist.

Wie jedes andere Traumbild, so muß auch der Tagesrest im Hinblick auf den blinden Fleck auf der Objekt- oder Subjektstufe gesehen werden, auf den er hinweist. Es ist jedoch wichtig, auf seine Ähnlichkeit mit und/oder Abweichung von der erinnerten Version des jeweiligen Ereignisses zu achten. Eine Abweichung liefert in der Regel den Schlüssel zum relevanten Teil der Botschaft. Gibt der Traum das Tagesereignis ohne bedeutende Abweichungen so wieder, wie es sich tatsächlich zugetragen hat, so weist er in der Regel auf einen Inhalt auf der Subjektstufe hin, der durch das Bild des Tagesrestes allegorisiert wird.

Nehmen wir beispielsweise an, der Träumer hätte am Vortag einen Streit mit R. gehabt, der sich ziemlich grob verhalten hat. Im Traum wird dieses Ereignis wiederholt; R. erscheint aber als ziemlich freundlich. Eine solche Abweichung von der erinnerten Szene müßte als die bedeutsame Botschaft des Traumes aufgefaßt werden. Es gibt einen blinden Fleck, der mit der Art zu tun hat, wie R. bewußt erlebt wurde. Entweder ist R. wirklich freundlicher, als er gesehen wurde, und die Grobheit liegt im Träumer und wurde auf diese andere Person projiziert, oder umgekehrt: Der Träumer könnte R. zu freundlich sehen, er könnte die Freundlichkeit auf R. projizieren, der in Wirklichkeit sogar noch gröber ist, als er wahrgenommen wurde. Welche der beiden Interpretationen zutrifft, ließe sich anhand von Kompensation oder Komplementation feststellen. Ist die bewußte Haltung des Träumers Verärgerung über das, was er für R.s Grobheit hält, so trifft wahrscheinlich die erste Möglichkeit zu (die Projektion von Grobheit). Versucht der Träumer eine nachsichtige Haltung gegenüber der Situation einzunehmen, so ist es wahrscheinlich, daß seine Freundlichkeit die Tatsachen entstellt.

In einem anderen Fall sieht sich der Träumer wieder in dem Zahnarztstuhl, in dem er sich gestern befunden hat. Der Traum-Zahnarzt bittet ihn, ›den Mund zu öffnen und ihn ständig offenzuhalten‹. Zuerst hatte der Träumer das Gefühl, es handle sich um eine genaue Wiedergabe der Zahnarztsitzung, an die er sich erinnerte. Als er vom Therapeuten gedrängt wurde, genau zu überprüfen, ob es wirklich keinen Unterschied in irgendwelchen Einzelheiten gab, erinnerte er sich, daß der Zahnarzt gesagt hatte: ›Halten Sie den Mund *weit* geöffnet.‹ In der Ersetzung des Wortes ›weit‹ durch ›ständig‹ konzentrierte sich die Traumbotschaft. Das Bedürfnis nach

Beständigkeit wird im Hinblick darauf betont, sich der Arbeit am Zahn zu öffnen; der Zahn ist eine Metapher für das Werkzeug zum Ergreifen und Integrieren der Wirklichkeit, um mit deren Verarbeitung zu beginnen. Da sich solche Bilder regelmäßig auf den Therapieprozeß beziehen (siehe Kapitel 12), mußte der Notwendigkeit einer ›beständigeren Offenheit‹ im Hinblick auf die Therapie nachgegangen werden. Der Traum deckte in der Tat die unbewußten Zweifel des Träumers daran auf, ob er fähig sein würde, die manchmal schmerzhaften Schwierigkeiten zu ertragen, die die Selbstentdeckung begleiten.

Ein Arzt von ziemlich hypochondrischer Disposition, der dazu neigte, mit großer Regelmäßigkeit neue Krankheiten in sich zu ›entdecken‹, hatte sich gerade einer gründlichen körperlichen Untersuchung bei Dr. X unterzogen, bei der er ein einwandfreies Gesundheitszeugnis erhalten hatte. In der folgenden Nacht durchlief er nochmals die gesamte Untersuchung. Im Traum diagnostizierte Dr. X aber eine ernsthafte Erkrankung des Träumers und sagte zum Traum-Ich: ›Wie können Sie sich um Ihre Patienten kümmern, wenn Sie so schwer krank sind? Ist das nicht schrecklich?‹

Hier liegt der Unterschied zwischen Tagesrest und Traumversion in der Art der Diagnose und in der Besorgnis des Arztes. Zuerst müßte der Deuter einen solchen Traum auf der Objektstufe untersuchen, als mögliche Warnung, daß der untersuchende Arzt etwas übersehen haben könnte. Eine Nachuntersuchung könnte angezeigt sein. Vielleicht *ist* der Träumer schwerer krank als angenommen. Angesichts der hypochondrischen Besorgtheit des Träumers ist es aber wahrscheinlicher, daß der Traum ihn mit einer Situation konfrontiert, die auf der Subjektstufe zu untersuchen ist. Sein ›innerer‹ Dr. X könnte als Schwarzseher angesichts eines guten äußerlichen Gesundheitszustandes dargestellt sein, aber vielleicht in ganz zutreffender Weise auf eine schwere Störung auf der psychologischen, ›inneren‹ Ebene hinweisen.

Der Träumer wurde nach Assoziationen gefragt. Dr. X, so meinte der Träumer, sei eine ›höherstehende Person‹, die ›auf Leute [wie ihn] herabsah, die der Spezialist für unbedeutend hielt‹. Auf den Traum angewendet, haben wir hier die innere Gestalt eines ›Störenfrieds‹, die mit einer ›höheren‹, snobistischen Norm identifiziert wird. Sie handelt als Kraft der Selbstablehnung und des Selbstzweifels und bringt Krankheit über das gesamte Sein des Träumers. Daher rührt dessen Neigung, in panischer Weise überzudramatisieren, als ein Mittel, um sich selbst die Aufmerksamkeit zukommen zu lassen, die er den anderen leicht geben kann, auf die sein Bedürfnis nach Fürsorge projiziert wird. Ein möglicher Bezug zur Therapiesituation, in der eine solche gönnerhafte Haltung auf den Therapeuten projiziert werden könnte, muß ebenfalls untersucht werden.

TRAUMSERIEN

Bisher haben wir uns mit Einzelträumen befaßt. Entfalten sich Träume jedoch nacheinander als Teile einer sich ständig entwickelnden Serie, so stoßen wir auf eine Kontinuität, wir könnten fast sagen, eine Fortsetzungsgeschichte. Solche Träume haben die Tendenz, eine fortlaufende Geschichte zu erzählen, die das bewußte Ich mit der Art von Informationen versorgt, die es beim gegenwärtigen Stand seines Entwicklungsprozesses braucht und assimilieren kann. Wenn das Bewußtsein die Traumbotschaften aufnimmt und darauf reagiert, reagiert der Traum wiederum auf die neu gewonnenen Bewußtseinshaltungen, und so entwickelt sich ein dialektisches Spiel. Geht es um entscheidend wichtige oder fundamentale Lebensthemen und reagiert das Bewußtsein nicht in angemessener Weise, um die Botschaft zu assimilieren, so werden die Träume wiederkehren. Manchmal wiederholen sie sich in derselben Form; manchmal werden die Bilder zahlreicher, größer oder bedrohlich. So eine Serie von wiederkehrenden Träumen kann sogar zu Alpträumen führen. Alpträume und wiederkehrende Träume — und insbesondere diejenigen, die sich seit der Kindheit immer wiederholen — bedürfen dringend der Beachtung.

Träume sollten nicht nur einzeln, sondern als Teil einer sich entwickelnden Serie betrachtet werden. Wird ein Traumtagebuch geführt[2], so bekommt man den Eindruck, als würde sich ein Kontinuum von Sichtweisen entfalten und als würden die Themen geradezu absichtlich für den jeweiligen Augenblick ausgewählt.

In der Tat kann, um das Beispiel eines bestimmten, organischen Symbols zu nehmen, die Geburt in Träumen gewöhnlich als Hinweis auf einen Prozeß betrachtet werden, der vor etwa neun Monaten gesetzt worden ist. Das Alter einer Traumgestalt wird sich auf eine Energie beziehen, die vor gerade so vielen Jahren ›geboren‹ worden ist. Aber darüber hinaus kann es sogar so sein, daß z. B. der sechste Traum im Oktober zu wissen schien, was der neunundzwanzigste Traum im April anschneiden würde, und den Träumer schon einmal mit vorläufigen Einsichten versorgte. Nachfolgende Träume müssen daher oft im Licht der vorhergehenden betrachtet werden, die sich vielleicht mit dem gleichen oder einem ähnlichen Thema befaßt haben. Ein zentrales Thema oder ein Themenkomplex wird also im Laufe der Zeit in einer Abfolge entwickelt. Oft kann man sich des Eindrucks nicht erwehren, daß die Serie so abläuft, als könne das Unbewußte »künftige Errungenschaften des Bewußtseins … voraussehen«, ebenso wie künftige unbewußte Dilemmata, da ein früherer Traum bereits zu ›wissen‹ oder zu ›planen‹ scheint, was ein späterer Traum wieder aufnimmt und weiterführt. Das ist ein Aspekt dessen, was Jung die ›prospektive Funktion‹ der Träume nannte.[3]

Gewöhnlich schreitet eine solche Entwicklung nicht linear fort, sondern bewegt sich eher kreisend oder spiralförmig um einen zentralen thematischen Kern[4] und wirft so von verschiedenen Seiten, man könnte sagen: psychologischen Blickwinkeln, Licht auf das zentrale Thema. Es ist, als würde Traum eins ein bestimmtes Thema anschneiden und Traum zwei ein scheinbar anderes Thema vorbringen; während Traum drei wiederum einen anderen Blickwinkel zeigt und so weiter; Traum zwölf knüpft nun vielleicht wieder an Traum eins an, während Traum vierzehn das verbinden mag, was die Träume drei und zwölf angeschnitten haben — dies nur als Beispiel. Dieses Abschreiten des psychischen Feldes des Träumers bringt auf diese Weise immer wieder entscheidende Komplexe zum Vorschein und arbeitet sie sorgfältig heraus, indem es auf früherem Bewußtsein aufbaut. Dadurch, daß die verschiedenen Aspekte der Themen aufgezeigt und in all ihren Varianten und aus einer Vielzahl von Blickwinkeln vorgeführt werden, entwickelt sich allmählich das Gefühl einer ›ganzheitlichen Struktur‹. Hält man mit den Bildern der Traumserie Schritt, so kann man mit dem Leben — und dem Individuationsprozeß Schritt halten.

Am Beispiel eines Träumers, der im Laufe eines Jahres drei Träume träumte, die sich mit dem Motiv unbewußter, verderblicher Wut befaßten, zeigt sich die Entwicklung, die das Ich in seiner Beziehung zu der transpersonalen, archetypischen Antriebskraft nahm:

1.) Ein Tornado wütet, vor dem ich mich in einer Höhle versteckt habe. Ein Wirbel aus schwarzer Energie erfaßt mich und trägt mich weg.

Der Träumer neigte wirklich dazu, sich vor den Emotionen des Lebens hinter der Illusion mütterlichen Schutzes zu verstecken. Er hatte gerade das Manuskript seiner fertiggestellten Erzählung verloren, nachdem er auf ihre erfolgreiche Beendigung getrunken hatte. Der Traum komplementiert die Situation, indem er dem Träumer in dramatischer Form die Dynamik seines selbstzerstörerischen Ausagierens vor Augen führt. Er zeigt, daß der Träumer nicht durch das gefährdet ist, was er voll masochistischer Selbstvorwürfe für seine eigene ›Dummheit‹ hält, sondern durch eine unbewußte Kraft, die sein Realitätsempfinden stört. Das Bild erregte seine Angst und zeigte ihm die archetypische Macht, der er gegenüberstand; so begann ein langsamer Prozeß, der ihm ermöglichte, sich von dieser Wut zu trennen und abzulösen, die abgespalten und gegen seine fragile und unvollkommene menschliche Existenz gerichtet war. Sein Ich fing an, sich zusammenzufügen.

> 2.) Im Keller läuft ein Mörder frei herum. Es reißt die Verkleidung vom Heizofen, um das Haus in die Luft zu jagen. Ich fürchte mich und renne weg, um mich zu verstecken.

In diesem Traum bemerkt das Traum-Ich seine Angst; der Affekt beginnt also das Bewußtsein zu erreichen. Das Traum-Ich stellt zu dieser Angst auch eine Verbindung her; die Wut wird aber auf den Mörder projiziert. Die Haltung des Ich wurde jetzt zum zentralen Punkt der Traumarbeit: Warum fühlte sich das Traum-Ich außerstande, Hilfe zu holen, um der wütenden Energie begegnen zu können? Der Träumer leugnete noch immer, daß die mörderische Wut einen Bezug zu seiner eigenen emotionalen Realität hatte. Der Mörder wird als unpersönliches ›Es‹ bezeichnet. Die Angst des Traum-Ich war das einzige emotionale Symptom für die Gegenwart dieser Wut. Der unbewußte Affekt war im Keller, der den Träumer an sein Elternhaus erinnerte. Im Traum rannte er entsetzt davor weg. Während der Traumarbeit erinnerte er sich daran, daß er ein ähnliches Entsetzen schon tatsächlich erlebt und sich vor den Ausbrüchen seines betrunkenen Vaters unter dem Bett versteckt hatte. Der Traum wies darauf hin, daß die Wut, die ihm rechtmäßig gehören könnte, noch immer von dem gefürchteten Vaterkomplex gehalten wurde. Da er sich nicht mit ihm auseinandersetzte, drohte der versteckte Affekt immer noch seinen psychologischen Raum zu zerstören.

Bei der Bearbeitung des Traumes wurde es möglich, einen Bezug zu einem Ereignis aus der vorangegangenen Therapiestunde herzustellen. Der Träumer mußte draußen warten, da der Therapeut vergessen hatte, die Tür des Behandlungsraumes rechtzeitig vor der Sitzung aufzuschließen. Der Träumer war sich des Ausmaßes seines Ärgers nicht bewußt gewesen und leugnete alles, was über eine leichte ›Verstimmung‹ hinausgegangen wäre, als er sein mitfühlendes ›Verständnis‹ zum Ausdruck brachte.

Er sah ein, daß er Vergeltungsmaßnahmen des Therapeuten befürchtet hatte, wenn er seine Gefühle zum Ausdruck gebracht hätte. So konnte er nun seine Wut in der Projektion auf den Therapeuten entdecken. Bei der weiteren Arbeit konnte sein eigener Ärger darüber, daß er ausgesperrt worden war, aufgedeckt und legitimiert werden. Er konnte anfangen zu spüren, daß dieser ihm persönlich gehörte, als er ihn von seinem Vaterkomplex und dem, was er als mörderische Wut in sich gefürchtet hatte, unterschied.

3.) In der U-Bahn packt ein Mann meinen Arm und fängt an, mich zu stoßen. Ich schreie und leuchte ihm mit meiner alten Camping-Taschenlampe ins Gesicht. Er tritt zurück, und ich schaue ihn mir an.

Die Neigung zu roher Aggression ist noch immer im Untergrund und irgendwie zwanghaft, das Traum-Ich ist jetzt aber in der Lage, das Licht des Bewußtseins einzusetzen, das der Träumer als Neunjähriger bei einem kurzen Erlebnis mit gewalttätigen Gleichaltrigen in einem Sommerzeltlager zu entwickeln begonnen hatte. Durch die Erinnerung an dieses Erlebnis, das ihn gelehrt hatte, daß ein bestimmtes, begrenztes Maß an Gewalttätigkeit ein akzeptabler Teil seiner Identität sein konnte, wird der Träumer in die Lage versetzt, sich mit seiner automatischen Wutreaktion auseinanderzusetzen. Als er schließlich gefragt wurde, an wen ihn der stoßende Mann im Traum erinnerte, beschrieb der Träumer einen Bekannten, der immer seine Beherrschung verlor, wenn er unsicher war. Ohne große Schwierigkeiten konnte der Träumer seine eigene kriegerische Abwehrhaltung erkennen, die er kürzlich bei einer Auseinandersetzung mit seiner Frau eingenommen hatte.

VARIATIONEN ZU EINEM THEMA

Es gibt noch eine andere Art, wie Träume zeitlich angeordnet sein können. Dabei entwickeln sich Variationen zu einem zentralen Thema, wobei die Träume simultan, synchronistisch oder antizipatorisch auftreten können.

Bei Träumen, die in derselben Nacht auftreten oder die, was weniger offensichtlich ist, gleichzeitig erinnert und zur Sprache gebracht werden (auch wenn sie in verschiedenen Nächten geträumt wurden oder gar Jahre auseinanderliegen), ist anzunehmen, daß sie sich wie eine Traube um ein gemeinsames Thema bilden und es ausfeilen. Auch Verhaltens- oder Ereignisstrukturen, die mit einem Traum (zeitlich und auch in der Sache) zusammenfallen oder sich auf einen Traum beziehen, müssen in Betracht gezogen und wie zur Sache gehörige Assoziationen oder Amplifikationen behandelt werden. (Siehe Kapitel 5, Assoziationen.) In der Dimension, in welcher Träume operieren, gelten unsere rationalen Maßstäbe von Raum, Zeit und Kausalität nicht. So treten auch Träume, die sich auf ein Ereignis des täglichen Lebens beziehen oder ein solches kommentieren, häufig vor und nicht nach dem Ereignis auf, selbst wenn der Träumer sich nicht bewußt war, was für ein Ereignis bevorstand.

Eine verhältnismäßig neue Analysandin beispielsweise betrat das Büro ihres Therapeuten, ohne die Tür zum Wartezimmer zu schließen, wie sie es sonst getan hatte. Dieses Mal ließ sie sie weit offenstehen. Im Verlauf der Sitzung brachte sie ihr Problem mit einer ›Erfolgsangst‹ zur Sprache, welche ihr Leben und ihre Beziehungen ständig behinderte. Dann erinnerte sie sich plötzlich an einen ›ziemlich banalen Traum‹:

> Ich bin in meinem Kinderzimmer, und die Tür steht weit offen.

Der Zusammenhang mit dem vorher an ihr bemerkten Verhalten fiel dem Therapeuten sofort auf. Als der Kontext der offenen Tür ihres Kinderzimmers besprochen wurde, stellte sich heraus, daß die Träumerin ihre Tür nie schließen durfte, weil dies als Zeichen von Ungeselligkeit gegolten hätte. Für die Träumerin aber lag im Offenlassen der Türe eine Verweigerung ihrer Privatsphäre und eine Bedrohung, daß jemand von außen eindringen könnte. Sie fand es unmöglich, sich darauf zu konzentrieren, ›ihre eigenen Sachen zu machen‹. Als sie schließlich lernte, diese Vorschrift zu akzeptieren, und es sich sogar zur Gewohnheit machte, Türen hinter sich offen zu lassen, sowohl wörtlich als auch im übertragenen Sinn, hatte sie das Gefühl, nichts als ihr eigen beanspruchen zu können. Nichts konnte mit Sicherheit zu ihrem eigenen Bereich gehören; mit nichts empfand sie sich so eng verbunden, daß sie es der Vollendung für wert befunden hätte. Die Dinge wurden immer unvollendet hinterlassen, ›weit offenstehend‹. Ihre Projekte, Gedanken und Beziehungen gaben ihr daher ein Gefühl unangemessener Geschlossenheit und wurden vorzeitig von ihr aufgegeben. Die offene Tür, nicht die Erfolgsangst war das Thema. Der ›triviale‹ Traum und das ›triviale‹ Ereignis beim Betreten des Büros wirkten zusammen, um dieses Thema — in zeitlicher Abfolge und synchronistisch — aufzubereiten.

Verschiedene Träume, die gleichzeitig erzählt oder erinnert werden, bearbeiten wahrscheinlich dasselbe Thema, wenngleich die unterschiedlichen Szenerien dies nicht auf den ersten Blick deutlich werden lassen. Gleichermaßen gilt bei Träumen, die zeitlich aufeinander folgen, daß sie in der Regel Themen aufnehmen und entwickeln, die von früheren — nicht notwendigerweise unmittelbar vorausgegangenen — Träumen aufgeworfen wurden. In jedem Fall gestaltet sich eine solche Entwicklung mit den Mitteln der Variation, Extension oder Amplifikation. Geht man von der Annahme aus, daß ein anderer Traum wahrscheinlich dieselbe oder eine ähnliche Botschaft aus einem etwas anderen Blickwinkel mitteilen will, so wird es folglich auch oft möglich, Licht in einen sonst obskuren Traum zu bringen, indem man diesen anderen Traum betrachtet, der mit ihm in zeitlicher Abfolge oder durch Gleichzeitigkeit verbunden ist. Bei der Behandlung von Traumserien ist es demnach immer wichtig, nach dem gemeinsamen Nenner, nach zentralen Themen und/oder gegensätzlichen Polen zu suchen, auf welche sich die einzelnen Träume wie Variationen zu einem Thema beziehen.

Die folgenden drei Träume wurden zusammen zur Therapiesitzung mitgebracht. Sie traten alle in der gleichen Nacht auf.

1.) Ich lege einen Fisch auf ein Floß, das zu klein ist, in der Hoffnung, daß die Sonne ihn kochen wird.

2.) Ich esse Obstsalat. Aber ich habe den Saft abgegossen. Jetzt trinke ich den Saft, aber ich bemerke, daß er mit Salzwasser verunreinigt ist.

3.) Ich bitte meine Frau, mir eine Gebrauchsanweisung zu besorgen.

Auch ohne persönliche Assoziationen enthüllt der erste Traum eine ziemlich unrealistische Erwartung: die ›Hoffnung‹, daß die Sonne den Fisch kochen und nicht verderben wird. Eine Aufgabe, die man eigentlich selbst an einem Feuer oder auf einem Herd erledigen muß, wird hier auf die Sonne, eine kosmische Kraft übertragen. Darüber hinaus ist das Behältnis ungeeignet — das Floß ist zu klein.

Wir können jetzt bereits ein verwandtes Thema im dritten Traum erkennen. Die Ehefrau wird gebeten, etwas für den Träumer zu besorgen. Für sich genommen müßte das nicht notwendigerweise unrealistisch sein, gäbe es hier nicht ein ähnliches Motiv wie im ersten Traum. Danach befragt, bekannte der Träumer, daß er sich tatsächlich gewöhnlich auf seine Frau verließ, die die Dinge für ihn erledigen sollte. Er liebte es, ›den Schwarzen Peter an sie weiterzugeben‹, insbesondere was das Praktische anbelangte.

Eine unerwartete Bestätigung für das Motiv, ›den Schwarzen Peter weiterzugeben‹, ergab sich bei der Besprechung des zweiten Traumes. Der Therapeut bat den Träumer, zu assoziieren oder sich vorzustellen, wie und warum der Saft durch Salzwasser verunreinigt worden war. Er antwortete, vielleicht deshalb, weil er die Schüssel im Meer und nicht in der Küchenspüle ausgewaschen habe. Hier haben wir wiederum eine Wiederholung des Motivs aus dem ersten Traum, in welchem die Sonne anstelle des Küchenherds kochen sollte. Wieder wird einer persönlichen Anstrengung ausgewichen, und diese wird auf eine kosmische — und in diesem Zusammenhang ziemlich abstrakte und ungeeignete — Ebene abgegeben.

Es bedurfte der Assoziationen, um diese allgemeine Bedeutung konkreter verstehen zu können. Die Assoziation zu ›Fisch‹ war: Nahrungsmittel gegen Arteriosklerose (eine ziemlich unerwartete, aber gerade deshalb um so bedeutsamere Assoziation). Der Therapeut fragte: Was ist Arteriosklerose? (Erklärung). Die Antwort lautete: ›Die Unfähigkeit zu denken.‹ Also wissen wir, daß die Zubereitung eines Schutzes gegen die Unfähigkeit zu denken auf eine kosmische Ordnung übertragen wird, anstatt sich selbst der Anstrengung zu unterziehen, und darüber hinaus wird dieser Schutz auch noch in einem zu kleinen Behältnis aufbewahrt.

Alle drei Träume stimmen somit darin überein, daß die zu bewältigende Aufgabe — etwas, das sich in Traum 1 als Schutz gegen die Unfähigkeit zu denken darstellt, in Traum 2 als einfache (Geschirr-)Pflege und in Traum 3 als Erhalt einer Anleitung — jeweils auf die Sonne, das Meer und die Ehefrau übertragen wird. Als dem Träumer diese Bilder präsentiert wurden, reagierte er und gab zu, daß er es in der Tat gerne vermied, mit praktischen Dingen zu tun zu haben oder über sie nachzudenken. Er hoffte, sie ›würden verschwinden‹ oder jemand anders (in erster Linie seine Frau) würde sich darum kümmern. So weit, so gut, aber warum besteht eine Äquivalenz zwischen Ehefrau und Sonne/Meer? Diese Äquivalenz weist eindeutig auf ein archetypisches, über das Persönliche hinausgehendes Prinzip hin. Mythologisch gesehen steht das Meer für die ›Weltenmutter‹, die Sonne gilt in alchemistischen Abhandlungen als Weltseele, als *anima mundi*. Die Weltenmutter soll dem Träumer die praktische Problembewältigung abnehmen, und die Ehefrau soll für die Weltenmutter oder die Große Göttin einspringen. Diese Rolle, so stellte sich heraus, hatte früher die Mutter des Träumers übernommen.

Die drei Träume weisen also auf die eskapistische Haltung des Träumers gegenüber konkreten, praktischen Lebensthemen hin, für die die Verantwortung auf die Göttlichkeit, die Vorsehung, die Hoffnung, das Glück, die Mutter und die Ehefrau abgeschoben wurde.

Wir stoßen auf eine zusätzliche Feinheit, wenn wir uns dem Thema des Fruchtsafts zuwenden. Obstsalat war für den Träumer ein ›gesundes Essen‹, analog dem Fisch; Saft war für ihn der ›schmackhafte, angenehme Teil davon‹. Somit wird impliziert, daß der angenehme Aspekt der Lebensplanung, die Freude am Leben und Streben verloren geht, wenn sie durch Vermeidung, durch das Weitergeben des Schwarzen Peters ›verunreinigt‹ wird. Indem er vor seinen Lebensproblemen wegrannte, rannte der Träumer vor sich selbst weg; mit seinem Vermeiden vermied er die Erfahrung seiner eigenen Realität; daher empfand er sich nicht als in vollem Umfang existent.

So viel läßt sich durch sorgfältige Auswertung aus den ›Variationen zu einem Thema‹ innerhalb einer Traumserie herauslesen.

ALPTRÄUME

Alpträume sind Träume, die den Träumer und/oder das Traum-Ich erschrecken. Gewöhnlich sind sie dringende Botschaften des Lenkenden Selbst in bezug auf bisher überhörtes, geleugnetes oder falsch eingeschätztes Material. Sie können auf neue Probleme und Umstellungen hinweisen, die der Ich-Haltung des Träumers fernliegen und den bequemen und gewohnten psychologischen Raum des Traum-Ich als erschreckende Ein-

dringlinge betreten. Sie können überlebte Begrenzungen aufzeigen und/
oder Einladungen zu einer Entwicklung sein, die zu wagen der Träumer
bisher gefürchtet hatte. Alpträume dienen dazu, den Tod der gegenwärtig
eingenommenen Ich-Haltung zu begünstigen. In dieser Funktion können
die Träume Themen wie Sterben oder Zerstückelung enthalten.

Andere Alpträume können auf verderbliche Elemente hinweisen, welche
neu gewonnene Fähigkeiten und Einstellungen angreifen. Manchmal verwenden sie sogar Bilder von bedrohlichen Monstern. Sie können dazu dienen, die neue Ich-Haltung zu einer Einheit zu verschmelzen, indem sie
eine Bedrohung oder einen Gegenschlag durch resistente Komplexe als
Gefahr aufzeigen, der begegnet und standgehalten werden muß.

Wieder andere Alpträume wiederholen traumatische Situationen, als
wollten sie den Träumer zwingen, sich mit diesen auseinanderzusetzen,
und ihm helfen, auf der Objekt- und auf der Subjektstufe allmählich eine
bewußte Beziehung zu den belastenden und bedrohlichen Energien zu finden.

Alpträume müssen mit Hilfe derselben Techniken behandelt werden wie
andere Träume. Angesichts der Dringlichkeit ihrer Botschaft gilt es allerdings, sich ihnen ganz vorrangig zu widmen.

KAPITEL 10

PROGNOSE AUS TRÄUMEN

Indem Träume uns die Situation zeigen, wie sie ist, einschließlich ihrer Entwicklungsmöglichkeiten, liefern sie uns gleichzeitig unschätzbares Material für Diagnose und Prognose. Oftmals sprechen die Bilder für sich. In anderen Fällen kann der einfühlsame Therapeut eine bestimmte emotionale Atmosphäre wahrnehmen, die ihm den Schlüssel liefert.

Der folgende Initialtraum wurde von einem jungen Mann vorgebracht, der Rechtsanwalt werden wollte und der als sein Problem angab, ›Schwierigkeiten damit zu haben, seine Arbeit zu erledigen‹:

> Ich bin in einer von Gespenstern heimgesuchten, baufälligen Hütte, die auf verrotteten Pfählen über einem Sumpf gebaut ist. Die schlammige Straße, die dorthin führt, ist mit versteckten Landminen vermint.

Für den in der Ausbildung befindlichen Analytiker stellt dieser Traum die äußerst instabile psychische Situation seines künftigen Klienten mit großem Nachdruck dar. Die ›Hütte‹ des Träumers, also seine psychische Struktur, ist ›baufällig‹ und kann jeden Moment auseinanderfallen. Jede Annäherung an seine Probleme ist ›vermint‹. Der Traum weist warnend auf die Notwendigkeit hin, einer potentiellen Psychose mit größter Umsicht zu begegnen.

Die Implikationen dieser Bilder sind offensichtlich. (Andere Beispiele dieser Art enthalten Bildmotive wie: eingemauert sein, in Glas eingeschlossen sein, Verstümmelungen oder andere ernsthafte biologische Bedrohungen.)

Nachdem dieser Patient von dem Analytiker in Ausbildung, der die Traumwarnung sehr ernst genommen hatte, an einen anderen, erfahreneren Analytiker weiterverwiesen worden war, brachte er dem neuen Therapeuten folgenden Traum mit — aus der Nacht vor der ersten Sitzung bei ihm:

> Ich sehe eine schreckliche Tierfratze in der Ecke meines Schlafzimmers. Dann befinde ich mich, glaube ich, in Ihrem Büro und sehe ein Bild dieser grimmigen Fratze eingerahmt in Ihrem Bücherregal stehen.

Dieser Traum ist subtiler und unklarer. Auf den ersten Blick scheint es, als könnte der unbewußte Schrecken ›gebunden‹ und in einem gerahmten Bild festgehalten werden, so daß er im analytischen Prozeß zumindest bis zu einem gewissen Grad erkannt und behandelt werden kann.

Auf der anderen Seite befindet sich dieses Bild im Bücherregal, reduziert auf eine eingeglaste Abstraktion. Als der Träumer gebeten wurde, die Fratze zu zeichnen, gab er sie lediglich als Strichzeichnung wieder.

Die subtile Implikation weist darauf hin, daß wahrscheinlich eine Tendenz besteht, zu intellektuellen Abwehrmitteln zu greifen, um den grimmigen Affekt auf eine buchhafte Abstraktion zu reduzieren. Wie sich herausstellen sollte, geriet die Therapie tatsächlich ins Stocken, weil der Träumer darauf beharrte — und/oder das vielleicht auch brauchte bzw. nötig hatte —, einen intellektuellen oder denkerischen Abstand zu seinem ›grimmigen Tier‹, der unbewußten Wut in ihm zu wahren.

Ein anderes deutliches Beispiel für eine sehr eindringliche Warnung, die sich sowohl an der Atmosphäre als auch an dem besonderen Inhalt des Traumes ablesen ließ, bietet der Initialtraum einer 50jährigen Ausbilderin für Krankenschwestern. Sie unterzog sich einer Therapie, um selbst Therapeutin zu werden, und hielt sich selbst für ziemlich kompetent und stabil.

> Ich gehe durch eine verlassene Stadt, alles ist leer. Plötzlich senkt sich eine riesige Schwärze nieder. Ich versuche herumzuspringen und ihr auszuweichen, um nicht von ihr zerschmettert zu werden, aber ich bewege mich nur am gleichen Fleck auf und nieder. Ich habe das Gefühl, vor Angst zu sterben. Ich fange an, nach meiner älteren Schwester zu schreien. Dann fällt mir ein, daß sie tot ist, und ich breche zusammen.

Sie befindet sich an einem verlassenen Ort, an dem sie anstelle von kollektiver Unterstützung, Zivilisation oder Möglichkeiten, sich einzurichten, nur Leere findet. Dort wird sie von einer Naturkatastrophe bedroht, von unausweichlicher Finsternis, einem zerschmetternden Anwachsen des Unbewußten. Sie sucht Zuflucht, indem sie vergeblich versucht, in ihre alte manische Abwehr zu springen und ihre ›verzärtelte, kränkelnde kleine Schwester, die starb, ehe [die Träumerin] geboren wurde‹, um Hilfe anzurufen. Der Traum bietet der Träumerin keine Mittel zu ihrer Unterstützung an; obwohl sie sich selbst als ›im allgemeinen froh‹ und als ›gute Arbeiterin mit vielen Bekannten‹ bezeichnet — ›wenn auch niemand darunter ist, den ich wirklich mag‹. Der Versuch des Traum-Ich, eine Lysis herbeizuführen, endet in einem Zusammenbruch. Der Traum ist als eindringliche Warnung an den Therapeuten zu sehen. Er weist auf ernsthafte Schwierigkeiten und die Möglichkeit einer psychotischen Depression sowie auf eine zweifelhafte therapeutische Prognose hin.

Extreme Polarisierungen zwischen unbewußten und bewußten Haltungen und Bildern, wie im obigen Fall, können auf die Unfähigkeit hinweisen, sich auf eine kreative Dialektik einzulassen, wenn nicht zuvor eine stabilere psychologische Identität aufgebaut werden kann.

Ein von Jung beschriebener Traum eines ›völlig normalen‹ Arztes, der Analytiker werden wollte, weist eine solch extreme Polarisierung auf. Der Mann hielt sich selbst bereits für einen fertig ausgebildeten und reifen Professionellen und erklärte, ›keine Probleme‹ zu haben. Seine Träume legten allerdings eine andere Prognose nahe.

In seinem ersten Traum reiste er mit dem Zug und kam zu einem zweistündigen Aufenthalt in eine fremde Stadt. Das Traum-Ich fand ein mittelalterliches Haus, vielleicht war es das Rathaus. Es war voller alter Gemälde und kostbarer Gegenstände. Als es zu dämmern begann, erkannte der Träumer, daß er sich verirrt hatte und daß er kein menschliches Wesen getroffen hatte. Eine Tür, die ihn, wie er hoffte, zu einem Ausgang bringen sollte, führte in ein großes, dunkles Zimmer. In der Mitte des Raumes saß ein zweijähriges idiotisches Kind auf seinem Topf und war mit seinen eigenen Exkrementen beschmiert. Der Träumer erwachte mit einem panischen Schrei.[1] Wie Jung anmerkte, ist das idiotische, mit Exkrementen beschmierte Kind an sich nicht pathognomisch. Es könnte eine zwei Jahre alte Teilpersönlichkeit des Träumers darstellen, die integriert werden muß. Aber die Plazierung dieses Kindes in der Mitte eines riesigen, düsteren und unbewohnten Raums inmitten der Stadt, die unheimliche Atmosphäre und die dramatische Erkenntnis des Traum-Ich, daß die Sonne untergeht und daß es verloren und einsam ist — all dies, zusammen mit einem späteren Traum, in welchem der Träumer von einem gefährlichen Geisteskranken verfolgt wird, rechtfertigt Jungs Annahme, daß hier eine latente Psychose vorliegt.

Als Kontrast dazu nun ein früher analytischer Traum einer sehr obsessiven und kontrollierten Frau, welcher sie in einer gefährlichen Situation zeigt:

> Ich liege in einem Strom, der durch mein Haus fließt, und treibe
> dahin wie Ophelia.

Sie berichtete, das Traumerlebnis habe sich gut angefühlt, wie eine Erleichterung, ganz anders als ihr bewußtes Gefühl von elender Zurückweisung, von ›getriebener Verrücktheit und Kontrollbedürfnis‹. Der Traum kompensiert ihre bewußte Haltung, zeigt aber auch eine Gefahr für das Traum-Ich.

Anders als der vorher beschriebene Initialtraum ist dieser Traum, der im Laufe der Arbeit an ihrem zwanghaft obsessiven Zustand auftrat, sowohl als Komplementation als auch als Warnung zu sehen. Er enthüllt, daß der Faktor, der ihre Tendenz zu obsessiver Kontrolle kompensiert, potentiell schädlich ist: Er führt zu weit.

Der Traum zeigt ebenso wie der vorhergehende eine gefährliche Situation (das Bild ist mit dem von Ophelia aus Shakespeares *Hamlet* verwandt), nämlich eine Neigung zu einem selbstmörderischen Sichtreibenlassen, bei dem man aufgibt und sich ›gut‹ dabei fühlt. Aber im Unterschied zu der Situation, die in dem oben beschriebenen Traum des Arztes auftrat, wird hier die Sackgasse in die Exposition verlegt und nicht dorthin, wo die Lösung liegen sollte; zum gegenwärtigen Zeitpunkt führt dies noch nicht zu einem potentiell katastrophalen Erliegen. Es handelt sich vielmehr um eine Situationsbeschreibung, die weder Krisis noch Lysis darstellt, sondern offen läßt, in welche Richtung Reaktion und Entwicklung gehen werden.

In diesem Fall war die Träumerin in der Lage, das Bild, welches ihr Lenkendes Selbst von ihr kreiert hatte, zu assimilieren und ihren selbstmörderischen Eskapismus zu erkennen. Dieser bestand bei ihr darin, ihr Verlangen, die obsessive Abwehrhaltung aufzugeben, in extremer Form dadurch auszuagieren, daß sie sich friedlich in romantische Phantasien hineintreiben ließ — das war ihr alter autistischer Ausweg aus den Mißbrauchserlebnissen ihres Kindheitsumfeldes. Der Traum zeigt die Gefahren einer so!

chen Flucht und die Notwendigkeit, einen stabileren, stärker abgegrenzten psychischen Innenraum aufzubauen.

Angesichts solchen Traummaterials muß der Therapeut sich jedesmal der klinischen Entscheidung stellen, ob der Klient fähig ist, die Leiden und die Konflikte zu ertragen, die die analytische Arbeit erfordert. Ist das Ich zu ängstlich, rigide, zerbrechlich, chaotisch, zerflossen oder unabgegrenzt, so kann es möglicherweise außerstande sein, in einen Dialog mit dem Unbewußten einzutreten, ohne zu somatisieren oder in einer Psychose auseinanderzubrechen.

Zustände eines Ich-Defizits werden in Träumen reflektiert. Chaotische, irrationale Sprünge bei den Traumbildern können beispielsweise eine Borderline-Pathologie anzeigen. Der Initialtraum eines Computer-Fachmanns stellte seinen verwirrten und menschlich beziehungslosen Zustand dar und zeigte dem Therapeuten ein tiefes Borderline-schizoides Problem:

> Alle Computer sind gestört; sie bringen alle Programme durcheinander, so daß man unmöglich lesen kann, was was war.

Eine perfektionistische Hausfrau, deren Selbstachtung durch eine dominierende Mutter verletzt worden war, stellte sich in der Therapie mit diesem Traum vor:

> Ich liege auf dem Boden. Ein Löwe frißt meine Hand; dann meinen Arm.

Zu dem durch den Löwen symbolisierten Bild instinkthafter Energie konnte sie keinen anderen Bezug finden, als sich zu erinnern, daß ›Löwen christliche Märtyrer fraßen, nicht wahr?‹ Ihre eigene Wut war so unbewußt, daß sie sie projizierte und/oder sich mit ihr in der Form identifizierte, daß diese Wut masochistisch gegen sie selbst gerichtet war. So lebte sie in der Rolle einer tugendhaften christlichen Märtyrerin. Sie fühlte sich nicht einmal gefährdet, als der Traum besprochen wurde. Erst als sie darüber nachdachte, wie sie reagieren würde, wenn an ihrer Stelle ihre Tochter dort läge, fing sie an wahrzunehmen, daß dieses Bild als Beschreibung einer Lebensweise problematisch war. Ihre christliche Märtyrerrolle ersetzte ihr mangelndes individuelles Ich-Bewußtsein.

In Träumen kann sich auch eine tatsächliche Ich-Stärke zeigen. Eine Frau, die so deprimiert und ängstlich war, daß sie kaum zu sprechen vermochte, träumte:

Ein alter Mann zeigt mir, daß mir ein blühender Garten gehört. Ich wußte nicht, daß es ihn gab.

Später träumte sie:

Die Katze meiner Freundin ist am Ertrinken. Es gelingt mir, sie zu retten.

Im ersten Traum wird der fruchtbare, kreative Raum gezeigt, der schon vorhanden ist und darauf wartet, von ihr in Besitz genommen zu werden. Um sich diese Tatsache bewußt zu eigen zu machen, benötigt sie Hilfe. Ihre Assoziation zu dem Garten war ein Blumenstrauß, den sie an ihrer Arbeitsstelle erhalten hatte. Damit zeigt der Traum, daß der Raum, der ihr für ihr Blühen und Gedeihen zur Verfügung steht, ihre Beziehung zur Arbeit ist, die sie bisher mit rein finanziellen Erwägungen abgetan und abgewertet hatte.

Ihre Assoziation zu der Freundin war eine Person, die in der Lage war, ihr Leben unabhängig und kreativ umzugestalten. Die Katze hielt die Träumerin für lästig und unangenehm, da sie dazu neigte, ihre Bedürfnisse ausgiebig und lautstark deutlich zu machen. Der Traum zeigt ihre Fähigkeit, diesen Überlebensinstinkt neu zu bewerten und aktiv zu unterstützen.

Manchmal zeigen Initialträume genau auf, wie die Therapie ablaufen sollte, und liefern dem Analytiker zahlreiche Informationen, wenngleich er diese kaum mit dem Analysanden besprechen wird. Ein junger Mann brachte zwei Träume zu seiner ersten Sitzung mit. Der erste Traum:

Ich setze dazu an, in einem unbekannten Wohnzimmer über einen wundervollen orientalischen Teppich zu schreiten. Er sackt unter mir weg. Ich ziehe ihn fort und entdecke, daß er ein teppichgroßes Becken voller Piranhas verdeckt hat.

Der zweite Traum:

Ich befinde mich im Schlafzimmer meiner Kindheit und werfe immer wieder meinen alten Teddybären auf einen leeren Schaukelstuhl. Als Folge davon kann ich allmählich die Gestalt einer gewöhnlich aussehenden Frau auf dem Stuhl wahrnehmen.

In den beiden Träumen präsentierten sich die Probleme, die zur Grundlage für einige Jahre Therapie werden sollten, als der Träumer den teuflischen, verschlingenden Sadismus entdeckte, der hinter der eleganten, narzißtischen Fassade des Mutterkomplexes verborgen lag. Wie der Piranha-Traum aufzeigt, hatte er zu Anfang jedoch so starke Angst, durch den Boden zu fallen und sich mit den unersättlichen und verschlingenden Inhalten seines Unbewußten auseinanderzusetzen (Piranhas sind kleine Fische, die bekannt dafür sind, große Tiere sehr schnell angreifen und verschlingen zu können), daß er Schwierigkeiten hatte, sich einer Analyse zu seinem eigenen Besten zu unterziehen. Er wehrte sich dagegen, sich mit seinen persönlichen Problemen auseinanderzusetzen, indem er sich auf die ›wundervollen Bilder‹ von Träumen konzentrierte, analog den schönen Mustern im Teppich. Es stellte sich heraus, daß seine Mutter sich nach seinem Gefühl genau auf die gleiche Weise auf die ›wundervollen‹ Leistungen des Träumers konzentriert hatte, um sich selbst zu erhöhen. Ganz eindeutig unterzog er sich der Analyse, um diese Bilder für seine Filmarbeit nutzbar machen zu können.

Im ersten Traum gibt es keinen sicheren, tragenden Boden. Im zweiten Traum beansprucht der Träumer seine eigene Wut für sich — indem er die Piranha-Energie transformiert —, und als Ergebnis erscheint eine tragende, ›haltende‹ mütterliche Gestalt an einem Ort, an dem vorher psychische Leere herrschte.

Die positive Wirkung, die sich einstellte, als der Träumer den Teddybären schleuderte, könnte vom Therapeuten als eine Botschaft verstanden werden, daß es ein positives Ergebnis zur Folge hat, wenn der Träumer den Ausdruck seiner infantilen Wut annimmt. Diese Wut brach hervor, als die Abwehrhaltungen und Idealisierungen des Träumers herausgefordert wurden; die Konfrontationen dienten als Mittel, um die ›gewöhnlich aussehende Frau‹ hervorbringen zu können. Zu dieser Gestalt assoziierte er eine Mutterfigur — weit entfernt von der fordernden, eleganten und narzißtischen Mutter, die er kannte. Im Verlauf der weiteren Therapie stellte sich heraus, daß diese Gestalt sein Potential für eine ruhigere Selbstannahme repräsentierte.

Im ersten Traum wird destruktive Aggression auf der Stufe primitiver, instinkthafter Gefräßigkeit und oraler Aggression gezeigt — wie sie Piranhas arteigen ist.

Im zweiten Traum wird sie vermenschlicht und in einen Beziehungskontext gebracht, in welchem sich die kindliche Wut über mütterliche Leere ausdrückt. Dadurch wird eine neue Qualität von Menschlichkeit erweckt, die zuerst verächtlich als ›gewöhnlich‹ abgetan wurde.

Diese Träume spiegeln eine Energietransformation wider, die von der primitiven, unbewußten und obsessiven (Piranha-) Ebene durch die kindliche Aggression hindurch zu einem Potential der Akzeptanz der Aggression als Teil allgemeiner (›gewöhnlicher‹) Menschlichkeit führt.

TRÄUME VON TOD ODER KRANKHEIT

Eine besondere Kategorie prognostischer Träume bilden Träume, die sich mit Tod oder Krankheit befassen.[2]

Jeder Traum kann potentiell auf eine künftige Entwicklung hinweisen und so prognostischen Zwecken dienen. Träume vom wirklichen Tod sind allerdings nur selten wörtlich zu nehmen. Meistens beziehen sie sich auf einen symbolischen Prozeß von Tod und Wiedergeburt, der jeder psychologischen Entwicklung immanent ist. Die alte Haltung muß ›sterben‹, um die Schaffung/Entdeckung einer neuempfundenen Identität zu ermöglichen.

Auf der anderen Seite kann der Traum auch eine biologische Bedrohung aufzeigen. Ein Beispiel für einen solchen prognostischen Traum ist der Traum einer Frau, die zur Therapie kam, weil sie vor kurzem einen Knoten in ihrer Brust entdeckt hatte. Sie träumte:

> Ich traf meinen Ehemann, der mir sagte, alles würde in Ordnung kommen und ich bräuchte mir keine Sorgen zu machen. Ich verabschiedete mich von ihm und fand mich an einer Meeresküste wieder. Der Strand war einsam, das Licht verdunkelte sich. Das Ufer war leer mit Ausnahme einiger Barken, die dort lagen.[3]

Die Assoziation zum Ehemann war ›ein törichter Optimist, der der Wirklichkeit nie ins Gesicht sehen will‹. Die Barken erinnerten sie an ägyptische Todesbarken, wie sie sie im Museum gesehen hatte. Das schwächer werdende Licht, der einsame Strand mit den wartenden Barken und ihre Beschreibung ließen beim Therapeuten eine Atmosphäre unheimlicher Düsternis aufkommen. Diese war kein Teil seiner eigenen Stimmung, sondern wurde vom Traum induziert. Zusammengenommen vermittelte all das eine klare Todesbotschaft. Die Szenerie oder Exposition, die die Situation zeigt, wie sie ist, weist auf einen unrealistischen Optimismus hin, dem ein Bild des Todes folgt. Es stellte sich tatsächlich heraus, daß der Knoten kanzerös war und schließlich zum Tode führte. Ob eine Konfrontation mit dem unrealistischen Optimismus, der die Träumerin daran hinderte, der Wirklichkeit ins Auge zu sehen, zu einer früheren Diagnose und eventuell zu einem besseren Ausgang hätte führen können, darüber lassen sich nur Vermutungen anstellen. Im Hinblick auf die Struktur und Abfolge der Traumereignisse kann diese Möglichkeit aber nicht ausgeschlossen werden.

Ein anderer Klient träumte:

> Ein Mann sitzt in formeller Abendkleidung zu Pferd. Er begegnet einem wandernden Sänger und versucht ihn niederzureiten. Aufgrund dieser Bedrohung greift der Sänger voller Wut und Panik zu einer Axt und fängt an, auf das Pferd einzuschlagen und es zu verstümmeln.

Zu dem Mann in Abendkleidung assoziierte der Träumer gesellschaftliche Förmlichkeit, Konvention und daraus resultierende Langeweile. Der Sänger, ein wandernder Spieler, repräsentierte für ihn seine romantische Natur und seine emotionale Sehnsucht, ebenso wie seinen gesunden Exhibitionismus. Zu dem Pferd assoziierte er ›animalische Kraft‹ und ›Pferdestärke‹. Hier haben wir ein Beispiel, bei dem die persönlichen Assoziationen mit der universellen und archetypischen Bedeutung zusammenfallen. Schon Freud verwendete das Bild von Roß und Reiter, um die Beziehung zwischen der bewußten Psyche und der unbewußten körperlichen Dynamik zu illustrieren. Mythologisch gesehen ist das Pferd ein Bild für instinkthafte Energie und Triebkraft. Deshalb sind Poseidon und Mannanan mac Lir, die Herren der Meere, auch Herren der Pferde; der Sonnenwagen mit seiner lebenspendenden Energie wird von Pferden gezogen.

Der Traum zeigt, daß die Lebensenergie von einer steifen, förmlichen und gesellschaftlich konventionellen Haltung ›geritten‹ wird. Diese droht die emotionale Seite des Träumers, sein Bedürfnis und seine Sehnsucht nach Anerkennung umzurennen. Die bedrohte emotionale Dynamik vergilt dies mit selbstzerstörerischem Handeln — sie greift die Lebensenergie an. Der Mann wirkte in der Tat demütig, bescheiden und zurückhaltend, war aber erfüllt von kochendem Zorn, Selbstzweifeln und passiv-aggressiver Wut.

Der Traum stellt nicht nur exakt die psychologische Situation des Träumers dar, um es ihm zu ermöglichen, zu dieser einen Bezug herzustellen, er warnt auch vor der Gefahr einer somatischen Bedrohung. Wird die beständig repressive und selbstverleugnende Haltung beibehalten, so könnte sie auf der biologischen Ebene zur Bedrohung werden: Die Lebenskraft oder der Lebenswille wird verstümmelt.

Andere Beispiele für wirklich lebensbedrohliche Motive finden sich in Traumbildern von Fluten, Sturmfluten, Sandstürmen, Erdbeben oder anderen Naturkatastrophen. Eine Bedrohung für das psychologische und/oder biologische Leben besteht dann, wenn durch diese Ereignisse das symbolische Bild des Selbst des Träumers oder sein Kind (als sein künftiges Leben — nicht als Kindlichkeit) oder mit ihm persönlich verbundene Tiere (sein instinkthaftes Leben) oder andere Bilder, die grundlegende Lebenseinheiten wie Wälder, Weizenfelder etc. oder grundlegende Behältnisse für das Leben wie Haus oder Bett darstellen, im Traum wirklich verletzt oder zerstört werden. Die meisten anderen Gestalten, auch das Traum-Ich, stellen Teilpersönlichkeiten oder Komplexe dar und sind ›entbehrlich‹; wenngleich der Verlust oder die Zerschlagung der verfestigten Komplexe, für die sie stehen, vom Träumer als schmerzhaft empfunden werden kann.

Manche Motive, die mit wirklichen Gefahren assoziiert sind, zu denen auch äußere Ereignisstrukturen zählen können, treten in Träumen als symbolische Eruptionen auf. Der Traum einer Frau, in welchem ›Stadtgebäude einstürzten‹, wurde zwei Tage vor einem Börsenkrach geträumt. Die Szene antizipierte zwar das äußere Ereignis, durch das die familiären Finanzen erschüttert wurden, der wirkliche Zusammenbruch, auf den der Traum hinwies, war aber ein psychologischer. Er bezog sich auf die Wirkungen, die die unerwartete Abkehr ihres Ehemannes von der Ehe auf die Psyche der Träumerin hatte.

Atomkrieg steht gewöhnlich als Metapher für einen radikalen ›nuklearen‹, den Kern betreffenden Aufruhr, für Vernichtung und ein vorübergehend daraus resultierendes Chaos[4]. Das Traum-Ich empfindet dies als erschreckend, das Ereignis ist aber nicht notwendigerweise objektiv zerstörerisch — was natürlich vom Gesamtkontext und möglichen kompensatorischen Faktoren abhängt.

Krankheiten, die in Träumen auftreten, sind gewöhnlich in ihrer metaphorischen Bedeutung zu sehen, obgleich es auch Beispiele für direkte Voraussagen gibt. Leukämie etwa, ein fortschreitender Überschuß an weißen

Abwehrzellen, weist oft auf ein psychologisches Immunsystem hin, das übersteigert und dadurch ineffektiv und außer Kontrolle geraten ist. AIDS dagegen scheint im Kontext der Traumarbeit auf die allgemeine Unfähigkeit hinzuweisen, die eigene psychische Integrität zu verteidigen. Krebs kann eine Metapher für jeden autonom wuchernden unbewußten Prozeß sein — für eine abgespaltene und unbeachtete Lebensenergie, eine Energie also, die außer Kontrolle geraten und destruktiv geworden ist.

Die ›Persönlichkeit‹ dieser Krankheitsmuster muß in ihren symbolischen Implikationen imaginativ erfahren werden. Denn jedes biologische Krankheitsthema steht für ein kritisches archetypisches Motiv, das in angemessener Form verkörpert und verankert werden muß. Es zeigt einen noch unassimilierten Konflikt zwischen archetypischer Dynamik und Ich auf, bei dem es darum geht, das archetypische Problem und seine Bedeutung zu erkennen. Dies wird als Krankheit dargestellt, weil jede Krise für uns eine Störung des Wohlbefindens bedeutet. (In dem englischen Wort für Krankheit, ›disease‹, drückt sich dieser Zusammenhang plastisch aus: Es ist aus dem Stamm ›ease‹ = Wohlbefinden und der Vorsilbe ›dis‹ gebildet.)

Die dramatischen Implikationen des Traumes gehören ebenfalls mit zur Sache. In Träumen kann auf die Zerstörung eine Wiedergeburt folgen, vorausgesetzt, die Abbilder von Lebensenergie und Integrität sind erhalten geblieben. Außerdem kann die dramatische Entwicklung in einem Traum, der eine Zerstörung darstellt, auch anzeigen, unter welchen Umständen oder mit welcher Haltung der Bedrohung ausgewichen werden könnte. Bei einer Überschwemmung kann es dem Träumer möglicherweise gelingen, unter Anstrengung an ein sicheres Ufer zu schwimmen. Vielleicht kann er den Kopf so lange über Wasser halten, bis die Flut abebbt, oder entdecken, daß er sicher an einer im wirklichen Leben tatsächlich vorhandenen Uferstelle steht oder sich in einem soliden Gebäude befindet etc. All diese Einzelheiten der dramatischen Traumhandlung müssen mit berücksichtigt werden, wenn es darum geht, die Situation des Träumers klinisch zu beurteilen und eine Prognose abzugeben. Außerdem sind auch die Assoziationen des Träumers, einschließlich derjenigen, welche sich auf den betroffenen Körperteil beziehen, immer relevant. (Siehe Kapitel 11: Körperbilder.)

Angesichts all dessen ist es wichtig, daran zu denken, daß ominöse Motive als Warnung, aber nie als definitive oder endgültige Voraussagen zu werten sind. So sind insbesondere, wie schon erwähnt, Tod und Transformation gleichbedeutend, was die unbewußte Psyche anbelangt. Träume von Tod und Transformation lassen sich anhand ihrer Bilder deshalb nicht voneinander unterscheiden. Transformatorische Motive können bei entsprechender Szenerie den Tod voraussagen, und offensichtliche Todesträume können sich auf eine grundlegende Transformation beziehen. Wir können die Andeutungen oder Warnungen nutzen, wozu sie auch gut sind, aber erst im Rückblick läßt sich eine sichere Aussage treffen.

Im übrigen gilt, daß ein Traum niemals eine endgültige oder unabänderliche Geschichte erzählt. Er beschreibt die ›Situation, wie sie ist‹, legt man die Umstände zugrunde, die sich aus der Haltung und Bewußtheit des Träumers ergeben. Ändert sich diese Haltung, weil vielleicht durch das Verstehen des bedrohlichen Traumes eine größere Bewußtheit erlangt werden konnte, so wird der folgende Traum in der Regel ein anderes Bild malen. In der dramatischen Form der Träume zeigen sich Möglichkeiten oder Wahrscheinlichkeiten. Nur unter ganz seltenen Umständen drückt sich in ihnen eine Endgültigkeit aus. In einem solchen Fall stellen die vom Traum ›gewählten‹ Motive einfach das Vorhandensein einer Situation fest, die ihrer Natur nach nicht verändert werden kann. Die Frau, die am Ufer neben den Barken der Toten stand (vgl. S. 180), könnte immer noch ihre Schritte zurückverfolgen und sich mit ihrer törichten, optimistischen Einstellung auseinandersetzen, von der aus ihr Weg an diese Todesküste führte (eine Abfolge von Ereignissen gibt oft eine Kausalität wieder; siehe Kapitel 9: Technische Einzelheiten). Aber weder sie noch die Träumerin, auf die sich die Finsternis herabsenkte (vgl. S. 174), werden in Situationen dargestellt, die viel Spielraum zu einer Neugestaltung lassen. Im Gegensatz zu ihrem anfänglichen Optimismus fand die Träumerin des Barken-Traumes heraus, daß ihre Analyse eine Sterbevorbereitung werden sollte.

Auch wenn keine augenscheinliche Alternative gegeben wird, ist es klug, abzuwarten, was nachfolgende Träume zu sagen haben. Einsichten, die so gewonnen werden, können Veränderungen bewirken oder andere Ansatzmöglichkeiten aufzeigen. Unpassende oder fehlgehende Deutungen und Verständnisansätze werden zu Wiederholungen derselben Traumbotschaft führen, vielleicht in veränderter Form oder gar in Form von Alpträumen, wenn eine wichtige Botschaft nicht ›gehört‹ worden ist. Entscheidend wichtige Punkte, die übersehen oder nicht genügend beachtet worden sind, können zum Thema neuer Träume werden.

KAPITEL 11

KÖRPERBILDER

Seele und Körper sind wohl ein Gegensatzpaar und als solches der Ausdruck *eines* Wesens, dessen Natur weder aus der stofflichen Erscheinung noch aus der inneren unmittelbaren Wahrnehmung erkennbar ist ... ein unerkennbares lebendiges Wesen, [das] äußerlich als stofflicher Körper, innerlich angeschaut aber als Folge von Bildern der im Körper stattfindenden Lebenstätigkeit erscheint. Das eine ist das andere.
(*GW*, Band 8, Randnummer 619)

Aus dem Blickwinkel der unbewußten Psyche wird der Körper als Vehikel oder Ort der Inkarnation erfahren. (Unter Inkarnation als archetypischem Vorgang ist der existentielle Ausdruck der Persönlichkeit, wie sie im Hier und Jetzt lebt, zu verstehen.) Dieses Vehikel hat seine eigene biologische Dynamik und seine eigenen Rhythmen, die in Wechselwirkung mit der Dynamik der Psyche mitschwingen und zum größeren Teil der unmittelbaren Kontrolle durch das Ich entzogen sind. Die körperliche Dynamik repräsentiert somit die Kräfte des organischen Lebens; sie ist Ausdruck von (und verwandt mit) Funktionen des tierischen Lebens, was die Affektimpulsivität, und des pflanzlichen Lebens, was Werden und Vergehen anbelangt. Diese Dynamik ist als ein gegebenes *a priori* zu sehen; sie läßt sich nicht willkürlich verändern.

Hinweise auf den Körper, auf Körperfunktionen, körperliche Bedürfnisse oder körperliche Pathologie lassen sich aus Traumbildern von festen Strukturen aller Art entnehmen — seien es Gebäude, wie Häuser oder Hütten, oder Fahrzeuge, wie Autos, Boote etc. Der gemeinsame Nenner besteht darin, daß sie alle bewohnbar sind oder als Behältnisse des Lebens verwendet werden können. Und weil sie als Behältnisse einen Inhalt haben können, können sie auch als Vehikel für den Ausdruck menschlicher Aktivität dienen.

Hinweise auf den Körper können sich auch in Tier- oder Pflanzenbildern finden. In solchen Fällen sind die besonderen Eigenschaften, Antriebskräfte oder Formmuster, die der Träumer hierzu assoziiert oder die metaphorisch oder symbolisch mit dem betreffenden Tier oder der Pflanze verknüpft sind, die Wegweiser zu der besonderen Bedeutung der Körper- oder Affektfunktion, auf die sich das Traumbild bezieht.

Zum Beispiel (und nur als Beispiel, nicht als feststehende oder stereotype Formel) können wir ein Pferd als Abbild der vitalen Kraft und Stärke sehen (der ›Pferdestärke‹, die uns Taten ermöglicht, die wir zu Fuß nicht verrichten können). Das Pferd hält und trägt seinen Reiter, die menschliche Person, genauso wie der Körper die Persönlichkeit hält und trägt. Natürlich kann sich ein Pferdebild auch auf einen mythologischen Pferdegott oder eine Pferdegöttin beziehen, die wiederum dieselben Kräfte der Vitalität und der tragenden Stärke zum Ausdruck bringen würden, nuanciert mit besonderen männlichen oder weiblichen Eigenschaften. Und/oder das Bild des Traumpferdes kann auch Assoziationen zu den Eigenschaften des Pferdes aufweisen, das der Träumer im letzten Sommer auf einer Touristenranch geritten hat.

Ein Baum kann einen assoziativen Zusammenhang mit einem bestimmten Baum aus dem Garten der Kindheit haben, mit dem Stammbaum, mit Vertikalität und einer Verbindung zwischen dem Reich der Natur und dem Reich der Transzendenz und/oder mit vitaler Kraft und der Fähigkeit zu Wachstum und Ausdauer.[1] Wird im Traum ein Baum gefällt, so kann dieses Bild den Abschluß einer bestimmten Phase des Lebensprozesses darstellen. Wird ein Baum dagegen tot, beschädigt oder verkümmert dargestellt, so könnte der Deuter auch die Möglichkeit eines entsprechenden Schadens auf der biologischen Ebene in Erwägung ziehen: Es wäre an eine physische Erkrankung zu denken, die sich noch nicht manifestiert hat oder die noch nicht entdeckt worden ist. Der Schaden könnte auch psychologische oder spirituelle Faktoren beim Träumer betreffen. Zur Klärung müßte der Analytiker herausfinden, worauf sich das Bild im Leben des Träumers bezieht bzw. was es dort kompensiert und was zum Zustand des Traumbaumes geführt hat.

Ein Traum, der eine ernsthafte Warnung vor einer körperlichen Störung enthielt, wurde von einer Frau geträumt, die am folgenden Tag einen Gehirnschlag erlitt. Im Traum sah sie, wie ihr Hausdach von den Ästen eines Baumes durchbohrt wurde, die sich im Sturm gelöst hatten.

Zur Kategorie der Bilder, die den Körper allegorisieren, müssen wir auch die Träume zählen, die sich mit Jahres- oder Tagesrhythmen befassen. Hier gilt es deren Wandel und/oder die mangelnde Anpassung des Traum-Ich an diesen Wandel in Betracht zu ziehen. Solche Bilder können auf Morgen oder Abend, Frühling, Sommer, Herbst oder Winter im Leben des Träumers hinweisen.

Ein Beispiel für einen Traum, der tatsächlich im voraus den Tod des Träumers ausmalte, trat in der Nacht vor dessen Tod auf. Im Traum spricht ihn die Stimme seiner längst verstorbenen Großmutter an und teilt ihm mit, daß es fünf Minuten vor vier sei.[2] Zu vier Uhr assoziierte er ›Zeit für eine Kaffeepause‹, und Kaffeepause bedeutete für ihn ›die Zeit, in der man aufhört zu arbeiten, um Pause zu machen und danach ausgeruht und erfrischt wieder an die Arbeit gehen zu können‹. Das Bild macht deutlich, daß die biologische Uhr abgelaufen ist und der Träumer zu seiner Vorfahrin gerufen wird, der Großmutter oder Großen Mutter (einer weitverbreiteten mythologischen Gestalt der individuellen Schicksalsgöttin[3]). Der Traum enthält aber auch eine Andeutung von Wiedergeburt oder Reinkarnation als einem zyklischen Ereignis.

Treffen wir auf Körperbilder, etwa wenn wir von Herz- oder Hautkrankheiten, von Krebs oder schwachen Knochen träumen, oder stoßen wir auf Traumbilder, die sich auf bestimmte Körperfunktionen beziehen, wie Sexualität, Ausscheidung, Essen, Schlafen etc., so ist die Anspielung zuerst buchstäblich auf der Objektstufe zu untersuchen. Liegt ein tatsächliches Problem vor, auf das der Traum hinweist? Welche bewußte Beziehung hat der Träumer zu dieser besonderen Körperfunktion? Wenn die Deutung auf der Objektstufe nicht zutreffend erscheint — aber auch wenn sie zutrifft —, ist, gegebenenfalls zusätzlich, nach den allegorischen und symbolischen Implikationen der psychosomatischen Dynamik auf der Subjektstufe zu forschen. Dazu gelangt man durch persönliche Assoziationen oder Erklärungen zu dem in Frage stehenden Körperteil und mittels kollektiver (oder mythologischer) und vergleichsweise feststehender traditioneller Assoziationen und Erklärungen zu diesen Körperteilen. Beispiele für solche Kollektiverklärungen sind etwa: Festigkeit und Struktur bei Knochen; aggressive Wut, Bitterkeit oder Zorn bei Galle oder Gallenflüssigkeit; Depression bei schwarzer Galle; Gefühle und die Verbindung zu dem, was man als transpersonales spirituelles Zentrum empfindet oder ›fühlt‹, beim

Herzen; eine autonome und destruktive ›Infiltration‹ oder wuchernde Aktivität eines psychologischen Komplexes bei Krebs etc.

Zu dieser Kategorie könnte man auch Träume vom Tod oder vom Sterben des Träumers zählen. Träume vom Tod unterscheiden sich insofern von den obigen Beispielen biologischer oder zeitweiliger rhythmischer Veränderungen, als sie nur in seltenen Fällen auf das wirkliche Ereignis des Todes hindeuten. Wie in Kapitel 10: Prognose aus Träumen ausgeführt, zeigen sie gewöhnlich einen radikalen, existentiellen Abschluß eines Zyklus an, und damit auch einen Neubeginn. Solche Traumbilder weisen einen Bezug zu Antriebskräften und Affektdynamik auf, welche tief in körperlichen und instinktiven Strukturen verwurzelt sind; man kann also nicht erwarten, daß sie sich leicht oder ohne den psychologischen ›Tod‹ verändern, welcher die Transformation häufig zwingend begleitet.

SEXUALITÄT

Auch wenn wir bei Sexualität gewöhnlich an das Geschlechtliche denken, so hat der Begriff archetypisch gesehen doch einen viel breiteren Bedeutungsumfang. Die Symbolik von Yang und Yin, Lingam und Yoni scheint als Archetypus in unsere Psyche eingepflanzt zu sein. Sie repräsentiert die grundlegende Polarität sowohl zwischen Partnern als auch innerhalb der Psyche des Individuums: nach außen gehend — in sich gekehrt, hell — dunkel, initiativ — reagierend, kreativ — rezeptiv, sich behauptend — sich anpassend, um nur ein paar Beispiele für das zu nennen, was geschlechtliche Traumbilder, ungeachtet des Geschlechts des Träumers, ausdrücken und bedeuten können. Die persönlichen Assoziationen und Erklärungen des Träumers sind ebenfalls in Betracht zu ziehen.

Sexuelle Symbolik ist eine häufig anzutreffende Form körperlicher Traumbilder. Im weitesten Sinne bezieht sie sich auf die Anziehung durch irgend etwas, was man als Gegenpol empfindet, und auf das Bedürfnis, sich mit diesem zu vereinigen und zu verschmelzen. Oft treten solche Bilder dann auf, wenn es problematisch ist, den emotionalen Abstand zwischen verschiedenen Positionen (etwa zwischen Analytiker und Analysand) zu überbrücken. Im Positiven kann dies auf psychologische Vervollständigung hinweisen, im Negativen kann es einen Zustand aufzeigen, bei dem man sich zu einer Dynamik hingezogen fühlt oder in eine solche ›verwikkelt‹ wird, die die psychologische Entwicklung und/oder echte Bezogenheit hindern kann.

Dies soll an einem Beispiel veranschaulicht werden. Ein junger Mann mit leicht obsessiven Zügen hatte folgenden Traum:

> Ich sitze in meinem Auto, bereit, aufs Gaspedal zu treten, als ich bemerke, daß eine Frau rechts von mir leidenschaftlich meinen Penis streichelt und zu wiederholten Ejakulationen erregt. Die Empfindung fühlt sich vertraut an und es gefällt mir, ich habe aber etwas Bedenken, auf diese Weise zu fahren, da dies mir auf lange Sicht meine Energien rauben und mich verwirren könnte.
>
> Dann berührt der Mann, der hinter mir sitzt, sanft meine Wangen, was sich wie eine zärtliche Liebkosung anfühlt. Ich beschließe mich umzudrehen, um zu sehen, wer es ist, denn seine Berührung fühlt sich besser an als ihre Intensität. Um mich aber zu ihm umdrehen zu können und zu sehen, was er will, muß ich mich von ihr lösen und auch meinen Fuß vom Gaspedal nehmen.

Zu der Frau auf der rechten Seite assoziierte er eine Bekannte, zu der er sich nicht besonders hingezogen fühlte; wenn er überhaupt etwas empfand, dann höchstens eine leichte Irritation. Er beschrieb sie als Amazonentyp, sehr ehrgeizig, von Konkurrenzdenken geprägt und drängend, die aber auch (in seinen eigenen Worten ausgedrückt) ›zu hysterischen Anwandlungen und Wutanfällen neigte, wenn die Dinge nicht so liefen, wie sie wollte‹. Ihre Persönlichkeit erinnerte ihn an seine Mutter, die er als einen ähnlichen Typus beschrieb.

Der Mann erinnerte ihn an niemanden, den er kannte. Als er gebeten wurde, die Gestalt in seiner Phantasie zu imaginieren, beschrieb der Träumer einen stillen, warmherzigen und einfühlsamen Künstler. Ein solcher Mann war das gerade Gegenteil dessen, wofür der Träumer sich selbst hielt. Sein Selbstbild war das eines rationalen, kühlen und tüchtigen Geschäftsmannes, gelegentlich leicht erregbar und ehrgeizig, in erster Linie aber solide und praktisch.

Auf der Objektstufe gab es keine homosexuelle Thematik. Auch fühlte er sich zu der wirklichen Frau aus seinem Traum weder in inzestuöser noch in sonstiger Weise hingezogen. Subjektiv führte dieser Traum jedoch zu wichtigen Einsichten, was libidinöse Verschmelzung und Anziehung anbelangt.

Die Szenerie und die Entwicklung zeigen das Traum-Ich in einer ›Antriebs-Struktur‹, dem Auto, bereit, aufs Gas zu steigen. Das Bild ist eine Verkörperung von wachsamer Antriebsbereitschaft. Im gleichen Augenblick entdeckt das Traum-Ich, daß es auf seiner rechten Seite (linke Hirnhälfte: rationales Handeln) mit einer Verkörperung ehrgeizigen, von Konkurrenzdenken geprägten Drängens und der Neigung zu hysterischen Anwandlungen und Wutanfällen (so seine Assoziationen zu dieser Frau) libidinös verschmolzen (sexuell erregt) ist. Es bekommt eine vertraute, sich wiederholende und angenehme Abreaktion. Die Gestalt erregt seinen Phallus, den potenten, aggressiven Ausdruck dessen, was der Träumer als seine Männlichkeit empfindet.

Der kritische Höhepunkt des Traumdramas besteht in der unerwarteten Intervention des jungen Mannes auf dem Rücksitz. Das Traum-Ich wird von Eigenschaften in ihm selbst berührt, deren es sich überhaupt nicht bewußt war. Der einfühlsame, warme und künstlerische junge Mann auf dem Rücksitz ist eine Gestalt, die das unbewußte Potential des Träumers allegorisiert. Dieses kann er nur erreichen, so drückt es der Traum aus, wenn er sich von der erregenden Gestalt distanziert und den Fuß vom Gas nimmt. Beide Bilder beziehen sich auf sein Problem mit der Kontrolle von Impulsen.

Der Traum weicht von den klischeehaften Normen des Träumers (und eines Großteils seiner Geschlechtsgenossen) hinsichtlich dessen, was männlich und was weiblich ist, ab. Die Anziehungskraft des jungen Mannes hinter dem Traum-Ich bringt einen Drang zum Ausdruck, zu vollerer Männlichkeit zu gelangen. Dies ist, folgt man dem Traum, dadurch zu bewerkstelligen, daß der Träumer sich mit Einfühlsamkeit, Wärme und künstlerischen Eigenschaften verbindet, die er ganz allgemein für ›weiblich‹ hielt. Die heroische Machohaltung wird hier dagegen in weiblicher Gestalt dargestellt. Sie repräsentiert eine Funktion der hemmungslosen ›weiblichen‹ Seite seines Wesens, die Ausdruck einer frühen libidinösen Verschmelzung mit der Mutter und ihren ehrgeizigen Erwartungen an ihn ist, welche ihm immer noch seine Energien rauben.

Der Traum illustriert einige differenzierende Nuancen in der Art der Verwicklung zwischen dem Traum-Ich und den es anziehenden Partnern. Mit der Frauengestalt kommt es zu einem unmittelbar erregenden sexuellen Kontakt. Die Anima ›holt ihm einen runter‹, er nimmt nicht bewußt daran teil; der einfühlsame Mann berührt ihn nur und bewirkt eine bislang noch distanzierte Reaktion des Angezogenseins. Die zuerst stattfindende, wirklich intensive Verwicklung bringt genau das zum Ausdruck: einen Zustand der *Identität* mit einem Komplex. Hier wird die Identität des Traum-Ich mit der obsessiv ehrgeizigen und hysterischen, erregenden Anima-Gestalt dargestellt. Die sexuelle oder emotionale Anziehung, die nicht oder noch nicht zu intimem körperlichem Kontakt geführt hat, weist auf einen unbewußt vorhandenen Zug hin. Sie steht für einen libidinösen Vektor, der in die Richtung der dargestellten Gestalt weist, einen Zug hin zu einem Potential, das jedoch noch nicht verwirklicht worden ist.

Hier können wir paradoxerweise eine polare Beziehung zwischen sexuellen Träumen und Träumen von Eindringlingen und Verfolgung erkennen. Während sexuelle Träume zeigen, wovon das Traum-Ich angezogen wird, zeigen Träume von Eindringlingen oder Verfolgern, was zum Traum-Ich hindrängt: »das will zu mir«⁴. Letztere stellen Inhalte des Unbewußten dar, die sich mit Dringlichkeit ins Bewußtsein des Träumers drücken wollen, gegen seine Ängste und/oder seinen Widerstand.

Sogenannte sexuelle ›Perversionen‹ stellen Form- oder Inhaltsvarianten libidinöser Anziehung dar. Wir müssen daran denken, daß jeder Versuch, definieren zu wollen, was auf der Stufe instinkthafter Dynamik als ›normal‹ oder ›anormal‹ gelten soll, bedeuten würde, soziale Normen auf eine vorsoziale Triebebene anzuwenden. Ein offen ausagierendes Verhalten mögen wir vielleicht für anormal halten; wir können solche Maßstäbe aber nicht an ein Bild oder einen Traum anlegen, das bzw. der einfach die Natur eines libidinösen Zugs nach archetypischem, instinkthaftem Muster beschreibt. Was nicht heißen soll, daß solche Träume nicht auch Pathologisches ausdrücken können, besonders dann, wenn sich in ihnen eine Tendenz zu destruktivem Ausagieren zeigt. Dies gilt jedoch für alle Träume, ob sie nun sexueller oder nicht-sexueller Art sind.

Homoerotische Motive beschreiben, wie unser Beispiel zeigt, ein Angezogensein durch solche Charakterzüge, die Ausdruck des eigenen Geschlechts des Träumers sind oder es ergänzen und vervollständigen könnten. Diese Charakterzüge würden, wenn sie vollständig eingebunden werden könnten, den Träumer zu einem vollwertigeren Mann, die Träumerin zu einer vollwertigeren Frau machen, gemäß den Vorstellungen des Lenkenden Selbst, wie es dem/der Betroffenen auf seinem/ihrem Individuationsweg ›bestimmt ist zu sein‹.

Masturbation ist wörtlich genommen Selbsterregung oder Selbstaufrüttelung und kann das Vergnügen beschreiben, das der Fähigkeit innewohnt, sich selbst ›anmachen‹ zu können, indem man in positiver Weise autonomer wird, sich mehr auf sich selbst verläßt und sich selbst mehr liebt und achtet. Eine solche Hinwendung zu sich selbst und zur Selbstanregung kann ein Abbild eines kreativen Potentials sein, das dazu angeregt werden soll, aus den individuellen Tiefen des Träumers aufzusteigen, und das ihn dann dazu befähigen würde, mehr lustvolle Willenskraft und individuelle kreative Anstrengung für die zu bewältigenden Lebensaufgaben einzusetzen. (Nach einem ägyptischen Mythos wurde die Welt durch den Masturbationsakt einer Gottheit geschaffen.⁵) Masturbation kann aber auch auf autistische oder einsiedlerische Tendenzen hinweisen, welche den Archetypus der Selbsterschaffung in einer noch zwanghaften Form beinhalten.

Sadistische Motive können manchmal den unbewußten Drang zu oder die Notwendigkeit von stärkerer Behauptung, Dominanz und Kontrolle beschreiben. In anderen Fällen können sie die Art und Weise zeigen, wie ein Aspekt der Psyche sich daran ergötzt, einen anderen zu dominieren, zu vergewaltigen oder zu ›bumsen‹. Masochistische Motive können die Notwendigkeit zeigen oder ein ›Aufruf‹ sein, sich stärker dem zu unterwerfen und anzupassen, was der Partner allegorisiert, sie können aber auch ganz im Gegenteil eine Neigung zu fehlgeleiteter Unterwürfigkeit darstellen. Bei solchen Motiven müssen die auf der Objektstufe und auf der Subjektstufe beteiligten Partner sorgfältig und genau untersucht und nach dem Prinzip der Kompensation bewertet werden.

Eine Frau in den mittleren Jahren träumte:

> Ich liege mit einem älteren Mann im Bett, der in gewisser Weise wie mein Vater ist. Er schlägt und vergewaltigt mich auf brutale Weise. Ich bin entsetzt, empfinde aber dennoch intensive Lust und orgiastische sexuelle Erregung.

Ihr Vater war in ihrer Erinnerung eine ›aufregende und inspirierende Gestalt, manchmal ein bißchen streng, und mit starken Überzeugungen‹, im Grunde aber gütig und hilfreich, wie sie glaubte. Erst als wichtige Erinnerungen, die dieser Traum assoziativ ausgelöst hatte, intensiv durchgearbeitet wurden, fiel ihr wieder ein, daß er sie tatsächlich körperlich und geistig brutal behandelt und ihr nicht erlaubt hatte, auf ihre eigene Weise zu fühlen, zu denken und zu handeln. Da dies aber die einzige Art war, auf die das junge Mädchen die Aufmerksamkeit des Vaters erfuhr, wurde all das glorifiziert und als väterliche Liebe und Führung empfunden. Im Ergebnis wurde sie so zu einem Ebenbild von Vaters Ansichten und Meinungen, hatte selten einen eigenen Gedanken und heiratete einen ähnlich dominierenden Mann, dem sie bitterlich grollte, ohne fähig zu sein, sich von ihm zu befreien und sich zu behaupten. Während sie bewußt grollte, glorifizierte sie unbewußt ihre Opferlage.

Paradoxerweise und im Gegensatz zu dem Bild, das die Träumerin von sich selbst hatte, erlebten andere sie als sehr willensstark, dominierend und energisch. Ihr Ehemann, der unter seiner irreführenden, einschüchternden Oberfläche ein eher schwacher Mann war, gestand bei der Eheberatung ein, daß er sich vor ihr fürchtete. Ebenso ging es einigen Mitgliedern ihrer Therapiegruppe.

Hier wird die Implikation des Traumes auf der Subjektstufe bedeutsam; eine sorgfältige Lektüre dieses Traumes sollte uns in der Tat gleich vermuten lassen, daß die Implikation auf der Subjektstufe von primärer Bedeutung ist. Daß die Ansichten der Träumerin über ihren Vater und seine Wirkung auf sie korrigiert wurden, war von entscheidender Wichtigkeit. Im Hinblick auf den Traum sind diese jedoch lediglich als assoziatives Material zu sehen. Denn der Traum zeigt den sadistischen Sexualpartner nicht als ihren Vater, sondern als unbekannten Fremden, der dem Vater nur ähnelt. Die Gestalt stellt eine innere Teilpersönlichkeit dar (in der Jungschen Terminologie: eine Animus-Gestalt). Sie weist eine Ähnlichkeit mit dem Vater auf, die Teil ihrer eigenen Persönlichkeit ist; sie zeigt mit anderen Worten die unerkannte Stärke — ja sogar Brutalität und dogmatische, diktatorische Art — der Träumerin selbst, mit der sie sich in einem Zustand psychischer Identität befindet (im Bett: intime und/oder sexuelle Beziehung). Einer solchen Dominanz ihrer inneren brutalen und diktatorischen Seite unterwirft sie sich freudig; und sie agiert sie unbewußt als passive Aggression aus. Sie dominiert mit Hilfe ihrer Rolle des leidenden und mißbrauchten Opfers. Und durch Projektion bringt sie mittels psychischer Induktion bei den Männern in ihrer Umgebung, einschließlich des Therapeuten, die komplementäre Rolle des aktiven Aggressors hervor. Da sie sich so immer und immer wieder in ihrer ›Hilflosigkeit‹ bestätigt fühlt, kann sie ihre eigene verborgene Stärke nicht nutzen. Sie bleibt hilflos an die Kraft gebunden, die sie ›vergewaltigt‹, ihr aber nicht als eigene Stärke zur Verfügung steht. Wäre sie in der Lage, die Implikation des Traumes zu assimilieren, indem sie die durch die Traumgestalt dargestellte potentielle Fähigkeit zur Selbstbehauptung bewußt annimmt und sich mit ihr verbindet (sexuelles Bild), so könnte sie ein fehlendes Stück ihrer psychologischen Ganzheit assimilieren, das für ihre Individuation von entscheidender Wichtigkeit ist.

In Träumen auftretende sogenannte sexuelle ›Perversionen‹ sind als leidenschaftliche Versuche zu sehen, sich mit den Tendenzen, die das Bild allegorisiert, zu verbinden oder zu identifizieren. Wenngleich solche Träume zuerst auf der Objektstufe zu überprüfen sind, weisen sie doch auch auf eine psychologische Dynamik und oft auf eine tiefe spirituelle Sehnsucht und spirituelle Bedürfnisse hin. Vampirismus beispielsweise steht für das ›Dürsten‹ nach ›Lebensblut‹. Er zeigt, wie intensive und vitale Lebensenergie (die zu Recht oder zu Unrecht dort vermutet wird, je nach Traumkontext) aus dem Objekt der vampirischen Begierde gesogen wird. Auf der Objektstufe kann dadurch ein psychologischer Vampirismus angezeigt werden, eine Tendenz, sich zu sehr passiv auf andere zu verlassen, die einem Unterstützung, Anstoß und psychologische Stärke geben sollen. Eine solche Tendenz vermag mittels psychischer Induktion den Personen, die als Objekte des Vampirismus ausgewählt worden sind, die Vitalität zu rauben. Dies ist ein verbreitetes Motiv in Kinderträumen, wenn narzißtische elterliche Bedürfnisse dem Kind Lebensenergie und Autonomie rauben. Auf der Subjektstufe allegorisiert der Vampirismus als orales Verlangen oftmals infantile, symbiotische Bedürfnisse, die abgespalten sind und das Traum-Ich angreifen.

Fetischismus bringt eine — geforderte, fixierte und/oder übermäßig engagierte — Ergebenheit gegenüber den von dem Fetisch repräsentierten Eigenschaften zum Ausdruck. Ein verhältnismäßig verbreitetes Beispiel ist der männliche Schuh- oder Schlüpferfetischismus, der gewöhnlich eine unbewußte Anziehung oder einen unbewußten Drang zur Hingabe an den weiblichen ›Standpunkt‹ (Schuh) oder das ›verhüllte weibliche Mysterium‹, an das, was die ›geheimen‹ und ›heiligen‹ weiblichen Teile bedeckt und verbirgt, darstellt. Voyeurismus hat eine ähnliche Bedeutung, sein allegorischer Sinn hängt von dem Objekt ab, auf das er sich konzentriert. Jeder Traum mit ›perversen‹ Bildern muß aber vollständig erforscht werden. Allgemeine Bedeutungsangaben, wie sie hier gemacht wurden, sind nur als Hinweise auf die Amplifikation der allgemeinen archetypischen Tendenzen zu sehen — nicht mehr und nicht weniger. Die spezielle Anwendung solcher Kontexte wird immer von den Erklärungen und Assoziationen des einzelnen Träumers abhängen und durch diese modifiziert werden.

BILDER VON KÖRPERÖFFNUNGEN

Den Körperöffnungen, insbesondere Mund, Vagina, Brustwarzen, Anus und Harnröhre, aber auch Augen, Nase und Ohren, kommt eine Bedeutung zu, die einer sehr frühen phylogenetischen Stufe (Reptiliengehirn) der Auseinandersetzung mit der Realität anzugehören scheint. Sie alle dienen als Eingangstore für und in die äußere Welt. Über diese Öffnungen und die Dynamik, die sich in ihren Bildern findet oder auf diese projiziert wird, ist schon viel geschrieben worden. Tauchen Bilder von Körperöffnungen in Träumen auf, so ist es wichtig, daß der Deuter eine gewisse Kenntnis der klinischen Literatur hat. Er muß aber auch Phantasie und Erfahrung mitbringen, um diese Körpermetaphern verstehen zu können. Literatur und Kunst sind weltweit erfüllt von solchen Bildern. Für den Therapeuten ist es von Vorteil, sich damit auseinanderzusetzen, um ein vollständigeres bildhaftes Verständnis für die reichhaltigen und vielschichtigen Bedeutungen der Körpersymbolik zu gewinnen.

Durch Mund, Nase und Ohren dringen feste und flüssige Substanzen, Luft, Gerüche und Töne ein; durch Harnröhre und Anus können flüssige und feste Substanzen austreten und/oder ausgetrieben werden. Durch die Brustwarzen fließt die Grundnahrung, die gute Milch oder das ›saure Gift‹. Die Vagina ist Eingang zum mächtigen und numinosen Weiblichen, zur Lust, zur Befruchtung oder zum schrecklichen Verschlungenwerden. Aus ihrer Dunkelheit fließt rhythmisch das mächtige Menstruationsblut, das eine Stufe des Frauseins kennzeichnet und Probleme mit sich bringt, die mit dem Auffangen des Flusses, mit Fruchtbarkeit, Verunreinigung und Verbundenheit mit anderen Frauen und der Natur zu tun haben. Jedes neugeborene Leben kämpft sich aus der Vagina heraus, und ihr Bild kann auch für das Tor stehen, das in die Dunkelheit zurückführt, die der Tod ist. Jedes dieser Bilder muß in Beziehung zu seiner Dynamik auf der Objekt- und auf der Subjektstufe gesehen werden.

Der Mund dient als Organ des Schmeckens, als Eingang für lebenserhaltende Nahrung und als primäres Mittel zur Einverleibung. Er kann als Metapher für alle diese Vorgänge verwendet werden, ebenso wie für das wil-

lentliche Ausstoßen von Atem, Speichel und Erbrochenem, und für Ge-
fühlsausdrücke wie Seufzer, Küsse, Schreie, Lieder und Sprache. Orale Motive lassen an Variationen zum Thema des Empfangs von lebenserhalten-
den oder lebenszerstörenden Materialien sowie des primären Selbstausdrucks und der Selbstbehauptung denken. Oft beziehen sie sich auf Abhängigkeitsbedürfnisse, auf die Fähigkeit, etwas in sich hineinzunehmen
oder sich gegen etwas zu verschließen, das angeboten oder benötigt wird
oder der verarbeitenden Umwandlung oder Assimilation bedarf. (Oral-se-
xuelle Motive können den Drang beschreiben, phallische oder yonische
Energie ›in sich hineinzunehmen‹.) Zähne schärfen die orale Fähigkeit, zu-
zupacken, ›seine Zähne hineinzugraben‹ oder etwas zu ›zermalmen‹. Sie
bereiten die Stoffe der äußeren Welt für die Assimilation vor. Sie beißen.
Zähne können sich daher auch auf orale Aggression beziehen, auf Gier und
verschlingenden Neid. Zahnverlust kann sich auf den Verlust einer bestimmten Form der Realitätsanpassung beziehen, wobei zu hoffen ist, daß
die Zähne (und die Realitätsanpassung) durch neue oder durch Prothesen
ersetzt werden. Träume, in denen einem die Zähne ausgeschlagen werden
oder man Zähne verliert, ohne eine Möglichkeit zur Wiederherstellung zu
haben, könnten recht zweifelhafte Aussichten für die Regenerationsfähig-
keit des Klienten in bezug auf die von den Zähnen repräsentierten Funktionen zeigen.

Augen, Nase und Ohren dienen als Mittel zur allerelementarsten Orientierung und Selbsterhaltung auf der Tierstufe. Wir sagen ›ich sehe‹ oder
›ich höre dich‹, wenn wir eine Wahrnehmung ausdrücken wollen, die wir
in uns ›hineingenommen‹ haben, die mehr ist als ein bloß intellektuelles
Verstehen. Wenn es für uns nach Schwierigkeiten ›riecht‹, drücken wir eine
intuitive und/oder instinktive Körperwahrnehmung von etwas aus, das rational nicht erklärbar ist und doch Orientierung bietet. Visuelle Motive
hingegen beziehen sich eher auf die Fähigkeit, etwas verhältnismäßig bewußt und objektiv über einen ›erhellten‹ Raum ›in sich hineinzunehmen‹,
oder auf Schwierigkeiten bei dieser Art des Verarbeitens. Kommt etwas zu
Ohren oder durch die Ohren herein, so impliziert dies eine instinktive Ge-
fühlswahrnehmung und die Feinheiten und Schwierigkeiten beim Empfang solcher Botschaften aus der äußeren und inneren Wirklichkeit.[6]

Metabolische Symbolik — wie Essen, Verdauen oder Assimilieren —
findet sich häufig in Träumen und allegorisiert die Vorgänge und die Themen der äußeren Wirklichkeit und der (inneren) Psychologie, die zur ›Ver-

dauung‹, zur Verarbeitung anstehen. Eine Frau träumte, daß sie ihre eigene Scheiße in Form einer Kommunionsoblate aufaß. Der Traum rüttelte sie auf rauhe und nachdrückliche Weise auf und zeigte ihr die Notwendigkeit, einen Teil ihrer Schattennegativität zu verarbeiten, so als wäre dies eine heilige Kommunion mit dem Transpersonalen.

Ausscheidungsbilder beziehen sich nicht nur auf Abfallprodukte. Sie vermitteln eine ›negative Numinosität‹[7]. Denn das, was ausgeschieden wird, ist auch Produkt der Körperaktivität — und damit Produkt der inkarnierten Seele — auf einer frühen Ich- oder Vor-Ich-Stufe. Häufig weisen Träume auf ein Problem hin, dies in den richtigen Formen und Grenzen halten zu können, wenn beispielsweise die Traumgestalt im Wohnzimmer uriniert oder dort ihren Darm entleert oder wenn die Toilette überfließt. Abfall oder Schmutz ist Substanz, die als fehl am Platz empfunden wird. Ausscheidungsstoffe beziehen sich somit auf eine potentiell kreative oder transformatorische Aktivität oder einen entsprechenden Drang, die noch einen geeigneten Kanal finden müssen oder im Begriff sind, einen solchen zu finden. Verstopfte Toiletten würden auf eine Situation hinweisen, in der geeignete Formen für den Drang, sich selbst auszudrücken, oder für die Entladung von Bedürfnissen blockiert und nicht verfügbar sind. Die Tätigkeit des Klempners kann in diesem Fall auf den Therapieprozeß bezogen werden.

Darmentleerung ist eine Tätigkeit des normalerweise absichtlichen/willkürlichen, positiv bestimmten ›Ausdrückens‹ im wörtlichen Sinn. Sie ist Abbild einer instinktiven Vorstufe des bewußten und vorsätzlichen Wollens. Bei Verstopfung ist man nicht fähig oder willens, die Stoffe ›herauszubringen‹, bei Durchfall ist es ein unkontrolliertes ›Auslaufen‹. Analsymbolik umfaßt somit auch den Freudschen Begriff des Wunsches zu dominieren oder zurückzuhalten. (Im Kindermädchen-Deutsch wird der Nachttopf oder Toilettensitz noch immer als ›Thron‹ bezeichnet.)

Das Bild des Urinierens zeigt einen Selbstausdruck, der darin besteht, sich dem hinzugeben oder das fließen zu lassen, was durch einen hindurchkommen muß. Es ist Selbst-Ausdruck, Ausdruck des Selbst. Urinieren ist eher gefühls- als willensbetont. (Die Nieren sind wie das Herz traditionell — und damit archetypisch — mit dem Fühlen assoziiert.) Urinsymbolik hat also zu tun mit dem Laufenlassen und Zulassen von Emotionen oder deren Behinderung, etwa wenn jemand träumt, dringend pinkeln gehen zu müssen und es zurückzuhalten. In ganz ähnlicher Weise kann das Bild des

Bettnässens (oder die allegorische Bedeutung seines wirklichen Auftretens) damit zu tun haben, daß der Selbstausdruck bei Tag/auf der Ebene des Bewußtseins kontrolliert oder überkontrolliert wird und sich während der Nacht durch diese Hemmungen hindurch Bahn bricht.

Die Dynamik der Sauberkeitserziehung würde sich demzufolge darauf beziehen, auf welche Art der rohe, instinkthafte Affektausdruck unter bewußte Kontrolle gebracht wird oder wurde — in angemessener Weise, zu früh, zu radikal oder unzureichend, je nach Traumkontext.

Einige Beispiele:

> Ich ging zur Toilette, stellte aber fest, daß sie bereits voller Exkremente war. Ich versuchte zu spülen, mit der einzigen Wirkung, daß das Wasser hochkam und bis ins Wohnzimmer überfloß.

Hier sind die Entsorgungskanäle offensichtlich verstopft. Für den Selbstausdruck steht kein Behältnis zur Verfügung. Es ist in der Tat so, daß Rückstände, der Ausdruck (Exkremente) anderer Menschen, die Situation verstopfen. Die zur Verfügung stehende Energie (Wasser) kann den Engpaß nicht überwinden, was zur Verschmutzung des Wohn- und Lebensraumes führt.

Der Träumer hatte sich in den Beschränkungen festgefahren, die durch seine engstirnigen, einseitigen Angewohnheiten und durch starrsinnige Vorurteile (die Ausdrucksformen anderer) zustande kamen. Für den Ausdruck seiner individuellen Art, seiner Phantasie oder seiner Gefühle fand sich kein Raum mehr. Je mehr er durch blanke Willensanstrengung versuchte, das, was er als Schüchternheit empfand, zu überwinden, um so mehr ›besudelte er den Lebensraum‹, denn er versuchte seine Hemmungen dadurch zu überwinden, daß er — ohne sich dessen bewußt zu sein — den Ausdruck seiner stark vorurteilsgeprägten und starrsinnigen Haltungen betonte.

Ein anderer Traum:

> Ich entdeckte, daß ich meine ausgetrockneten Exkremente in Mutters Schmuckkästchen aufbewahrt hatte. Ich war von dem Geruch angewidert und kippte das Ganze in die Toilette. Dann bemerkte ich aber, daß ich auch Mutters kostbare, echte Juwelen herausgeworfen hatte.

Die Exkremente stehen hier für Ausdrucksformen, die weggelegt wurden und ausgetrocknet sind: ungelebte positive oder kreative Möglichkeiten. Zwischen Mutters ›Juwelen‹ sind sie fehl am Platze. Beim Assoziieren erinnerte sich der Träumer, daß die Mutter ihn immer ihr ›kostbares Juwel‹ genannt hatte und er sich dementsprechend immer bemüht hatte, sich dieses Lobes würdig zu erweisen. Indem er sich so auf die übermäßig verfeinerten, snobistisch engen Grenzen von Mutters Schmuckkästchen beschränkte, mußte er jedes authentische Verhalten und jeden Selbstausdruck vermeiden, die nicht ihren Beifall gefunden hätten. Als ihm seine vergangene Selbstbeschränkung bewußt wurde, löste dies einen Gegenschlag und eine rebellische Überreaktion aus. Er wollte sämtliche Werte und kulturellen Normen der Mutter ausrangieren. Er hatte sich vollständig dem Drogenkonsum und einem selbstsüchtigen Ausleben ergeben. Dadurch, so warnt ihn der Traum, entledigt er sich mit dem Abfall auch echter Werte (Juwelen) für sich selbst und seine Individuation. Die ziemlich ›irdische‹, recht grobe Sprache dieses Traumes könnte vielleicht als Kompensation für die unbewußte, hartnäckige und übermäßig ausgefeilte Versnobtheit des Träumers dienen, der noch immer seinen Elfenbeinturm sucht, indem er mittels Drogen vom Boden ›abhebt‹.

Wir konnten das weite und wichtige Gebiet der Körpersymbolik nur oberflächlich streifen. Unsere Äußerungen sollten, wie schon gesagt, nicht als System feststehender Deutungen aufgefaßt werden, sondern als Richtlinien dienen, um möglichen allegorischen und symbolischen Bedeutungen weiter nachgehen zu können.

KAPITEL 12

TRÄUME VON THERAPIE
UND THERAPEUT

In diesem Kapitel sollen einige Zentralthemen des therapeutischen Prozesses berührt werden, wie sie sich in Träumen von der Gestalt des Therapeuten und in Metaphern für den Therapieprozeß zeigen. Die Erörterung soll deutlich machen, auf welche Arten Träume das komplexe therapeutische Feld darstellen können, ein Feld, in dem viele Vektoren miteinander verknüpft sind. Dem Leser mag dies kompliziert erscheinen, da hier sowohl intuitives als auch rationales Verständnis gefordert ist. Es besteht insofern jedoch kein Unterschied zu der therapeutischen Interaktion selbst. In ihrem Versuch, einige Fäden aus der reichhaltigen Matrix herauszutrennen und aufzunehmen, mag unsere Erörterung wiederum als zu einfach und zu abstrakt erscheinen. Man könnte in ihr die multidimensionale Lebendigkeit vermissen, die jeder Traum heraufbeschwört — insbesondere wenn er das therapeutische Feld zum Gegenstand hat. Unsere Absicht ist es nicht, die in das Gesamtfeld involvierten Aspekte zu simplifizieren oder zu verdinglichen. Es kommt uns vielmehr darauf an, einige der Themen und Probleme in den Blickpunkt zu rücken und einzukreisen, die häufig auftreten, wenn derartige Träume vorgebracht werden. Das Feld der Therapie und die Art, wie der beobachtende Analytiker in dieses eingebunden ist, werden vom Lenkenden Selbst des Träumers/Analysanden zur Beurteilung vorgelegt, was mitunter auch in den Träumen des Therapeuten der Fall sein kann.

Da jeder Traum Informationen über die psychologische und physische Dynamik des Träumers und seine spirituelle Entwicklung liefert, berührt jeder Traum auch Beziehungsthemen, die aus der Vergangenheit projiziert werden, in der Gegenwart problematisch sind und/oder neu auftauchen. Da nun die Erforschung einer Dynamik unweigerlich auch deren Projektion auf (und manchmal Induktion in) persönliche Beziehungen impliziert, kann jeder Traum Übertragungs-/Gegenübertragungsthemen in ihrer gegenwärtigen Konstellation oder möglichen Entwicklung aufzeigen.[1] Auf diese Weise erleichtern Träume die Bearbeitung beziehungshindernder alter Muster — ob sie nun die Beziehung zum Therapeuten, zu anderen, zum Lebenswerk und zur Bedürfnisbefriedigung, zum Unbewußten und/ oder zum Selbst betreffen.

Im besten Falle kann die Traumarbeit dazu beitragen, daß der Träumer die Fähigkeit entwickelt, offene, vertrauensvolle und lebensfähige Beziehungen in all diesen Bereichen aufzubauen. Traumarbeit kann helfen, die therapeutische Allianz aufzubauen und aufrechtzuerhalten und die Möglichkeit für einen fruchtbaren Dialog zwischen bewußten Haltungen des Ich und unbewußten Vorgängen zu schaffen. Im schlimmsten Fall kann die Konzentration auf Traumbilder dazu benutzt werden, der erforderlichen Arbeit an Übertragungs- und Gegenübertragungsthemen auszuweichen und sogar persönliche Beziehungen zu behindern.

Freud hat sich einmal folgendermaßen ausgedrückt: »Machen wir uns zunächst klar, daß die Übertragung sich vom Anfang der Behandlung an beim Patienten ergibt [...]. Man verspürt nichts von ihr [...], solange sie zu Gunsten der gemeinsam betriebenen Analyse wirkt.«[2] Ähnliches gilt in der Arbeit mit Träumen. Nicht jeder Traum kann so behandelt werden, als würden die Übertragungsthemen sich unmittelbar ›verspüren‹ lassen, selbst wenn er unter anderem auch Auskunft über den Therapieprozeß gibt. Die Probleme, die der Traum aufwirft, können allgemeinerer Natur sein als die Therapie; für den Träumer mag eine Analyse der Übertragung zur Zeit vielleicht nicht anstehen; vielleicht gibt es im Augenblick kein akut anstehendes Gegenübertragungsproblem. Was noch wichtiger ist: Die Traumszenerie wird Probleme immer aus derjenigen Perspektive beleuchten, die dem Träumer in der gegebenen Situation den fruchtbarsten Zugang zu deren Assimilation aufzeigt. Zeit und Ort der Traumszenerie zeigen, wo ein Komplex konstelliert ist und worauf er projiziert ist, damit er optimal bearbeitet werden kann. Deshalb empfiehlt es sich, daß der Deuter der Plazierung der Themen im Traum folgt und sich zugleich darüber im klaren ist, daß diese Themen vielleicht schon in die therapeutische Übertragung Eingang gefunden haben oder an irgendeiner Stelle Eingang finden werden.[3] Die Traumanordnung bietet Orientierung bezüglich des besten Ansatzpunkts und der richtigen Reihenfolge. Hat sie einen Bezug zur

Arbeit oder zum Zuhause des Träumers etc., so gibt der Traum in dieser Metapher den Ort an, von dem aus das Problem am besten zugänglich ist. Auch wenn sich der Therapeut der Übertragungsimplikationen eines Traumes völlig bewußt ist, sollte er dies in der Regel so lange für sich behalten, bis die Traummetapher geklärt worden ist. Stellt der Traum dagegen das Problem in einer Umgebung dar, die den Therapeuten oder den Therapieprozeß repräsentiert, so ist die umgekehrte Vorgehensweise angezeigt: Die Übertragungsimplikationen müssen zuerst erforscht werden.

In manchen Fällen von Träumen, die die Gestalt des Therapeuten oder den Therapieprozeß darstellen, handelt der Therapeut am besten, wenn er sie im stillen als Gegenübertragungsbotschaften nutzt. Die Träume liefern Bilder, die ihm als Orientierungshilfe dabei dienen können, eine therapeutisch adäquate Umgebung zu schaffen oder aufrechtzuerhalten, in der die Arbeit voranschreiten kann (siehe unten, S. 210 und S. 237).

Tritt die Gestalt des Therapeuten im Traum auf, so kann sie folgendes darstellen:

1. den wirklichen Therapeuten und Eigenschaften, die ihm auf der Objektstufe tatsächlich zuzuordnen sind;

2. eine persönliche Übertragungsprojektion auf den Therapeuten, die auf vergangenen Erfahrungen des Träumers mit interpersonaler Dynamik basiert;

3. den Inneren Therapeuten/Heiler/das Lenkende Selbst des Träumers;

4. die Gegenübertragung des Therapeuten;

5. den therapeutischen Prozeß;

6. auf den Therapeuten projizierte Eigenschaften, die mit der Dynamik des Träumers auf der Subjektstufe zu tun haben — d. h. eine Schattenthematik;

7. das Wesen einer archetypischen Projektion auf die Therapie oder auf die Gestalt des Therapeuten.

Meistens handelt es sich um eine komplexe Kombination mehrerer oder aller dieser Möglichkeiten, und man muß sorgfältig ordnen und sortieren, um herauszufinden, wie sie miteinander zum vielschichtigen Bild des Therapeuten verknüpft sind und wie sie in dieser Verknüpfung zur Erhellung des therapeutischen Feldes beitragen können. Ein Traum vom Therapeuten kann nie a priori in eine bestimmte Kategorie eingeordnet werden. Er ist anhand des breiten Spektrums von Möglichkeiten zu bewerten, welche innerhalb des von beiden Seiten konstellierten Feldes angesiedelt sind. Nur durch die Bearbeitung des Traumdramas in seinem Kontext von Assoziationen, Erklärungen und Amplifikationen kann man Träume vom Therapeuten richtig in das Kontinuum von Übertragung und Gegenübertragung einordnen. Bis der Traum durchgearbeitet ist, können dem Therapeuten zwar verschiedene Hypothesen in den Sinn kommen, er sollte sie aber zunächst zurückhalten. Nirgends sonst sind Intuition und Gefühl — und insbesondere abwehrende Blindheit in bezug auf die Gegenübertragung — so gefährlich wie dort, wo sie vorschnellen Schlüssen Nahrung geben.

DIE OBJEKTIV GEGEBENE REALITÄT DES THERAPEUTEN

Träume vom Therapeuten können sich auf das *wirkliche Wesen auf der Objektstufe, d.h. auf den Therapeuten in der äußeren Realität* beziehen.

Ein Beispiel für einen solchen Traum wurde von einer Träumerin zu ihrer ersten Therapiesitzung mitgebracht:

> Mein Therapeut konfrontiert mich mit meinem Problem. Dann bin ich auf der Straße und renne.

Da die Träumerin zum Zeitpunkt des Traumes die Persönlichkeit des Analytikers noch nicht bewußt wahrgenommen haben konnte, ist dieser Traum als Kompensation auf der Objektstufe für die bewußte Haltung der Träumerin, nämlich ihre Idealisierung der neuen Therapie zu werten. Wenn auch zweifellos eine unterschwellige Reaktion der Träumerin auf das kurze Telefongespräch, bei dem der Zeitpunkt für die Sitzung vereinbart wurde, in das Bild des Therapeuten eingegangen ist und der Therapeut daraus wichtige Informationen über die Übertragungs- und Gegenübertragungsthematik auf der Subjektstufe ableiten kann, ist der Traum für die Träumerin doch eine Botschaft über die objektive Wirklichkeit. Der Traum liefert ein Abbild der konfrontativen bzw. durch Konfrontation geprägten Arbeitsweise des Therapeuten und deren Wirkung auf das Traum-Ich. Ein solcher Konfrontationsstil führt beim Traum-Ich zu Angst und

Flucht, vielleicht, weil er die gewohnte ausweichende Unbestimmtheit der Träumerin bedroht, vielleicht auch, weil er einen Elternkomplex und/oder Angst vor einem tatsächlichen Übel auslöst. Bis zu einem gewissen Punkt können diese Hypothesen zusammen mit der Träumerin untersucht werden. In diesem Fall erkannte der Therapeut die Darstellung als eine objektive Beschreibung seiner Arbeitsweise und konnte den in diesem Traumbild enthaltenen Wirklichkeitsfaktor bereitwillig bestätigen. Indem der Therapeut eingestand, daß das Traumbild in dieser Hinsicht die Realität wiedergab, zeigte er der Träumerin eine Haltung der Selbst-Konfrontation, die ihr als Vorbild diente und ihre Angst minderte. Der Rückzug der Träumerin konnte so umgangen werden, und dies förderte eine wirklichkeitsbezogene Allianz, in welcher die Arbeit vorangehen konnte.

Träume vom wirklichen Therapeuten können auch mit Reaktionen auf den Therapeuten zu tun haben, die der Träumer in der vorangegangenen Sitzung erlebt hat und die bewußtgemacht werden sollen. Ein Beispiel hierfür wäre der Traum (siehe Kapitel 5, Assoziationen, S. 56), der einer Frau ihre auf die Urlaubspläne des Therapeuten reagierende Angst, im Stich gelassen zu werden, bewußt machte. In diesem Traum saß der Therapeut an ihrem Bettrand, als sie erwachte. Wie bereits ausgeführt, assoziierte sie hierzu einen Besuch bei ihrer sterbenden Tante in jüngeren Jahren. Implizit identifizierte sie sich also stillschweigend mit der sterbenden Tante und hatte das Gefühl, im Sterben zu liegen. Der Traum ließ sie erkennen, daß der Therapeut wirklich wegfahren würde. Er eröffnete die Möglichkeit, ihre aus Verlassenheitsängsten/Trennungsängsten resultierende infantile Depression, die sich für sie wie der Tod angefühlt hatte, zu untersuchen. Diese Reaktion war geleugnet worden, als das Trennungsthema in der vorausgegangenen Sitzung erörtert worden war, weil die Träumerin sich mit den vermeintlichen Gefühlen des Therapeuten identifiziert und übergroßes Mitgefühl für sein Urlaubsbedürfnis gezeigt hatte. Eine solche Fusion ist zum gegenwärtigen Zeitpunkt, wie der Traum es ausdrückt, dem Tod vergleichbar, weil sie das individuelle Leben der Träumerin bedroht. Der Traum bringt also das Wirklichkeitsthema zur Sprache, im Zusammenhang mit dem die Trennungsängste behandelt werden müssen.

Ein Traum vom wirklichen Wesen des Therapeuten kann eine Projektion kompensieren. Ein junger Mann träumte beispielsweise:

Ich bringe meinem Therapeuten ein Buch.

Die Assoziationen zu diesem Traum brachten eine Thematik zum Vorschein, die in die Analyse einzubringen der Träumer sich bisher gesträubt hatte. Es stellte sich heraus, daß dieses Buch mit dem Prospekt einer Schule zu tun hatte und der Träumer nicht wußte, ob er sich dort einschreiben sollte. Er wollte diese Unentschiedenheit in die Therapie einbringen, hatte aber zugleich Hemmungen, das zu tun. Bei der Bearbeitung des Traumes trat die Natur des hemmenden Komplexes zutage. Er hatte die Information zurückgehalten, weil er den verderblichen Neid des Vaters auf seine intellektuellen Fähigkeiten fürchtete. Dies, so fand er heraus, hatte er auf den Therapeuten projiziert.

ÜBERTRAGUNGSREAKTIONEN

Träume vom Therapeuten können, wie in diesem Beispiel, auch mit persönlichen *Übertragungsreaktionen* auf der Subjektstufe zu tun haben. Manchmal gilt es eine bestimmte Interaktion während einer vorangegangenen Sitzung oder einen bestimmten Aspekt der therapeutischen Situation zu untersuchen, die bzw. der als spezifischer Auslöser für die Übertragungsprojektion gedient hat. Die Übertragung des Gefühls, im Stich gelassen zu werden, wurde bei der Träumerin mit der sterbenden Tante (siehe oben) durch die Urlaubspläne des Therapeuten ausgelöst. Der Träumer mit dem Schuleinschreibungsproblem fand einen Aufhänger für seine Projektion anti-intellektuellen Neids in dem Umstand, daß sich im Büro des Therapeuten nur wenige Bücher befanden. In einem anderen Fall war der Mutterkomplex einer Frau schon vor der ersten Sitzung als Übertragungsfaktor konstelliert. Der Umstand, daß die Therapeutin weiblich war, genügte, um ihn hervorzubringen. Die Klientin brachte folgenden Traum zur ersten Sitzung mit:

> Ich gehe zur Therapie. Die Frau ist mit den Möbeln beschäftigt, sie putzt und staubt sie ab. Sie achtet nicht auf mich.

Dieses Verhalten verband sie mit ihrer Mutter. In diesem Fall machten der Traum und die Art, wie sich die Träumerin benahm, während sie ihn erzählte, die Therapeutin darauf aufmerksam, daß die Träumerin sehr empfindlich gegenüber Zurückweisung war. Da das Aufmerksamkeit heischende Verhalten der Träumerin bei der Therapeutin eine ungeduldige, sadistische Reaktion auszulösen begann, vergleichbar mit der Reaktion der Mutter, wenn sie sich gestört fühlte, konnte die Analytikerin ihre eigenen projektiven Identifikationsreaktionen mit Hilfe der metaphorischen Übertragungsbeschreibung des Traumes überwachen (siehe unten, Gegenübertragungsdynamik, S. 210). Das Traumbild bezieht sich auch auf den ›Inneren Therapeuten‹ und zeigt, wie die Träumerin ihre eigene Wirklichkeit durch ihre obsessive Geschäftigkeit ignoriert. Als dieser Traum auftrat, mußte die Therapeutin diese Botschaft allerdings noch für sich behalten, da es sich um die erste Sitzung handelte und noch ungeklärt war, inwieweit die Träumerin zur Assimilation auf der Subjektstufe fähig war.

DER INNERE THERAPEUT

Träume vom Therapeuten können sich auf den *Inneren Therapeuten, den Inneren Heiler oder das Lenkende Selbst des Träumers* beziehen, und auch auf die Beziehung des Träumers zu diesem Wahrnehmungs- und Autoritätszentrum und die darauf gerichteten Projektionen. Dieser Innere Therapeut bestimmt die Art und Weise, wie der Träumer sich selbst therapeutisch behandelt — die subjektive therapeutische Haltung gegenüber den eigenen Problemen —, aber auch seine Behandlungserwartungen im Therapieprozeß. Solche Träume können daher auf eine potentielle oder tatsächliche Dynamik, die in das therapeutische Feld hineinprojiziert wird, und auf mögliche Gegenübertragungsthemen hinweisen, sie müssen aber auch auf der Subjektstufe untersucht werden.

Ich bin mit einem Reiseführer bei laufenden Ausgrabungsarbeiten an indianischen Ruinen. Gleichgültig und planlos führt er mich herum. Er sieht aus wie mein Therapeut.

Die Szenerie zeigt eine Ausgrabung, die im Gange ist, einen Ort, an dem vergrabene Themen ›ausgegraben‹ werden. Geht man davon aus, daß es sich um laufende Ausgrabungsarbeiten handelt (Erklärung), so ist ein Reiseführer ein unberechtigter Eindringling. Eine planlos herumschlendernde, ›touristische‹ Haltung anstelle eines Hineingrabens in die ›indianischen‹ Ebenen der Psychologie der Träumerin drängt sich hier in die Tiefenarbeit. Für die Träumerin waren die Indianer ›Menschen voller Leidenschaft, die aber besiegt wurden und fast völlig verschwunden sind...

die zuerst da waren‹. Metaphorisch gesehen beziehen sie sich auf primäre Ebenen eines einmal besiegten Affekts, die systematisch für die bewußte Überprüfung geöffnet werden. Symbolisch zeugen sie — unter anderem — von einer Weltsicht voller Ehrfurcht und spiritueller Einstimmung auf die Natur. Der Innere Therapeut ›schlendert‹ aber nur ›touristisch‹ um das herum, was nach oben gebracht wird, anstatt in die Erde hineinzugehen und die Wiederentdeckung zu erleben.

Als die Träumerin gefragt wurde, wo ihrer Meinung nach eine ›schlendernde‹ oder ›touristische‹ Haltung gegenüber ihren Gefühlen lag, antwortete sie: ›Letzte Woche waren Sie allzusehr an meinem Traumbild interessiert, nicht an meinen Gefühlen. Normalerweise versuche ich, Sie von meinen Gefühlen wegzuziehen, aber Sie rühren sich nicht; Sie sagen mir lediglich, was ich gerade zu tun versuche.‹ Mit Hilfe des ›touristischen‹ Traumes und in der Projektion begann sie ihre eigene Tendenz zum ›touristischen Schlendern‹ zu erkennen und sich davon zu trennen; diese bestand darin, ihre Probleme zu etikettieren, um sie so intellektuell kontrollieren zu können. Der Therapeut konnte die Projektion auf sich darüber hinaus nutzen, um die wirkliche (›leidenschaftliche‹) Wut und Depression ans Licht zu bringen, die in der Träumerin noch weiter ausgegraben werden mußten.

Im obigen Beispiel läßt sich etwas über die gegenwärtige Qualität der Therapie aus der Tatsache entnehmen, daß eine archäologische Ausgrabung Schauplatz für den Kontext ist und daß die Sicht des als Reiseführer fungierenden Therapeuten in diese eindringt. Allerdings verdient hier auch die Gegenübertragung Beachtung.

Immer wenn die Gestalt des Therapeuten in einem Traum auftaucht, muß der Therapeut seine eigene mögliche Gegenübertragung sorgfältig bewerten. Im vorliegenden Traum fiel die Botschaft mit der bewußten Reaktion der Träumerin zusammen; sie kompensierte nicht. Die Botschaft mußte für die Träumerin daher in erster Linie auf der Subjektstufe gedeutet werden, als eigene ›therapeutische‹ Haltung gegenüber sich selbst (Innerer Therapeut), die hier wie fast immer zur Übertragungsprojektion wurde. Träume, die bewußt vertretene Haltungen wiederholen, müssen als Phänomene auf der Subjektstufe gedeutet werden (siehe oben, Kapitel 6: Kompensation und Komplementation, S. 86) — was aber nicht ausschließt, daß hier ein Aufhänger für die Gegenübertragung vorliegen könnte. Dieser Therapeut mußte darüber nachdenken, was ihn dazu gebracht hatte, sich in der vorausgegangenen Sitzung unter Ausschluß der Träumerin auf das Traumbild zu konzentrieren.

Da das therapeutische Feld von beiden Seiten konstelliert wird, kann ein Traum den Umstand, daß sich der Therapeut mit seiner Gegenübertragung auseinandergesetzt hat, als Hilfe werten, die beim Träumer die Veränderung des Inneren Therapeuten unterstützt — dadurch können die bewußt vertretenen Ansichten über das Leiden und seine Erleichterung kompensiert werden. Dazu ein Beispiel:

Mein Therapeut liegt krank im Bett und ist dabei ganz entspannt. Ich sitze ruhig neben ihm.

Dazu fanden sich zwei Assoziationen. Die Träumerin sagte: ›Sie liegen einfach so da, schwach und träge.‹ Als sie gefragt wurde, inwiefern dies ihrer Meinung nach in der Therapie der Fall sei, sagte sie, sie habe das Gefühl, ›bei der Arbeit geschieht nichts weiter als ein Herumsitzen, während ich weiterhin aufgeregt bin‹. Andererseits fiel ihr der Umstand auf, daß die Gestalt des Therapeuten sich nicht so über die Krankheit aufregte, wie sie es zu tun pflegte. ›Sie haben im Traum überhaupt kein Gefühl von Panik.‹

Als der Traum behandelt wurde, überdachte der Therapeut im stillen nochmals seinen privaten Kampf mit den panischen Reaktionen der Träumerin und mit der Frage, ob in ihrem Fall vielleicht eine stärkere Intervention angebracht sei oder nicht. Bei der Auseinandersetzung mit diesem Problem mußte er tiefer in Erinnerungen an seine kranke und sich übertrieben aufregende Mutter und in seine Neigung zur Überreaktion in der Gegenübertragung eintauchen. An dieser Stelle überschnitten sich die Komplexe von Träumerin und Therapeut.

Für die Träumerin und ihren Therapeuten bestätigte sich durch diesen Traum, daß in diesem Fall und zu diesem Zeitpunkt — entgegen den Erwartungen der Träumerin und den inneren Zweifeln des Therapeuten — eine geduldig abwartende Aufmerksamkeit, die auf den transpersonalen Heilungsprozeß vertraut, der beste Ansatz war. Für die Träumerin, die überstürztes, manisches Handeln für den einzigen Weg gehalten hatte, um das Leiden zu lindern und ›schwache Trägheit‹ zu vermeiden, bietet dieser Traum die Möglichkeit, ihre Haltung zu verändern und einen stärker durch Annehmen geprägten und entspannteren therapeutischen Standpunkt gegenüber ihren Lebensproblemen zu erreichen.

In bestimmten Fällen kann ein Traum vom Therapeuten auch eine andere Art von Schnittpunkt zwischen innerem und äußerem Therapeuten aufdecken. So träumte beispielsweise ein Mann:

> Ich muß meinen Therapeuten auf dem Rücken ins Krankenhaus tragen.

Dieser Traum rief im Träumer ein Gefühl hervor, das er beiseitezuschieben versucht hatte und das er nicht mit dem wirklichen Wesen des Therapeuten in Verbindung bringen wollte. Als Assoziation zur Krankheit des Therapeuten fiel dem Träumer ein, daß der Therapeut nach seinem Gefühl ihm und seinen Problemen gegenüber nicht genügend Einfühlsamkeit zeigte. Anstatt dies aber zuzugeben, ›beschloß‹ er, es für eine Projektion zu halten, und so hatte er das Gefühl, alleine dafür verantwortlich zu sein, daß es mit ›dem Therapieerfolg‹ nicht voranzugehen schien. Er versuchte den Therapieprozeß ganz auf seinem eigenen Rücken ›zu tragen‹, als sein alleiniges Problem. Dadurch wird das Traum-Ich schwer überlastet. Entweder vertraut der Träumer nicht darauf, daß der Heilungsprozeß seines Selbst (der Innere Heiler) sich und ihn zu tragen vermag, und strengt sich deshalb zu sehr an; und/oder es soll ihm gezeigt werden, daß der Prozeß mit diesem Therapeuten in der Tat zu krank ist, um sich selbst tragen zu können.

Wahrscheinlich ist, daß der Träumer sich zuviel Verantwortung für ›den Erfolg‹ der Arbeit auflud, indem er die negativen Gefühle und Zweifel an seiner Therapie und seinem Therapeuten nicht anerkannte oder mitteilte, bis er Jahre später einem Freund diesen Traum erzählte. Er hatte Angst gehabt, ›hinausgeworfen‹ zu werden. Es stellte sich heraus, daß sich hierin Ängste wiederholten, die auf Drohungen seiner Mutter zurückgingen, ihn im Stich zu lassen. Einen Auslöser für diese Angst hatte er in einer unbedachten Bemerkung des Therapeuten in einer vorangegangenen Sitzung gefunden, als dieser seiner Verärgerung über die passiv-aggressive Haltung des Träumers Ausdruck gab.

Wenn ein solcher Traum in die Therapie eingebracht wird, sollte er den Therapeuten aufmerksam werden lassen und ihn dazu bringen, die Wirksamkeit seiner Arbeit mit dem Träumer zu überdenken und herauszufinden, welche Art von ›Krankheit‹ den therapeutischen Dialog behindert und jetzt so gravierend geworden ist, daß dieser ›ins Krankenhaus‹ gebracht werden muß, um von dem von beiden Seiten konstellierten Festgefahrensein wieder zu genesen.

GEGENÜBERTRAGUNGSDYNAMIK

Wie wir gesehen haben, sind Träume, in denen die Gestalt des Therapeuten auftaucht, immer auch auf ihre *Gegenübertragungsdynamik* hin zu untersuchen. Solche Reaktionen können projektiv ausgelöst werden oder der gegenwärtigen Psychologie des Therapeuten zuzuordnen sein. Da sie zur Zeit die Arbeit mit dem Träumer behindern, ist es erforderlich, daß der Therapeut sich ihrer bewußt wird. Es soll hier nochmals wiederholt werden, daß eine Gegenübertragungsthematik, die bei angemessener Deutung des Traumes erkannt wird, dem Träumer nicht mitgeteilt zu werden braucht. Der Therapeut aber sollte sich in engagierter Weise damit auseinandersetzen, was weitere analytische Arbeit oder Supervision nicht ausschließt. Die Entscheidung, welche Themen im therapeutischen Dialog enthüllt werden sollen, überläßt man jedoch am besten der klinischen Beurteilung im Einzelfall.[4]

Der folgende, anscheinend für den Therapeuten ›bestimmte‹ Traum wurde zur Supervision gebracht. Die Klientin des Analytikeranwärters träumte:

> Ich gehe zur Sitzung und setze mich hin. Mein Therapeut verläßt mich, um einen Botenjungen hereinzulassen, der ihm ein Paket bringt. Irgendwie stiehlt der Junge meine Tasche.

Auch ohne Assoziationen zeigt die dramatische Struktur des Traumes ein schlimmes Gewirr von Übertragung und Gegenübertragung. Der normale Rahmen einer privaten, therapeutischen Konsultation wird durch den Weggang des Analytikers, durch das Eindringen einer Lieferung und durch den Diebstahl gestört.

Zu dem Paket assoziierte die Träumerin: ›Sie scheinen gerne Figürchen und Bücher zu sammeln. Man bringt Ihnen vielleicht wieder welche, oder vielleicht eine Enzyklopädie oder weitere Psychologiebücher.‹ Zu dem Botenjungen assoziierte sie einen Bekannten, den sie als ›gemein und brutal‹ empfand. Zu der Gestalt des Therapeuten assoziierte sie ›intelligent, unterstützend, hilfreich‹.

Dem Deuter fällt sofort die kompensatorische Polarität zwischen dem idealisierten Therapeuten, dem Sammler von Figürchen (die weiterhin als ›sentimental‹ beschrieben wurden) und Büchern, und dem rohen, diebischen Botenjungen auf. Der Trauminhalt und die Assoziationen deuten an, daß der Therapeut seine Analysandin in grober Weise vernachlässigt. Er verläßt sie, und er gestattet Störung und Diebstahl. Der Therapeut wird als Sammler von sentimentalen Figürchen beschrieben: metaphorisch gesehen also als jemand, der Freude am Besitz unindivideller Bilder hat. Noch ist nicht sicher, ob diese eine positive Beziehung zu archetypischen Bildern haben oder eine Reduzierung persönlicher und lebendiger Wirklichkeit bedeuten. Assoziationen hierzu fanden sich nicht. Dem Therapeuten werden aber von einer brutalen Haltung, welche die individuelle weibliche Identität und Libido der Träumerin (ihre Tasche, so erklärte sie, enthielt ihre Geldbörse und Brieftasche) stiehlt, weitere stilisierte Bilder gebracht. Er verläßt die reale Wirklichkeit des Traum-Ich, um sich seinen Bildern zu widmen. Vielleicht bringt man ihm aber auch intellektuell kategorisierte Beschreibungen der Welt (Enzyklopädie). Muß er mehr über Psychologie lernen, oder lernt er eher aus Büchern als von der lebenden Frau, die er vor sich hat? Alle diese Themen sowie die Notwendigkeit, weitere Assoziationen ans Licht zu bringen, wurden in der Supervision aufgeworfen.

Als die Träumerin später gefragt wurde, was sentimentale Figürchen für sie bedeuteten, identifizierte sie sie als ›zierliche Schnitzereien von weiblichen Gestalten‹. Des weiteren dachte sie, ihr Vater, den sie als ›kultiviert und intelligent‹ und ›gegenüber jedem [ihrer] Wünsche aufgeschlossen‹ idealisierte, habe in ihr vielleicht so etwas ›wie eine kleine Porzellanfigur‹ gesehen. Sie war sich nicht bewußt, daß diese Beschreibung eine gönnerhafte, vielleicht sogar sadistisch ›eingeschnitzte‹ Schmälerung ihrer Person vermittelte. Ebensowenig war ihr klar, daß sie ihren Therapeuten mit ähnlichen Adjektiven beschrieben hatte. Als sie weiter befragt wurde, inwiefern das Gefühl, als kleine Porzellanfigur behandelt zu werden, auf ihre Therapie zutreffe, ›nahm sie an‹, sie brauche sich ›keine Sorgen zu machen, da dies unmöglich wäre‹.

Sicherlich findet hier eine starke Übertragung des idealisierten Vaters auf den Therapeuten statt, die der Traum anscheinend zu erschüttern beabsichtigt. Denn der Traum stellt den Therapeuten eindeutig als jemanden dar, der ihrem Therapieprozeß keine Aufmerksamkeit widmet und grob nachlässig ist. Der Traum widerspricht der Sicht der Träumerin. Themen, die sie in der Beziehung zum Vater nicht sehen konnte, können mit Hilfe des Traumes in eine negative Übertragung übergeleitet werden, in der sie durchgearbeitet werden können.

Zwei theoretische Punkte müssen untersucht werden: Sind der Botenjunge und der Inhalt der Lieferung hilfreiche Beiträge oder hinderliche Störungen? Ist der Traum auf der Subjektstufe als Hinweis auf den Inneren Therapeuten oder auf der Objektstufe als Hinweis auf den Therapeuten und seine Gegenübertragung zu betrachten, oder sind beide Stufen relevant?

Die erste Frage hängt von den Assoziationen ab. Den Inhalt der Lieferung könnte man als potentiell hilfreichen Beitrag sehen, solange nichts Gegenteiliges festgestellt wird. Die Assoziationen der Träumerin zu ›zierlichen, geschnitzten‹ Figürchen, Enzyklopädien und Psychologiebüchern lassen die Lieferung in diesem Kontext und zu dieser Zeit aber als unpassend erscheinen. Das störende Eindringen impliziert eine Abwertung der Träumerin zu einem zierlichen, sentimentalisierten Abbild des Weiblichen und eine Buchhaftigkeit, die den Therapeuten an der individuellen Beziehung vorbeigehen läßt, die für eine gute Therapie wesentlich ist. Der Traum stellt fest, daß in diesem Eindringen ein Diebstahl der Individualität der Träumerin liegt.

Die Gestalt des Botenjungen steht archetypisch für den Boten oder Psychopompos (zum Beispiel Hermes). Im Traumdrama verkörpert er die zentrale dramatische Gestalt des Antagonisten. Er ist der Überbringer einer wichtigen psychologischen Botschaft, sowohl für die Träumerin als auch für den Therapeuten. Er bringt Bewußtheit für einen abgekarteten Therapieprozeß und unterbricht ihn. Er bringt aber auch Eigenschaften roher Aggression mit (so die Assoziationen zu dem Botenjungen), Eigenschaften, die der idealen Ich-Identität der Träumerin fernliegen, die sich aber letztlich als hilfreiche Wächter für die Keime echter Authentizität erweisen könnten. Sie könnten sich hier in der negativen Übertragung ankündigen, da die alte ›zierliche‹ und idealisierende Identität nicht länger die Loyalität des Ich beanspruchen kann.

Um über den zweiten theoretischen Punkt urteilen zu können, müssen wir auf das Prinzip der Kompensation zurückgreifen. Hätte die Träumerin den Therapeuten für nachlässig und buchhaft gehalten, dann hätte der Traum vielleicht auf der Subjektstufe verstanden werden müssen, als Enthüllung einer Projektion dieser Eigenschaften, die in erster Linie der Träumerin angehören. Auch in einem solchen Falle sollte der Traum dem Therapeuten aber Stoff zur Selbstbesinnung liefern. Da in diesem Fall die Träumerin den Therapeuten jedoch idealisiert, kompensiert der Traum bereits auf der Objektstufe und bezieht sich auf den wirklichen Therapeuten. Der Traum stellt den Therapeuten als jemanden dar, der außerstande ist, der Träumerin Aufmerksamkeit zu widmen, denn seine Schatteneigenschaften (der Botenjunge), nämlich eine brutale Einstellung, schließen die Träumerin aus, und er verfängt sich in theoretischen Ideen (Therapie nach Buch). Induktiv in der idealisierten Vaterübertragung befangen, könnte der Therapeut die Individualität der Träumerin in ähnlicher Weise herabsetzen, wie es der Vater getan hatte, was die Träumerin allerdings noch nicht erkennen kann. Der Traum stellt eine ernsthafte Warnung an den Therapeuten dar und informiert ihn über induzierte und persönliche Gegenübertragungsthemen, die dringend der Beachtung bedürfen.

Andererseits hat der Traum eindeutig auch einen Bezug zum Inneren Therapeuten der Träumerin auf der Subjektstufe, indem er auf die Selbstvernachlässigung der Träumerin, auf ihre falschen und abstrakten Ich-Ideale und auf ihre Selbstabwertung hinweist. Traum und Assoziationen beschreiben hier einen Inneren Therapeuten, der vom Vaterkomplex konditioniert ist. Dieser Innere Therapeut neigt zur Idealisierung von Buchhaftigkeit und Ästhetizismus, was unvermeidlich zu einer Schmälerung der Selbstachtung der Träumerin führt. Den Idealen dieser inneren maskulinen Autorität kann sie niemals gerecht werden. Ihr eigener brutaler Lieferant von Idealen (Figürchen und Büchern) raubt ihr ihren Selbstwert.

Immer wenn beim Therapeuten eine Projektion induziert wird, wird das dazu passende eigene Problem des Therapeuten den induktiven Vorgang eher noch verstärken. Ein solches Ineinandergreifen von Problemen kommt häufig vor und führt entweder zu einem Desaster oder zu tiefgehender Heilung, weil es dem Therapeuten ungemein helfen kann, seine Einfühlung und sein Bewußtsein zu erweitern, wenn er sich an einem solchen Schnittpunkt durch seinen eigenen Problemanteil hindurcharbeitet.

Da ein Traum vom Therapeuten Themen aufzeigt, bei denen sich die Komplexe von Träumer und Therapeut im gemeinsam konstellierten psychischen Feld überschneiden, ermöglichen Darstellungen dieses Feldes es dem Therapeuten mitunter — nachdem er die offensichtlicheren Gegenübertragungshinweise untersucht hat —, den Traum des Analysanden so zu untersuchen, als wäre es sein eigener, geträumt von einem Aspekt seiner selbst. Die Assoziationen des Therapeuten zum Traum des Klienten können so Licht auf ein Thema werfen, das zu seiner eigenen Dynamik gehört und das zu der Verwirrung in dem von beiden Seiten konstellierten Feld beigetragen hat. Dies kann manchmal bei der Entdeckung der Komplexe helfen, die aus der Psychologie des Analytikers in das Feld eingedrungen sind. Es erübrigt sich zu erwähnen, daß Assoziationen des Analytikers erst dann auf die Gegenübertragung zu beziehen sind, wenn die Assoziationen und Probleme des Träumers sorgfältig in Betracht gezogen worden sind. Danach erst können sie vorsichtig und zunächst als bloße Möglichkeiten hinsichtlich ihrer Relevanz auch für den Träumer ausprobiert werden.

Ein Ineinandergreifen von Themen muß, wie wir gesehen haben, nicht notwendigerweise negativ sein. Solche Themen verwickeln die therapeutische Dyade häufig in tiefe Auseinandersetzungen, in denen beide zur Bewußtheit erwachen müssen, um ihrem Ziel, dem Wohlergehen des Klienten, dienen zu können.

Hier ein Beispiel, das zeigt, wie die zusätzlichen Assoziationen des Therapeuten zum besseren Verständnis der Gegenübertragungsimplikationen eines Traumes beitragen können:

> Ich sehe den Vater der Therapeutin, der zum Fenster des Behandlungsraums hereinschaut. Er sieht sehr ungewöhnlich aus, irgendwie mysteriös.

Die Assoziationen des Träumers bezogen sich auf die ›gewöhnlichen‹ kritischen Herabsetzungen durch seinen eigenen Vater. Als die Therapeutin ihn fragte, inwiefern er in den vorangegangenen Sitzungen das Gefühl gehabt habe, kritisiert zu werden, gab er zu, gefürchtet zu haben, daß die Therapeutin auf ein Eingeständnis seiner Abhängigkeit abfällig reagieren würde, obwohl das gar nicht der Fall war. Nachdem dies als Übertragungsprojektion und als ein Thema, das sich auf die Einstellung des Inneren Therapeuten des Träumers zu seiner Abhängigkeit bezog, durchgearbeitet worden war, suchte die Therapeutin im stillen bei sich nach Gefühlen der Verachtung, die projektiv induziert worden sein könnten. Als sie keine fand, notierte sie diese Möglichkeit für eine spätere Untersuchung.

Da der Traum sich auf den Vater der Therapeutin bezog, über den der Analysand offenkundig überhaupt nichts wissen konnte, wurde der Therapeutin klar, daß sie ihre eigenen Assoziationen zu ihrem Vater, soweit sie mit dem Thema Abhängigkeit zu tun hatten, verwenden konnte, um außerhalb der Sitzung weiter an diesem Traum zu arbeiten. Ihr Vater, so erkannte sie, ermutigte Abhängigkeit, um seine narzißtischen Bedürfnisse zu befriedigen, und beneidete dann die Menschen, die er selbst infantilisiert hatte. Diese Assoziation machte der Therapeutin klar, daß das Abhängigkeitsbekenntnis des Träumers tatsächlich ihren eigenen Vaterkomplex stimuliert hatte, und zwar nicht hinsichtlich der kritischen Art des Vaters, sondern hinsichtlich seiner Ermutigung zur Abhängigkeit, die zu verderblichem Neid gegenüber dem Abhängigen führen könnte. Dies ließ die Therapeutin erkennen, daß entgegen ihrer bewußten Wahrnehmung der Neid in der Gegenübertragung zum Problem werden und sich mit Übertragungserwartungen vermischen könnte. So erhielt sie Material, das sie bearbeiten konnte, um das Maß an psychischer Hygiene aufrechtzuerhalten, das der therapeutische Prozeß erfordert. Gleichzeitig eröffnete dieses Material einen möglichen Zugang zur Kritikangst des Klienten/Träumers.

Neben dem Übertragungs-/Gegenübertragungsthema, welches dieser Traum aufwarf, gab es zwei weitere Punkte, die zu beachten waren. Der Traumvater wird als ›ungewöhnlich und irgendwie mysteriös‹ aussehend beschrieben. Er betrachtet sich den Therapieprozeß auf eine Art und Weise, die ›ungewöhnlich‹, für den Träumer ungewohnt ist, weil ein unkritisches Akzeptieren von Abhängigkeit von ihm als ungewöhnlich empfunden wird. Insofern besteht ein Kontrast zu seinem wirklichen Vater: Es handelt sich um eine neue Art von Vater. Dieser Vater bringt das Problem des Vaterkomplexes in die Therapie ein. Der Träumer vermag sein persönliches Vaterproblem durch das offene Fenster der Therapie zu ›sehen‹. Die kritische Art des Träumers gegenüber sich selbst und anderen, die vom persönlichen Vater introjiziert wurde, wurde als Thema in den Therapieprozeß eingeführt, damit es erkannt und bearbeitet werden konnte.

Das Bild des ungewöhnlichen Vaters muß, da es ›mysteriös‹ aussieht, auch auf einer jenseitigen oder mythischen Ebene betrachtet werden. Es handelt sich um einen Hinweis auf den archetypischen Vater, gegen den sich die persönliche Fehlkonstellation des Vaters deutlich, sozusagen plastisch abhebt und damit erkennbar wird. Dieses Vaterbild konstelliert dem Träumer einen archetypischen Vater — die Prinzipien von väterlichem Genährtwerden, väterlicher Autorität, Ordnung und Objektivität etc. Es liefert auch einen Hinweis auf eine archetypische Übertragung (siehe S. 231).

INDUKTION DURCH DEN THERAPEUTEN

Um die Dinge noch weiter zu komplizieren, auch die Sichtweise des Therapeuten kann eine induktive Wirkung auf den Analysanden haben. Die Möglichkeit einer derartigen Voreingenommenheit muß ebenfalls in Erwägung gezogen werden. Oftmals ist dies ein zu beachtender Faktor, wenn die Deutungsrichtung gefunden werden soll, die einen Bezug zu der wahrscheinlichen Kompensationsfunktion des Traumes hat. In dem auf Seite 210 ausgeführten Beispiel hatte der Therapeut erhebliche innere Arbeit zu leisten, um herauszufinden, inwiefern seine gewohnte Sicht und seine Ideale des ›Weiblichen‹ zur Verzerrung der potentiellen Identität und Entwicklung der Träumerin geführt hatten. Anfänglich fühlte er sich mit ihrem ›zierlich geschnitzten‹ Ideal von Weiblichkeit wohl und konnte kaum Falsches daran finden. Seine eigene Projektion einer solchen Identität auf die Träumerin konnte daher weiterhin der induzierten Vaterprojektion in die Hände spielen. So lange, bis der Therapeut dies durch die Bearbeitung des vom Traum aufgeworfenen Gegenübertragungsproblems aufdecken konnte, unterstützte seine Voreingenommenheit auf subtile Weise die Selbstverkleinerung der Träumerin.

Hier noch ein paar drastischere Beispiele für Analysandenträume, die einen Aufruf zur Arbeit an Gegenübertragungsthemen und deren induktiver Wirkung auf den Träumer beinhalten:

> Ich werde von meinem Therapeuten durch eine Wäschemangel gedreht.

> Meine Zähne werden von einem inkompetenten Zahnarzt behandelt.

> Ich kann nicht sehen. Mein Therapeut kümmert sich nicht darum.

Alle Träumer hatten *uneingestandene* Zweifel an ihren Therapeuten. Die erste Träumerin fühlte sich von ihrem Therapeuten in ein dogmatisches Deutungssystem gepreßt (sie berichtete, ihr Therapeut habe diesen Traum als Abwehr der Träumerin gedeutet, damit sie nicht zugeben müsse, in ihn verliebt zu sein). Die anderen Träumer verspürten ebenfalls ein Unbehagen hinsichtlich der Kompetenz ihrer Therapeuten. Unter der suggestiven Induktionswirkung der Überzeugungen und des jeweiligen Selbstbildes ihrer Therapeuten leugneten die Träumer sich selbst gegenüber jedoch ihr Unbehagen. Sie identifizierten sich mit der Einstellung ihrer Therapeuten. In solchen Situationen hat die Einstellung des Therapeuten, die sich der Träumer mittels Induktion zu eigen gemacht hat, die unterschwellige Wahrnehmung des Träumers zunichte gemacht. So sind diese Träume eine Kompensation und eine Herausforderung für das, was zu einer folie à deux geworden ist.

Die Träumer sehen sich oft außerstande oder fürchten sich davor, sich den Schwierigkeiten zu stellen, die eine Bearbeitung von Material mit sich bringt, das mit dem Therapeuten zu tun hat, und legen solche Träume deshalb oft anderen Analytikern vor. Damit wird ein Splitting gefördert.

Solche induktiven Wirkungen sind manchmal nicht unbedingt negativ. So wie Eltern dazu neigen, die latenten Potentiale ihres Kindes zu tragen, widerzuspiegeln und zu fördern, so kann der Therapeut oft durch die gegenwärtige Problematik hindurch das vergrabene Potential des Träumers/ Analysanden erkennen. Es ist Teil des therapeutischen Prozesses, sich durch Komplexe hindurchzuarbeiten, um diese Potentiale zu entdecken. Manchmal kann allein die intuitive Erkenntnis des Therapeuten, daß solche Potentiale überhaupt existieren, dem Klienten die Hoffnung geben, die ihn durch schmerzhafte Phasen trägt. Eine solche Wahrnehmung der Qualitäten des authentischen Selbst und der positiven Schattenpotentiale kann im negativen Sinn aber wiederum dazu führen, daß der Therapeut die Realität der hemmenden Komplexe aus den Augen verliert. Derartige Wahrnehmungen und ihre möglicherweise induktiven Wirkungen müssen also bewußt bleiben und im Gleichgewicht gehalten werden, damit die tatsächlich gegebenen, unangemessenen Ich-Strukturen des Klienten, wie sie zur Zeit bestehen, nicht aus den Augen verloren werden. Träume und die Reaktionen des Träumers darauf dienen oftmals dazu, den Therapeuten auf solche positiven Induktionen aufmerksam zu machen, wenn diese problematisch sind.

Ein Beispiel:

Mein Therapeut zeigt mir Juwelen. Sie gehören aber nicht mir.

Es wird gezeigt, daß der Wert in der Psyche des Träumers vorhanden ist. Das Traum-Ich kann diesen aber nicht für sich beanspruchen, da die Juwelen noch zu einem unbewußten Komplex ›gehören‹.

Die Vorgehensweise, die befolgt werden muß, damit man solche Träume richtig verstehen kann, umfaßt zunächst die Behandlung von Assoziationen und Erklärungen zu den Bildern des Traumdramas und die Suche nach dem möglichen Auslöser (Erklärung) in einer der vorangegangenen Sitzungen, der zum Auftauchen der Bilder im Traum geführt hat. Zum zweiten ist es erforderlich, im Therapieprozeß, beim Inneren Therapeuten und/oder in der Gegenübertragung das zu suchen, was der Traum als problematisch oder krank darstellt. Schließlich ist es wichtig zu berücksichtigen, auf was der Traum hinsichtlich der Beziehungsdynamik oder einer zu ändernden Haltung gegenüber den Lebensproblemen des Träumers hindeuten könnte. Erst wenn der Deuter auf diese Weise den Traum voll und ganz im Kontext des Feldes sieht, das er darstellt, kann er anfangen, die Bedeutung des Traums zu ermessen.

Die einzige Möglichkeit, wie der Therapeut mit Themen umgehen kann, die mit seinen eigenen blinden Flecken — und deren Auswirkungen auf das therapeutische Feld und die Psyche des Analysanden — zu tun haben, besteht darin, den Umstand ernst zu nehmen, daß alle Träume, die vom Therapeuten oder von der Therapie handeln, höchstwahrscheinlich auch Gegenübertragungsimplikationen enthalten. Die Bereitschaft, die Gegenübertragung einschließlich ihrer Induktionswirkungen auf den Analysanden und Träumer zu untersuchen, ist ein wesentliches Merkmal therapeutischer Integrität.

TRÄUME VOM THERAPIEPROZESS

Träume vom Therapeuten können sich auch *auf den Therapieprozeß selbst* beziehen. In einem solchen Fall wird die Aufmerksamkeit des Träumers auf Themen gelenkt, die mit irgendwelchen Aspekten oder Veränderungen im analytischen Feld, also mit der Art der therapeutischen Interaktion selbst zu tun haben.

Eine Frau träumte:

Mein Therapeut geht in eine andere Stadt.

Die Arbeit an diesem Traum deckte Ängste davor auf, im Stich gelassen zu werden, welche auf den sechsmonatigen Urlaub des Therapeuten an einem weit entfernten Ort projiziert wurden. Diese Ängste, so stellte sich heraus, traten als Selbstbestrafungsreaktion auf die vorangegangene Sitzung auf, in welcher die Träumerin, wie sie sagte, ›ziemlich unausstehlich‹ gewesen war:

›Ich habe Ihnen praktisch befohlen, das Fenster zu öffnen, und als Sie nicht aufgestanden sind, sagte ich Ihnen, was ich von Ihnen hielt.‹ Als dies bis zu seiner Verwurzelung in einem niederschmetternden Mutterkomplex durchgearbeitet wurde (›Ich darf nie so dominierend werden, wie meine Mutter es war‹), fragte der Therapeut, wohin der Traum-Therapeut umziehen würde. Ohne Zögern antwortete die Träumerin: ›Nach Kalifornien.‹ Ihre Assoziationen ließen Kalifornien als Ort ›lässiger Freiheit und relativer Genußsucht‹ erscheinen. Zusammen mit dem Analytiker konnte sie so die humorvolle Metapher des Traumes erleben, die andeutete, wohin ihr eigener Prozeß führen würde, wenn sie ihre Bedürfnisse und Gefühle lautstärker und voller ›Genußsucht‹ und ›lässiger Freiheit‹ zum Ausdruck bringen würde.

Träume, die sich auf den Therapeuten, auf Ort oder Zeit der Therapie oder auf irgendwelche Veränderungen bei diesen beziehen oder damit zu assoziieren sind, sind allegorische Kommentare zum Therapieprozeß. Wir haben gesehen, daß sie manchmal mit besonderen Erlebnissen in einer vorangegangenen Sitzung zu tun haben, oder mit ins Bewußtsein gelangenden Komplexen in dem von beiden Seiten konstellierten Feld zwischen Träumer und Therapeut, die einen negativen Einfluß ausüben oder den Prozeß unterminieren. Manchmal beziehen sich solche Träume jedoch auch auf Faktoren und Eigenschaften, die gegenwärtig sein sollten, es aber noch nicht sind. Gewöhnlich läßt sich dies aufdecken, wenn man die Assoziationen vollständig untersucht und zudem evtl. den Träumer befragt, wie die vom Traumbild suggerierten Eigenschaften, die in der Projektion von der eindringenden Gestalt dargestellt werden, sich äußern würden, wenn diese Gestalt in der Vorstellung des Träumers in eine Situation der äußeren Realität versetzt würde.

Ein Beispiel:

> Ich komme frühzeitig zur Sitzung, und Ihr Sohn ist da. Er zeigt mir einen guten und sicheren Ort, wo ich meinen Wagen parken kann.

Zuerst wurde das frühe Eintreffen des Traum-Ich mittels Assoziationen untersucht. Diese führten zur Wahrnehmung eines Eifers, der ungeduldige Kontrolle und Ängste, ungewollt zu sein, überdeckte — eine Dynamik, die die Beziehungen und die Sexualfunktion des Träumers beeinträchtigte. Es handelt sich um ein Problem, zu dem der ›Sohn‹ die Lösung sein sollte — indem er dem Träumer einen sicheren Ort zeigte, wo er seine üblichen Verhaltensweisen (seine übliche Art, sich fortzubewegen) ›parken‹ konnte, um seinem eigenen therapeutischen Heilungsprozeß begegnen zu können.

Zu der Gestalt des Analytikersohnes assoziierte der Träumer seine Phantasien: ›Jemand, der entspannt ist, direkt und offen.‹ Warum? ›Er fühlt sich gestützt.‹ Als der Träumer weiter gefragt wurde, wie sich der Sohn fühlen würde, wenn er früh dran sein müßte, sagte er voller Bitterkeit: ›Er würde sich nicht beeilen müssen, er könnte darauf vertrauen, daß Sie für ihn da sein würden.‹ Der Umstand, daß er von einer solchen Gestalt träumte, zeigte, daß das Potential in ihm bereits angelegt war, und die Diskussion darüber ließ ihn die Augenblicke erkennen, in denen er bereits ein solches Vertrauen fühlte. Die Erkenntnis dieses Vertrauens und das Bild des ›Sohnes‹, das das ›Kind‹ und damit Produkt und Zukunft des Therapieprozesses darstellte, konnten nun dazu verwendet werden, mit der Veränderung seiner gewohnten Identität als ›bitterer‹ Außenseiter zu beginnen.

Traumbilder, die sich auf den Therapieprozeß beziehen, können ein breites Spektrum abdecken. Dazu gehören medizinische und zahnärztliche Behandlungen und andere Arten der Arbeit am Körper und der Körperpflege: Rasieren, Einkauf und Zubereitung von Nahrungsmitteln, gymnastische Übungen usw.; Allegorien der Körperpflege: Pflege und Wartung des Autos, des Hauses, des Werkzeugs oder der Musikinstrumente des Träumers, von Gas- und Wasserleitungen, elektrischen Einrichtungen, Garten, Müll, Tieren, Kleidung, Essen usw.; schamanische und priesterliche Rituale und Lehren; architektonische und bauliche Arbeiten aller Art, einschließlich Ausgrabung und Abbruch; Erforschungen, Reisen; Lehr- und Trainingssituationen; das Zähmen oder Dressieren von Tieren; Eltern-Kind-Interaktionen; bis hin zum Auftritt in einer Quiz-Show mit einem Showmaster.

Die Liste scheint endlos. Jedes Bild hat eine bestimmte Tönung und weist als Metapher für die Beziehung und die Aufgaben in einer Therapie wichtige qualitative Unterscheidungsmerkmale auf. Jedes Bild kann die Erwartungen und die Tönung aufzeigen, die auf den therapeutischen Prozeß des Träumers projiziert werden oder objektiv in ihm vorhanden sind.

Jedes Bild ist auch auf Gegenübertragungshinweise zu untersuchen und verlangt vom Therapeuten zu prüfen, was er in der Rolle, in der er gezeigt wird, in die Gegenübertragung einbringt. Der Traum vom exotischen Vogel des Gurus ist hierfür ein Beispiel (siehe oben, Kapitel 2, Seite 29). Er

fordert den Therapeuten auf, sein Bedürfnis, sich mit einem Guru zu identifizieren, zu untersuchen und sich mit denjenigen Aspekten seines Macht-
komplexes auseinanderzusetzen, die mittels einer solchen Identifikation
auf Kosten des Träumers befriedigt werden.

Einzelheiten im Verhalten der Traumgestalt, die den Platz des Therapeuten einnimmt, können die unbewußten Reaktionen und Erwartungen des
Träumers in prägnanter Form zum Ausdruck bringen. Eine Frau brachte
folgenden Initialtraum mit:

> Ich sitze auf einem Zahnarztstuhl und weigere mich, den Mund zu
> öffnen, weil ich Angst habe, verletzt zu werden.

Dieses Bild wies auf Furcht und Widerstand gegenüber dem analytischen
Prozeß hin. Nach einer Assoziation zu dem Zahnarzt befragt, antwortete
die Träumerin: ›Alle Zahnärzte sind Sadisten.‹ Bemerkenswert ist hier, daß
ihre Assoziation keinen bestimmten Zahnarzt betraf, was ihre Unfähigkeit
(und/oder Angst) zu differenzieren zeigt. Diese Unfähigkeit erstreckt sich
auch auf ihren Therapeuten (ebenso wie auf andere und auf sie selbst). Sie
ist unfähig, ihn als individuelle Person zu sehen, und betrachtet ihn deshalb als unpersönliches Mitglied eines sadistischen Kollektivs. Dieser
Traum liefert damit unmittelbar eine Diagnose der frühkindlich geschä-
digten Ebene ihrer Beziehungen und der Art ihrer Abwehr gegen ein ver-
meintlich negatives orales Eindringen.

Ein Zahnarzt arbeitet an den Zähnen, metaphorisch also an dem Prozeß,
Wirklichkeitsfaktoren zu fassen zu bekommen, mit ihrer Assimilation zu
beginnen und so innere ›Nahrung‹ zu gewinnen. Die auf früheren, noch zu
untersuchenden Erlebnissen beruhende Erwartung der Träumerin projiziert Sadismus und Unpersönlichkeit auf den Therapeuten und den Therapieprozeß und hemmt ihre eigene Oralität und orale Aggression.

Eine andere Frau träumte nach einigen Sitzungen:

> Ich lasse mir ein neues Haus bauen. Es wird lange Zeit dauern, aber
> ich bin froh, aus Mutters kleiner Wohnung ausziehen zu können.
> Ein riesiger Traktor bewegt Erde für das Fundament. Ich habe
> schreckliche Angst, daß er die ganze Landschaft verändern wird.
> Ich will, daß er verschwindet.

Der Traum ist eine beschreibende Metapher für die Art, wie die Träumerin
den analytischen Prozeß erlebte. Ihr Konflikt zeigt sich im Affekt des

Traum-Ich — ihre Freude darüber, den mütterlichen Raum verlassen zu können, der ihr jetzt zu ›klein‹ geworden ist, und ihre Angst vor dem Traktor. Zu diesem Bild assoziierte die Träumerin ihr Gefühl, Traktoren seien ›Werkzeuge der Zerstörung einer natürlichen Landschaft‹. Die Wortwahl klang nach radikaler politischer Rhetorik, die, wie weitere Fragen enthüllten, in den sozialistischen Dogmen der Mutter wurzelte. Da Traktoren (Erklärung) verhältnismäßig unsensible Manifestationen einer Transformationskraft sind, die hier voller Angst betrachtet wird, wurde der Therapeut auf die Art von ziemlich brutaler Kraft aufmerksam gemacht, welche die Träumerin in der Therapie erwartete und/oder erlebte.

Die Analogie könnte zum einen auf tatsächliche Erfahrungen der Träumerin in der Vergangenheit bezogen sein, zum anderen auf Wahrnehmungen in früheren Therapiesitzungen und zum dritten schließlich auf eine auf die therapeutische Arbeit projizierte Erwartung, die ihre Wurzeln in einem ziemlich brutalen Mutterkomplex und in Erinnerungen hatte, ›zu meinem eigenen Besten herumgestoßen worden zu sein, immer und immer wieder entwurzelt, um dahin zu gehen, wohin die Partei uns schickte‹.

Der Initialtraum ›Ich habe einen Ozeandampfer bestiegen. Er verläßt die Anlegestelle nicht‹ sagte den Ausgang der Therapie voraus. Sie sollte nirgendwohin führen. Hätte der Therapeut nach Assoziationen gefragt oder den Träumer aufgefordert, darüber zu phantasieren, was fehlte, so wäre es vielleicht möglich gewesen, die festgefahrene Situation bewußt zu machen und das ›Therapie-Schiff‹ in See stechen zu lassen. Das Schiff ist ein archetypisches Bild für die Überquerung der Wasser des Unbewußten; somit ist es auch ein Bild für das Fahrzeug der großen Transformationsreise und bezieht sich in diesem Kontext, also in einem therapieeinleitenden Traum, auf den Therapieprozeß.

Hier ein scheinbar harmloser Traum, der einem sehr unerfahrenen Therapeuten vorgelegt wurde:

> Ich trete eine Reise an, mache aber in Venedig Station. Aber ich werde hungrig und kann nichts finden, wo ich zum Essen hingehen könnte, außer einem Junk-Food-Schnellimbiß, einer Hot-Dog-Bude.

Dieser Traum über einen verpfuschten Therapieprozeß verwendet ebenfalls metaphorische Anspielungen auf die Analyse. Die Reise ist eine häufig vorkommende Allegorie. Die Assoziationen der Träumerin zu Venedig

(›eine schöne Stadt voller Romantik, die ich liebe‹) stehen hier in krassem Gegensatz zu ihrer Erklärung: ›Ein verfallender, alter Ort, der langsam absinkt.‹ Der Traum stellt sie an einen Ort des Verfalls, der eine romantisierte, schöne Fassade trägt. An diesem Schauplatz ist das einzige Mittel, das sie finden kann, um sich und ihre Reise zu nähren, wertloses Essen von einem Schnellimbiß, ›schnelles Junk Food‹. Der Traum beschreibt eine romantisierte, phallisch-erotische (›Hot Dog‹) Übertragungs-/Gegenübertragungs-Verwicklung, die ›schnellen Stoff‹ anstelle von solider, nährender Arbeit bietet. Der Therapeut ließ sich zu sehr von der archetypischen Symbolik (Reise, schöne(s) ›Selbst‹/Stadt) und dem Affekt der Träumerin hinsichtlich des ›Romantischen‹ beeindrucken und übersah die ominösen Implikationen des Traumes.

VARIATIONEN ZUM THEMA THERAPIEPROZESS

Einige Träume, in denen der Therapeut oder der Ort der Begegnung mit ihm vorkommt, enthalten metaphorische Hinweise auf die Themen, die im Therapieprozeß auftauchen:

> Mein Analytiker kommt zu dem Haus, in dem ich im Alter von sieben Jahren gelebt habe.

Oder:

> Meine Mutter (oder Schwester, Großvater etc.) kommt zu meiner Therapiesitzung...

Im ersten Traum gelangt der Übertragungsaspekt in den psychologischen Raum des Siebenjährigen. Die Therapie hat Erfahrungen wachgerufen, die zum Alter von sieben Jahren gehören und jetzt bearbeitet werden müssen. Im zweiten Traum hat sich die Thematik, die mit der/dem jeweiligen Verwandten zu tun hat, in den Therapieprozeß hineingedrängt, damit sich Träumer und Therapeut, verbündet in der therapeutischen Allianz, gemeinsam auf den eindringenden Faktor konzentrieren und mit ihm auseinandersetzen können.

Andere Träume beinhalten Metaphern, die zeigen, auf welche Weise der Therapieprozeß und die Übertragung und Gegenübertragung in den Blickpunkt der Aufmerksamkeit geraten; es kann sich dabei um schädliche

Wiederholungen einer alten Dynamik handeln, die bewußtgemacht werden soll, oder gar um potentiell korrektive (oder verderbliche) therapeutische Interaktionen. Der Traumkontext wird die Art der in Frage stehenden psychologischen Dynamik spezifizieren — dies geschieht oftmals durch die Einzelheiten der Beschreibung und durch den örtlichen und zeitlichen Rahmen der Szenerie:

> Ich bin im Wartezimmer und habe meine Sitzung...

> Ich gehe zum Haus meines Therapeuten, und wir treffen uns im Schlafzimmer...

Beide Träume befassen sich thematisch mit dem Therapieprozeß und zeigen Variationen zu dessen üblicher, anerkannter Struktur. Diese Variationen müssen mit Hilfe von Assoziationen, Erklärungen und — gegebenenfalls — Amplifikationen untersucht werden. Eine Sitzung im Wartezimmer zu haben kann Widerstand gegen die Therapie anzeigen, weil der Träumer zögert, sich bestimmten Themen zu stellen, oder weil er es eilig hat, sich seiner Last zu entledigen, ehe er den dafür geeigneten, rituellen Raum betritt. Die Szene kann auch einen Mangel an Privatsphäre und/oder Angst vor Vertraulichkeit andeuten oder sich auf eine Geschwisterthematik beziehen, die aufgeworfen wurde, als er einen anderen Klienten im Warteraum traf — sie kann mit allem zu tun haben, was als Assoziation zum Begriff ›Wartezimmer‹ und zu der Frage ›Welches Gefühl hätten Sie, wenn dies eine reale Situation wäre?‹ auftaucht.

Eine Sitzung im Schlafzimmer des Therapeuten kann auf unangemessene oder exzessive Intimität hinweisen, die in der Therapie erlebt, erwartet oder auf sie projiziert wird. Die Szene kann eine erotisierte Übertragungs-/Gegenübertragungsdynamik beschreiben, das Vorhandensein von Intimität oder das Bedürfnis nach mehr Intimität oder sogar Aspekte einer Eltern-Kind-Beziehung — alles, was den jeweiligen Assoziationen zu Schlafzimmer, Schlafzimmereinrichtung und Therapie entspricht.

Eine andere häufige Variation zum Thema Therapieprozeß betrifft Abweichungen von der normalen Rollenverteilung:

> Ich gehe zur Therapie. Eine lärmende Gruppe von jungen Leuten füllt den Raum, so daß ich meine Stunde nicht haben kann.

Der Traum zeigt hier, daß die Gruppe bereits im Büro des Therapeuten anwesend ist und nicht erst eindringt, es könnte sich deshalb um eine Gegenübertragungsdynamik handeln — die entweder induziert wurde oder bereits als Komplex in der Psychologie des Therapeuten vorhanden ist. Der Therapeut muß überprüfen, ob diese Möglichkeit auf der Objektstufe zutrifft. Hat der Therapeut ein Problem aus der Jugendzeit, oder ist er gegenüber jungen Leuten allzu formell, distanziert, autoritär und ernst? Betrachtet er den Träumer etwa nicht als Individuum, sondern als typischen Vertreter einer nicht-individuellen, nach diagnostischen Merkmalen bestimmten Kategorie — also einer Gruppe? Solche Fragen muß der Therapeut bei der Betrachtung eines solchen Traumbildes in sich zulassen. Wäre die Gruppe junger Leute eingedrungen, während die Sitzung im Gang war, so hätte dies je nach Assoziationen und Kompensationsfaktoren eher eine eindringende subjektive Thematik nahegelegt, ähnlich wie dies in dem Traum vom eindringenden Familienmitglied (vgl. S. 223) der Fall war.

Es ist auch wichtig zu untersuchen, ob der Träumer bei früheren Interaktionen eine derartige Störung empfunden hat, insbesondere in der Sitzung, die dem Traum vorausging. Des weiteren muß den Emotionen, Einstellungen, Phantasien und Abwehrreaktionen des Träumers, die sich aus einer solchen Empfindung ergeben, nachgegangen werden.

Auch die Untersuchung auf der Subjektstufe des Träumers ist von Bedeutung. Assoziationen zu jungen Leuten und Erinnerungen an die Jugend des Träumers müssen ans Licht geholt und untersucht werden. Auch gilt es herauszufinden, welche Einstellung der Träumer zur Therapie hat. Ist diese Einstellung gefärbt von jugendlicher Frivolität, Rebellion und Kollektivität, oder von idealisierender Schwärmerei, die den Träumer daran hindert, sich individueller Tiefenarbeit zu öffnen, so daß er seine ›Stunde‹ nicht haben kann? Der Traum könnte auf diese Elemente aufmerksam machen und die Notwendigkeit aufzeigen, sich das Vorhandensein solcher Hindernisse für den therapeutischen Prozeß bewußt zu machen.

Hätte die Traumdramaturgie die jungen Leute und sogar den Lärm als nicht störende Beigabe oder gar hilfreiche Kompensation zum Selbstbild des Träumers dargestellt, so würde dies bedeuten, daß nach jugendlichen Einstellungen und Erfahrungen gesucht werden müßte, die zum gegenwärtigen Zeitpunkt vorteilhaft sein könnten, weil sie früher gemieden wurden, jetzt aber wieder auftauchen, um von Träumer und Therapeut in den Prozeß integriert zu werden. Dem Therapeuten obläge es herauszufinden, was ihn bisher gehindert hat, solche Einstellungen zuzulassen.

Bei Bildern, in denen der Therapeut sich mit einer anderen Person neben dem Traum-Ich befaßt, muß untersucht werden, welche Eigenschaften auf diese andere Gestalt projiziert worden sind.[5] Möglicherweise hat der Träumer das Gefühl, der Therapeut/die Eltern/das Selbst würden jemand anderen bevorzugen — und deckt damit projizierte ödipale oder Geschwisterthemen und eine Thematik der Zurückweisung auf. Traum-Ich oder Träumer könnten aber auch Aspekte aufweisen, an denen der Therapeut tatsächlich vorbeigegangen ist, weil sie Gegenübertragungsprobleme oder die eigene Voreingenommenheit berühren, welche dem Therapeuten zu wenig Libido für die Analyse des Träumers lassen. Solche Probleme mögen dazu geführt haben, daß der Therapeut sich nur auf bestimmte Schatteneigenschaften des Träumers (positiver oder negativer Art) konzentriert hat. Es könnte auch sein, daß der äußere und/oder innere Therapeut Eigenschaften erkannt hat, die der Träumer noch nicht zu würdigen weiß.

Mein Therapeut zieht Agnes vor.

Die Assoziationen zu Agnes waren ›nett‹, was bedeutete: ›pflichtbewußt, sie schreibt ihre Träume auf‹. Der Therapeut hatte aber tatsächlich nie verlangt, daß Träume aufgeschrieben werden sollten, und eine solche Pflicht war für ihn bei dieser Träumerin überhaupt kein Thema. Der Traum könnte auf die Annahme der Träumerin hinweisen, daß sie dem Analytiker mit einer Agnes-ähnlichen Folgsamkeit gefallen müsse. Er könnte aber im Gegenteil auch bedeuten, daß das Traum-Ich zu antagonistisch ist und daß in dem unbewußten Agnes-Aspekt die Fähigkeit liegt, sich weniger obsessiv-rebellisch zu verhalten, was zum Wohle des Therapieprozesses ›vorzuziehen‹ wäre. Wie der Traum gedeutet werden muß und ob er auf die Subjektstufe (innerer Therapeut) oder auf die Objektstufe (äußerer Therapeut) zu beziehen ist, hängt davon ab, welchen bewußten Standpunkt der Traum am besten kompensiert und wo man am besten die bereits erwähnte tiefe, bestätigende Affirmation vom Körper-Selbst der Träumerin erhält (vgl. S. 28). Auch weitere Träume, die das Verständnis dieses einen Traumes korrigieren und/oder kommentieren, sind in die Betrachtung mit einzubeziehen.

BILDER VON ANDEREN THERAPEUTEN

Traumgestalten, die anstelle des Therapeuten als Therapeuten fungieren, Gestalten, die ihm in der Erscheinung, der Kleidung oder in anderen Einzelheiten ähneln oder per Assoziation für den Therapeuten gehalten werden, kann man als Aspekte des Inneren Therapeuten des Träumers betrachten. Man sollte in ihnen in erster Linie Einstellungen des Träumers erblicken und erst in zweiter Linie Übertragungsprojektionen. Träume von der Familie des Therapeuten oder von Therapeuten, die bezüglich Geschlecht oder Persönlichkeitsmerkmalen vom tatsächlichen Therapeuten abweichen, beziehen sich im allgemeinen auf alternative Betrachtungsweisen im Hinblick auf den Therapieprozeß oder den Träumer selbst, die je nach Kontext erwünscht oder nicht erwünscht sind. Ein solcher Traum zeigt, daß die Eigenschaften und Fähigkeiten, die zu diesen Gestalten assoziiert werden, für den Therapieprozeß Bedeutung haben. Je nach Einzelfall können sie eindringen, benötigt werden, hilfreich oder hinderlich sein. Die Bilder sollten jedoch immer auch auf bisher unbemerkte Gegenübertragungsimplikationen untersucht werden.

Wenn beispielsweise ein anderer Therapeut die Sitzung leitet, vielleicht von anderem Geschlecht als der tatsächliche Therapeut, so werden die in dieser Gestalt verkörperten Eigenschaften (je nach Assoziation und Erklärung vielleicht eine femininere oder maskulinere Haltung oder eine sonstige herausragende Eigenschaft dieses anderen) entweder benötigt, oder sie sind bereits als Hindernis vorhanden. Die dramatische Struktur des Traumes, die Kompensation oder Komplementation und mitunter auch das Gefühl, das der Träumer bei einer realen Begegnung dieser Art hätte, tragen hier zur Klärung bei. Eine Frau träumte beispielsweise:

> Ich gehe zur Sitzung. Ihre Frau ist da und führt die Therapie durch.

Der Erklärung nach war die Ehefrau keine Therapeutin; ihr Auftreten als Therapeutin ist demnach wahrscheinlich unangemessen. Wäre sie auch Therapeutin gewesen, so hätte ihr Auftreten wahrscheinlich wie im nachfolgend beschriebenen Traum ein mögliches Gegenübertragungsproblem kompensiert.

Die Assoziationen und emotionalen Reaktionen zur ›Ehefrau‹ waren: ›Sie ist Ihnen wichtiger als ich; Sie sind immer für sie da.‹ Wie ist sie? ›Sie ist warm und attraktiv.‹ Die Bearbeitung dieses Materials half der Träumerin zu erkennen, daß sie die eheliche Beziehung in unrealistischer Weise idealisierte und beneidete und darin eine fast symbiotische ständige Verfügbarkeit sah. Dies erinnerte sie an die enge Beziehung der Eltern, von der sie sich ausgeschlossen gefühlt hatte. Das Thema des Wettbewerbs mit ihrer ›warmen‹ und ›attraktiven‹ Mutter mußte ebenso untersucht werden wie die verzweifelte Anstrengung der Träumerin, die eigene Wärme und Attraktivität in Anspruch zu nehmen.

Eine andere Träumerin, die denselben Traum geträumt hatte, assoziierte zu der Ehefrau: ›Sie ist wärmer und persönlicher als Sie.‹ Die Träumerin hatte in diesem Fall den Eindruck, daß diese Eigenschaften im Therapieprozeß fehlten und vom Therapeuten und/oder der Träumerin zur Unterstützung der Arbeit eingebracht werden müßten. Es könnte aber im Gegenteil auch so sein, daß die Träumerin versucht hat, eine solche belohnende Aufmerksamkeit zu provozieren, um eine Selbstkonfrontation vermeiden zu können. In diesem Fall würde der Traum sie mit der Tatsache konfrontieren, daß ihr Innerer Therapeut den Wunsch nach warmem Mitgefühl als Abwehr benutzt.

Es soll hier nochmals wiederholt werden, daß die Bilder eines Traumes, der einen bewußten Standpunkt des Träumers zu wiederholen scheint, auf der Subjektstufe zu untersuchen sind — als Darstellungen von Betrachtungsweisen, Emotionen und Komplexen, die der Träumer auf den Therapieprozeß projiziert. Da sie in der Gestalt des Therapeuten verkörpert sind, lassen sie sich am besten im Rahmen der Übertragung bearbeiten.

EROTISCHE MOTIVE IN TRÄUMEN
VON THERAPIE UND THERAPEUT

Träume von einer spezifisch erotischen oder aggressiven Interaktion mit dem Therapeuten können auf Tendenzen zur Anziehung/Vereinigung oder Zerstörung/Trennung gegenüber der Person des Therapeuten auf der Objektstufe hindeuten; und/oder in bezug auf diejenigen Eigenschaften, die von der Subjektstufe auf den Therapeuten projiziert werden; und/oder in bezug auf den Therapieprozeß; und/oder in bezug auf den Inneren Heiler bzw. das Lenkende Selbst des Träumers.

Wie oben bereits dargestellt (siehe Kapitel 11: Körperbilder), treten erotische Motive dann auf, wenn unterdrückte Sexualität in der Übertragung erweckt wird. Sie können aber auch als Mittel der Bewußtmachung und Kompensation auftreten, wenn Träumer und/oder Therapeut den therapeutischen Prozeß und die tiefe emotionale Verwicklung des Träumers in ihn nicht genügend erkennen oder anerkennen. Die potentiellen und tatsächlichen Gefühle, die ein solcher Traum möglicherweise ans Licht bringt, müssen vorrangig bearbeitet werden. Es sind häufig Komplementationsreaktionen für einen unangemessenen Gefühlsrapport — etwa wenn Therapeut und/oder Träumer sich emotional von ihrer Beziehung und damit auch vom Therapieprozeß distanzieren. Sie können kompensatorisch sein, wenn sich der Träumer in einer eingefahrenen negativen Übertragung verfangen hat und/oder Widerstand leistet und den Wert des Therapeuten und der Therapie leugnet.

Sexuelle Motive können auch das Vorhandensein eines erotisierten Widerstandes gegen die Entfaltung präödipaler Abhängigkeitsbedürfnisse und die damit unausweichlich verbundenen Frustrationen anzeigen. Dies trifft besonders in regressiven Phasen zu, wenn die Projektion des idealen fürsorglichen Betreuers jeder Infragestellung trotzt.

Manchmal kann sich in solchen Motiven auch ein primitives Geltungsbedürfnis enthüllen, wobei das Traum-Ich versucht, den Therapeuten zu becircen oder zu vergewaltigen, um auf magische Weise Heilung zu erlangen oder zu verhindern.

In anderen Fällen wiederum stellt das archetypische Bild des Geschlechtsverkehrs die tiefen kommunikativen und ineinander eindringenden Ebenen der therapeutischen Arbeit dar. Es kann etwa dann in einem Traum auftauchen, wenn gerade ein besonders schmerzhaftes und negatives Übertragungsthema bearbeitet wird, und damit die Erneuerung einer potentiell fruchtbaren Vereinigung zwischen dem Traum-Ich und dem Inneren Therapeuten/Selbst anzeigen, ebenso wie eine revitalisierte Beziehung zwischen Träumer und Analytiker. Wird ein solcher Traum vorgelegt, so müssen vorrangig die besonderen Implikationen der psychologischen und nicht nur die der konkreten Interaktion untersucht werden.

Ein Beispiel für einen erotischen Traum:

> In der Therapie gehe ich ins Badezimmer, um zu duschen. Ich möchte, daß meine Therapeutin zu mir hereinkommt, sich auszieht und mit mir unter die Dusche geht, um Sex zu machen.

Zu der Gestalt der Therapeutin assoziierte der Träumer ›zu förmlich‹. Er wünschte sich mehr Engagement und persönliche Beziehung. Zu ›Dusche‹ assoziierte er ›Wärme, eine Methode, um nach der Arbeit draußen rasch warm zu werden‹ — aus der Zeit, als er in der Arktis arbeitete. Sich auszuziehen würde bedeuten, so sagte er, ›persönlich offener zu sein‹. Erklärt wurde dies als ›Entfernung äußerer Hüllen, Rollen‹.

Auf der Objektstufe stellt der Traum den Wunsch nach einer unangemessenen und kontraproduktiven Vorgehensweise dar. Er zeigt ein erotisches Verlangen, das in den Dienst sofortiger Befriedigung gestellt wird. Die Wurzeln des Bedürfnisses nach mehr ›Ausziehen‹ und nach Wärme konnten leicht in der Übertragung eines kalten und zurückweisenden Mutterkomplexes gefunden werden, einer Erfahrung, die der Träumer beständig leugnete.

Hier werden jedoch auch verschiedene archetypische Themen von tiefgreifender Bedeutung aufgeworfen, die wir noch nicht in Betracht gezogen haben. Das Bild von Dusche oder Bad bedeutet Reinigung und Transformation, ein Eintauchen zur Taufe. Mit jemandem zu baden bedeutet, im selben Wasser zu sein — in einer umfassenden Erfahrung verbunden zu sein und sie mit dem anderen zu teilen. Sexualität ist ein archetypischer Verbindungsvorgang — ein instinktives, existentielles Ineinander-Eindringen. Archetypische Themen weisen auch bei einer negativen oder destruktiven Konstellation immer auf an sich positive und notwendige Potentiale hin. Folglich kann man einen derartigen Traum erst dann als richtig gedeutet betrachten, wenn sich auch solche positiven Implikationen finden lassen. Diese liegen hier allein auf der Subjektstufe. Das Ausziehthema bezieht sich auf das Bedürfnis des Träumers, seinen defensiven Schutz herunterzulassen. Er muß sich auch auf den Inneren Therapeuten näher und mit größerer Wärme einlassen, sich selbst mehr akzeptieren. Seine distanzierte Haltung gegenüber sich selbst (dem Inneren Therapeuten), die von seinem Mutterkomplex herrührte, war zu kalt und förmlich. Diese kalte Unpersönlichkeit wurde auf die wirkliche Therapeutin projiziert. Damit kompensiert der Traum eine negative Übertragung und zeigt eine mögliche positive Lösung auf.

In diesem Fall mußte auch die Therapeutin ihre möglicherweise zu förmliche Haltung hinterfragen, denn die ungestümen sexuellen Forderungen des Träumers hatten in ihr tatsächlich eine defensive Distanzierung ausgelöst. Sie mußte sich mit der induzierten Gegenübertragung der kalten Mutter auseinandersetzen.

DIE ARCHETYPISCHE ÜBERTRAGUNG IN TRÄUMEN

Wie das obige Beispiel zeigt, müssen sich Träume vom Therapeuten nicht nur auf persönliche Übertragungs- und Gegenübertragungsthemen beziehen; sie können auch auf die archetypischen Aspekte von Therapie und Übertragung hinweisen. Der Therapieprozeß ist in der Tat archetypisch: In enger Verbindung mit dem Individuationsprozeß geht es dabei nämlich um eine fundamentale, transpersonale Transformation und Integration, die vom persönlichen Willen unabhängig ist und es dem Träumer/Analysanden potentiell ermöglicht, der zu werden, der ›er bestimmt ist zu sein‹. Wir sprechen von archetypischer Übertragung, wenn transpersonale Energien und Bilder symbolisch in der Person des Therapeuten erfahren werden oder als Darstellungen des Therapieprozesses auftauchen.

Zu Beginn einer Therapie und manchmal auch zu anderen Zeiten sind die persönlichen und archetypischen Ebenen der Übertragung miteinander vermischt. Traumbilder helfen, diese Ebenen zu trennen, indem sie die Aufmerksamkeit auf diejenigen persönlichen und/oder archetypischen Themen lenken, mit denen man sich auseinandersetzen muß, weil sie nach der ›Zeitrechnung‹ des sich entfaltenden Prozesses gerade anstehen. Übertragungsdynamik und Träume können zu solchen Zeiten auf die transzendente Dimension hinweisen, eine Quelle korrektiver und/oder destruktiv/verderblicher Erfahrungen, welche über die rein persönliche Interaktion hinausgehen.

Der folgende Traum, der eine solche korrektive Erfahrung in der therapeutischen Beziehung enthüllt, darstellt und konstelliert, wurde zur Therapie mitgebracht:

> Ich träume von einer Gestalt, die Ihr [der Therapeutin] Gesicht trägt, aber Sie sind es nicht. Sie trägt weit ausladende Röcke, und ihre Brüste sind nackt. Ich habe das Gefühl, unter ihre Röcke kriechen zu müssen, um sicher zu sein.

Die Assoziation des Träumers war: ›Es wäre erregend. Ich habe Ihnen gesagt, daß ich die ganze Zeit versucht habe, das zu bekommen.‹ Der Traum bringt eine offensichtlich sexuelle Übertragung ans Licht. Das bringt in diesem Fall aber nichts Neues. Auf dieser Ebene ist der Traum also nicht ausreichend zu verstehen.

Die Beschreibung der Traumgestalt ähnelt vielen Skulpturen der fruchtbaren Göttin der Erde, der Pflanzen und des tierischen Lebens. Unter einen Rock zu kriechen ist Teil einiger traditioneller Adoptionszeremonien. Zu den Initiationsritualen, die eine zweite Geburt in die Männlichkeit als initiiertes Stammesmitglied darstellen, gehört es, symbolisch zwischen die gespreizten Beine der ›Stammesmütter‹ zu kriechen.[6] Der Traum deutet auf das Thema der Adoption durch die transpersonale Mutter hin, und auf das Thema der Erlangung voller Männlichkeit unter den Männern, indem man ein Kind der Göttin wird. Er zeigt, daß das, was dem Träumer als rein persönliches sexuelles Bild erscheint, das versteckte Bedürfnis enthält, als Kind der Großen Weltenmutter wiedergeboren zu werden. Wenn der Träumer einen Bezug zur Numinosität der Traumbilder herstellen und diese assimilieren kann, kann er über die Fehlkonstellationen der zerbrochenen persönlichen Mutter-Kind-Bindung, unter der er gelitten hat, und auch über seine vergeblichen defensiven Don-Juan-Versuche, die böse Mutter zu bestrafen und die gute Mutter durch verführerische Überwältigung vieler Frauen zurückzugewinnen, hinausgeführt werden.

Wenn es zu einer transpersonalen Übertragung kommt, kann es scheinen, als sei der Therapeut der besonnene Führer (Göttin, Priesterin, Magier, Schamane, Dirigent, Alchemist, Kapitän etc.) — der für den Prozeß anscheinend persönlich verantwortlich ist. In diesen Fällen wird das Selbst auf den Therapeuten projiziert, der eine mächtige Numinosität erwirbt und sogar zum zentralen Brennpunkt im Leben des Träumers wird.

Die Phänomenologie der archetypischen Übertragung hilft auch, extrem unrealistische und gespaltene Liebe/Haß-Reaktionen auf den Therapeuten zu verstehen, der als Träger des Mutter- oder Vaterarchetypus erscheint. Archetypische Eltern-Kind-Konstellationen aktivieren beim Träumer die präpersonale, instinkthafte Erwartung, bemuttert oder bevatert zu werden etc., welche in das therapeutische Feld projiziert wird und dort bewußt gemacht werden kann. Die projizierten Elemente der archetypischen Übertragung können, wenn sie durchgearbeitet sind, den Träumer auf der Subjektstufe schließlich mit den machtvollen transpersonalen Kräften verbinden, die unterstützen, nähren und Richtung und Energie geben.

Wenn solche tiefgreifenden Energien von der persönlichen Mutter oder dem persönlichen Vater nicht in angemessener Weise vermittelt worden sind, so erscheinen sie in archetypisch übertriebener und oft polarisierter Form. Ungenügende Bemutterung bringt Bilder einer destruktiven und verweigernden Hexe, einer bösen Königin, eines verschlossenen Eisfachs, verkrebster Brüste etc. hervor. Auch Bilder von alles nährenden Quellen werden auftreten: eine fließende Brust, ein Füllhorn oder eine warme Höhle (oft in modernisierter Form), schützende und haltende Märchen-Patentanten oder Göttinnen etc. Der Vaterarchetypus erscheint in negativer Form als Diktator, Mafia-Boß, böser Zauberer, Vergewaltiger; oder in positiver Gestalt als weise und gütige Führungsautorität, als fruchtbares Phallusbild oder als eine der traditionellen Vatergottheiten etc. Werden sie persönlich durchgearbeitet, so konstellieren und vermitteln diese Bilder und ihre Wirkungen in der transpersonalen Übertragung korrektive emotionale Erfahrungen, die unzureichende elterliche Betreuung heilen, indem sie den Träumer mit der transpersonalen Quelle in ihm selbst verbinden.[7]

Anhand des weiter oben beschriebenen Traums (vgl. S. 214), in welchem der ›ungewöhnliche‹ Vater der Therapeutin durchs Fenster schaut, wurden die persönlichen Übertragungs- und Gegenübertragungsimplikationen bereits erörtert. Als Darstellung eines Potentials zur korrektiven Erfahrung des archetypischen Vatermusters spricht dieser Traum Themen an wie Ordnung, Unterstützung, Schutz, Führungsautorität, objektive Weisheit und positive Beziehungen zur kollektiven Wirklichkeit, zur Arbeit und zu Grenzen — um einige der symbolischen Implikationen des Vaterbildes zu nennen.

Ein anderes Beispiel für eine archetypische Übertragung ist der Traum von einem Getreidegott, den eine von Jungs Patientinnen hatte[8]. Der Traum beschreibt ihren Analytiker als riesige Gestalt, die über die Felder streift und dabei das Traum-Ich trägt, als wäre es ein Kind. Im Traum wird der Analytiker als Gottheit gezeigt — eine Vermengung der Dimensionen aufgrund der Projektion von transpersonalen Energien auf diese Person. Die Analyse dieser Projektion ermöglichte es, die spirituelle Dimension von der persönlichen abzulösen und das, was mit persönlicher Verantwortung integriert werden konnte, von dem zu trennen, was nur gesehen und akzeptiert werden konnte und dann nur mehr Ertragen und Dienen zuließ.

Wenn die Bilder positiv sind, so neigen sie dazu, eine Form von Idealisierung darzustellen. Diese kann als Schutzschild dienen, um den Träumer davor zu schützen, sich persönlich gegenüber dem Therapeuten öffnen zu müssen, und um Therapeut und Therapieprozeß auf Abstand zu halten. Da eine solche Idealisierung oftmals mit Angst gepaart ist und Verachtung kompensiert, wird ein solcher Traum wahrscheinlich kompensatorischer Natur sein, in bezug auf eine zu hohe oder zu niedrige Einschätzung des Therapeuten von seiten des Träumers. Er kann den persönlichen Schatten des Therapeuten ans Licht bringen und die archetypische Eigenschaft in negativer, übertriebener oder humorvoller Weise darstellen. Solche Traumbilder dienen dazu, die idealisierten Eigenschaften neu bewerten zu können.

In dem Traum ›Meine Therapeutin ist die Kaiserin von China‹ präsentiert sich ein Bild, das die Idealisierung und den versteckten Neid zu absurden Blüten treibt; zugleich kann es als Aufruf an die Therapeutin verstanden werden, an ihren Gegenübertragungsillusionen von Großartigkeit zu arbeiten.

Eine Idealisierung beinhaltet auch die Projektion transpersonaler Energien. Die Projektion ist der erste Schritt zur Bewußtwerdung. Während sich also der idealisierende Traum vielleicht über die Übertragungsprojektion lustig macht, dient er gleichzeitig als Assimilationshilfe.

Ich sitze an einem Eßtisch. Mein Therapeut sitzt am Kopfende. Ich fühle mich geehrt und bin schüchtern. Er reicht mir ein paar Trauben. Dann verwandelt er sich in einen Affen, der auf seinem Stuhl auf- und niederhüpft.

Das Bild, das die Verwandlung des Therapeuten in einen lächerlichen Affen zeigt, kompensiert die Idealisierung des Therapeuten als allwissende, ernsthafte Autorität. Die Träumerin fühlte sich ›schüchtern und sehr geehrt, als Patientin eines so großen Mannes angenommen worden zu sein‹. Sie arbeitete sehr hart an ihrer Therapie und brachte eine sorgfältig ausgearbeitete Amplifikation des Traubenbildes zur Sitzung mit, das sie dabei mit Dionysos und Christus in Verbindung brachte. Nach persönlichen Assoziationen befragt, erinnerte sie sich voller Schuldgefühle daran, als Kind ihrer Tante kernlose Trauben gestohlen zu haben, einfach weil sie deren

Süße liebte. Sie erinnerte sich auch, Angst vor Affen gehabt zu haben, nachdem ihre Mutter einmal von einem Affen gebissen worden war, den Freunde sich als Haustier hielten. Sie wäre gern in der Lage gewesen, über Hanuman zu sprechen, den Affengott des Ramayana, aber sie hatte nicht genug darüber gelesen. Ihre Idealisierung des Therapeuten und des Therapieprozesses werden im Traum als lächerlich dargestellt. Es bedarf einer Neubewertung. Zu diesem Zweck verwandelt sich der ideale Therapeut in einen Affen.

Das positive Potential des Affenarchetypus muß allerdings ebenfalls berücksichtigt werden. Der Affe ist sicherlich nicht das Ideal der Träumerin, sein Bild weist vielmehr auf den Kern eines archetypischen Energiemusters hin, dessen sie sich bewußt werden soll. Der Affe ist ein Symbol für die immer gegenwärtigen spontanen, vormenschlichen und hedonistischen Eigenschaften, die uns oftmals komisch vorkommen. Solche Eigenschaften könnten dem Entwicklungsprozeß dieser Träumerin nützlich sein.

Traumbilder von einer negativen archetypischen Übertragung zeigen in der Regel schreckliche und destruktive Mächte. Sie helfen, die Kräfte bewußt zu machen, welche die therapeutischen Möglichkeiten unterminieren, indem sie die Beziehung attackieren und verhindern.

Eine junge Frau träumte:

> Ich gehe zur Analyse. Dort ist eine Ärztin mit Schlangen in den Haaren. Ich bin entsetzt.

Der Traum zeigt, daß sich der Archetypus der paralysierenden Medusa in der Therapie konstelliert hat. Die Medusa ist eine mythologische Gestalt. Sie schließt eine persönliche mütterliche Dynamik ein, kann aber nicht darauf reduziert werden. Der Traum sagt aus, daß es für die Träumerin notwendig ist, ihrer Angst vor der Therapeutin ins Gesicht zu sehen, welche zur Trägerin der beängstigenden Wirklichkeit schlechthin geworden ist. In der Angst der Träumerin vor ihrer Therapeutin konzentriert sich ein außergewöhnliches Maß an allgemein menschlicher Angst vor dem Leben und dem Unbewußten. Diese Angst, so sagt uns das Mythologem, muß sie durch den Spiegel von Athenes Schild betrachten — durch Verstehen aus der Erfahrung und nicht durch Identifikation mit dem Affekt. Sie muß die Angsteinflößende mit dem ›Schwert‹ der unterscheidenden Klarheit ›enthaupten‹ und deren mächtige Emotionen sodann in dem transpersonalen Gefäß des Therapieprozesses auffangen. Dieses Bild und die dahinterstehende Mythologie zeigen den methodischen Ansatz, der den Bedürfnissen der Klientin im gegenwärtigen Stadium gerecht werden kann — ein Ansatz, der das Schwergewicht auf eine heroische Konfrontation legt. Als das Entsetzen der Träumerin angesichts der Therapeutin anhand der spezifischen Erfahrungen aus vorangegangenen Sitzungen untersucht wurde, kam die Angst vor der Schärfe der Therapeutin ans Licht, die die Träumerin wiederum an ihre neidische Mutter erinnerte. Die Therapeutin entschloß sich einzugestehen, daß dies einer ihrer Schwachpunkte war, mit dem sie zu kämpfen hatte und den zu überwinden sie bemüht war, der aber auch eine Gelegenheit für die Träumerin bieten konnte, eine ›heroische‹ Konfrontation zu wagen. Indem sie den Wirklichkeitsfaktor offenlegte und sich zur Konfrontation mit diesem Faktor mit der Träumerin verbündete, versuchte die Therapeutin, die archetypische Angsteinflößerin, die zugleich auch Lebensangst verkörperte, dem Bewußtsein zugänglich zu machen und zu vermenschlichen. Indem sie das tat, rückte sie an die Stelle der Gefährtin des Helden, so wie Athene im Mythos der Medusa.

Wenn die kranke Schattenseite des Therapeuten gezeigt wird, so ist das für den idealisierenden Klienten oft eine negative Erfahrung, wenn nicht der archetypische Charakter dieser Tatsache realisiert werden kann. Bei etwas Akzeptanz kann eine solche Enthüllung dazu dienen, eine empathische Verbindung zwischen Träumer und Therapeut zu schaffen und die Kluft zwischen dem Bewußtsein und den verletzten Aspekten des Träumers zu überbrücken:

> Mein Therapeut liegt krank im Bett und ist dabei ganz entspannt.
> Ich sitze ruhig neben ihm.

Dieser Traum wurde oben bereits besprochen (vgl. S. 208). Hier soll er aus der archetypischen Perspektive untersucht werden. Wie bereits dargelegt, treten archetypische und persönliche Motive oft gemeinsam im gleichen Traum auf, und/oder ein archetypisches Bild erscheint in einer eher persönlichen und modernen Verkleidung.

Hier wird gezeigt, daß derjenige, der Heiler sein soll, selbst krank ist. Das Motiv des verwundeten oder leidenden Heilers ist universell: Jesus, Odin und Chiron sind dafür nur einige Beispiele.[9] Das Delphische Orakel sagt: ›Der die Wunde schlug, soll sie heilen.‹ Der Therapeut leidet an seiner eigenen Wunde und verwundet seinerseits den Patienten, indem er dessen Komplexe ›öffnet‹ und seine Idealisierung enttäuscht. Nur durch solch eigenes, bewußt auf sich genommenes Leiden kann der Heiler wirklich wissen, was Krankheit bedeutet, und aufgrund dessen helfen. Wenn der Träumer erkennt, daß der Therapeut selbst gelitten hat und sich selbst geduldig durch seine Lebensprobleme hindurchkämpft, kann er die menschlichen Schwächen des Therapeuten und damit auch seine eigenen besser verstehen — er kann sie aus einer Haltung der Empathie heraus annehmen, anstatt in Abwehr und Zurückweisung zu fliehen.

THERAPIETRÄUME, DIE NUR FÜR DEN THERAPEUTEN BESTIMMT SIND

Eine große Gruppe von Träumen, die sich mit dem Therapeuten und dem Therapieprozeß befassen, beinhaltet Bilder vom Therapieprozeß und von Übertragungs- und Gegenübertragungsinteraktionen. Es scheint fast so, als würden die Träume, die zu dieser Gruppe gehören, bloß für den Therapeuten oder in erster Linie zu dem Zweck geträumt, daß dieser sich auf das von beiden Seiten konstellierte therapeutische Feld einstellen kann. Solche Träume treten auf, wenn Therapeut und Klient gezwungen sind, den Therapieprozeß auf die Bearbeitung regressiver Übertragungsbeziehungen zu beschränken. Die betroffenen Träumer erleben die Arbeit an einem Bild und insbesondere an einer Amplifikation als Ablenkung vom Umgang mit überwältigenden Affekten oder gar als Verletzung des zerbrechlichen therapeutischen Bandes. Trotzdem träumt der Klient weiter und präsentiert immer wieder neue Träume. Manchmal arbeitet er mit großer Aufmerksamkeit an einem Traum, manchmal bereitet es ihm aber auch Vergnügen, jede Deutungsmöglichkeit zu sabotieren oder den Therapeuten durch das Zurückhalten seiner Assoziationen auf die Folter zu spannen.

Die Träume sind nichtsdestotrotz von unschätzbarem Wert für den Therapeuten. Sie liefern Schlüsselhinweise darauf, was in dem archetypischen Feld der frühen Eltern-Kind-Beziehung geschieht, welches in der therapeutischen Übertragung und Gegenübertragung konstelliert ist. Angesichts fehlender Assoziationen nimmt das Verhalten, das mit dem Traum Hand in Hand geht, deren Platz ein, so als handelte es sich dabei ebenfalls um eine Assoziation. Dem Träumer sollte man vor allem dieses Verhalten deuten und nicht so sehr den Traum selbst. Dem Therapeuten andererseits bieten solche Verhaltensassoziationen oft Mittel zum Verständnis des Traumes und der Veränderungen im Therapieprozeß, auf die der Traum hinweist. Auch wenn es beim Erzählen des Traumes zu keinen verbalen Assoziationen kommt, kann sich der Therapeut mitunter doch ein tieferes Verständnis der Traumbilder zusammenreimen, indem er sich Informationen aus anderen Sitzungen ins Gedächtnis zurückruft, die ihm relevantes Material liefern können.

Eine Frau beispielsweise, die nur auf gerichtliche Anordnung zur Therapie kam und die — obwohl sie von Zeit zu Zeit Träume mitbrachte — jeden Versuch sabotierte, ihre Träume zu besprechen, träumte:

> Ich besuche Ihr Haus [das der Therapeutin]. Ich bin hungrig, aber das würde ich nie sagen. Sie geben mir ein mit Fleisch belegtes Sandwich. Ich esse es, und es ist okay.

Den Umstand, daß der Schauplatz nicht in den Praxisräumen der Therapeutin liegt und daß die Träumerin von ihr Fleisch bekommt, erkannte die Therapeutin aufgrund von Material aus anderen Sitzungen als problematisch. Es war starker Neid im Spiel, der mit einer früheren Phantasie der Träumerin bezüglich des ›reichen Hauses‹ der Therapeutin zu tun hatte. Die Träumerin war zudem Vegetarierin.

Nichtsdestoweniger enthält dieser Traum die metaphorische Aussage, daß der Therapieprozeß starke Auswirkungen auf die Träumerin haben und einen Hunger erwecken könnte, der gestillt werden würde, auch wenn Traum-Ich und Träumerin das ›nie sagen würden‹. Ungeachtet des Widerstandes und der Angst könnte sich eine Veränderung einstellen. Dies wird im letzten Satz des Traumes festgehalten: Die Träumerin erhält Nahrung, die das Traum-Ich ›okay‹ findet. Die Botschaft widerspricht ihrem zur Schau gestellten Verhalten und kompensiert es. Das Wissen darum stärkte die Geduld der Therapeutin mit dieser schwierigen Klientin.

Die Therapeutin mußte sich mit einer Reihe von Fragen auseinandersetzen, als sie sich privat mit diesem Traum beschäftigte, nämlich:

> Ist das Haus der Therapeutin noch immer ein niderregender Ort? Wo ist der Neid jetzt zu verorten? Im Traum-Ich? Oder projiziert auf die und induziert bei der Gestalt, die ihr zu essen gegeben hat? Macht Neid die Träumerin hungrig? Ist sie nicht mehr so neidisch, so daß sie bereits den ›reicheren‹ psychologischen Raum ›besuchen‹

kann? Wenn sie ›das‹ nicht ›sagen‹ kann, ist das Angst, Widerstand oder eine präverbale regressive Dynamik? Was ist mit ihrem Hunger geschehen, daß sie ihn nicht äußern kann? Welche verderbliche Haltung liegt hinter diesem Schweigen? Soll sie ihre Bedürfnisse aussprechen, es ›sagen‹? Warum ist kein vegetarisches Essen verfügbar? Ist sie gewillt, ihre Eßgewohnheiten zu verändern; und wenn es ›okay‹ ist, bedeutet das dann, daß Fleisch kein Tabu mehr und nicht zu stark für sie ist? etc.

All diese Fragen können zu Hypothesen führen, die die Therapeutin zwecks späterer Untersuchung im Auge behalten muß. Zu diesem Zeitpunkt lassen sich mangels aktueller Assoziationen der Träumerin noch keine Schlüsse ziehen.

TRÄUME DES THERAPEUTEN VOM KLIENTEN

Wenn der Therapeut vom Klienten träumt, sind immer Gegenübertragungsprobleme im Spiel; damit ergibt sich für den Therapeuten die Notwendigkeit, an sich zu arbeiten, um erkennen zu können, welchen Komplex oder welches archetypische Problem er auf den Klienten projiziert.[10] In den meisten Fällen hat die Projektion mit einem Schattenproblem zu tun, mit einem Affekt, der nicht verarbeitet werden kann, oder mit einer Vermengung des Klienten mit der Familie des Therapeuten. Es kann aber auch eine archetypische Gegenübertragung vorliegen. Die Gestalt des Klienten kann als Gestalt des Selbst erscheinen, als Gestalt eines Kindes, als Liebhaber oder Feind, als beneidenswertes Ideal oder verderblicher Teufel. Die Projektion, ob sie nun persönlicher oder archetypischer Natur ist, weist darauf hin, daß die therapeutische Beziehung in Schwierigkeiten ist und daß der Therapeut sich zu sehr mit dem Klienten identifiziert oder ihn als Träger eines Teils seiner eigenen Psychologie ›benutzt‹. Eine Bearbeitung des Traumes ist in der Regel außerordentlich wichtig und hilft sehr, das Gewirr von Übertragung und Gegenübertragung zu entflechten.

In einigen Fällen kompensiert ein Traum des Therapeuten eine falsche Wahrnehmung, die er von einem Klienten hat. Eine Klientin, auf die Jung ›herabsah‹, sah er im Traum hoch oben auf einem Turm stehen.[11] Der Umstand, daß sie in der Sitzung seine Ablehnung hervorrief, weist ebenso wie

die Tatsache, daß sie ihm im Traum erschien, auf ein Gegenübertragungsproblem hin. Der Traum aber machte Jung auf seine Gegenübertragung
aufmerksam.

KAPITEL 13

SCHLUSSBEMERKUNG

Der Traum ist die kleine verborgene Tür im Innersten und Intimsten der Seele, welche sich in jene kosmische Urnacht öffnet, die Seele war, als es noch längst kein Ichbewußtsein gab, und welche Seele sein wird, weit über das hinaus, was ein Ichbewußtsein je wird erreichen können.
(*GW,* Band 10, Randnummer 304)

Träume sind eine Pforte zum Ursprung, zum Urgrund des Lebens.

Sie stellen die Situation des Träumers dar, wie sie ist. In dieser Funktion werden sie manchmal als unbarmherzig, ja sogar als bedrohlich und destruktiv erfahren und ›böse‹ Träume genannt, weil sie den Träumer mit scheinbar rauhen psychologischen und spirituellen Tatsachen hinsichtlich seiner gegenwärtigen Wirklichkeit konfrontieren. Und doch ist diese Unbarmherzigkeit so objektiv und unsentimental wie jeder andere Bestandteil eines natürlichen Vorgangs. So gesehen gibt es weder gute noch böse Träume. Wenn es dem Träumer gelingt, die Intention des Traumes zu assimilieren und sich der Perspektive des Lenkenden Selbst anzuschließen, so wird dieser Anschluß an den existentiellen Grund des Individuums ihn dazu führen, daß er sich ›gut‹ oder ›im Tao‹ fühlt. Die Quelle oder das Selbst wird dann als hilfreich und ›gut‹ erfahren. Ist ein solcher Anschluß jedoch nicht möglich, so kann das bedrohliche Gefühl, einen ›bösen‹ Traum gehabt zu haben, in der Tat anhalten.

Bei der Arbeit mit Träumen vermag man ein Gefühl tiefer Numinosität und tiefen Staunens über die Objektivität und Kreativität der unbekannten Einheit zu empfinden, die wir in Ermangelung eines besseren Namens als das Lenkende Selbst bezeichnen. Ein solches Gefühl erwächst aus dem Erleben, daß Traumbilder uns fortlaufend präzise und wichtige Botschaften übermitteln, und aus der damit einhergehenden Erfahrung von persönlichem Wachstum.

Andererseits wird man auch nach Jahren therapeutischer Arbeit immer wieder voll Bedauern feststellen, daß ein Träumer unfähig sein kann, sich dem zu öffnen, was das Lenkende Selbst ihm anbietet — daß er sich von seinem eigenen Potential, seiner Ganzheit und Wirklichkeit entfremdet hat. Eine solche Entfremdung vom individuellen Lebenssinn kann mitunter so tiefgreifend sein, daß sie die Wahrnehmung von Veränderungen und Entwicklungen blockiert oder verhindert.

Viele Therapeuten, die Menschen mit Borderline- oder psychotischen Zuständen behandeln, haben festgestellt, daß ihre Patienten Träume nicht richtig bearbeiten und verstehen können, und sie könnten sich fragen, welchem klinischen Zweck solche Träume dienen, außer vielleicht dem, dem Therapeuten das Verständnis der Übertragung/Gegenübertragung und des Therapieprozesses zu erleichtern. Der Therapeut muß in solchen Fällen möglicherweise selbst die Stelle des verschreckten Bewußtseins des Träumers einnehmen und eine Haltung ehrfürchtiger Aufmerksamkeit gegenüber den Botschaften vom Lenkenden Selbst des Träumers aufbauen. Mit Geduld und Ausdauer kann der Therapeut dadurch eine zunächst beschränkte und später zunehmende, schließlich vielleicht volle Anteilnahme des Träumers bewirken. Auch wenn dies nicht gelingen sollte, kann beim Therapeuten ein Gefühl ehrfürchtigen Staunens zurückbleiben, daß die Träume nicht enden und das Lenkende Selbst den unterstützenden Fluß seines Selbstausdrucks nicht einstellt, gleichviel ob ihm von jemandem Gehör geschenkt wird oder nicht.

Denjenigen Träumern, die — oft mit Hilfe therapeutischer Traumarbeit — eine kohärentere Ich-Haltung entwickeln konnten, können die in diesem Leitfaden beschriebenen Vorgänge dabei helfen, sich den fruchtbaren und vielschichtigen Dialog mit dem Unbewußten so weit wie möglich zu erschließen. Wie wir gesehen haben, kann man mit Hilfe verschiedener methodischer Ansätze zu ein und derselben Botschaft gelangen. Sorgfältige Arbeit, die Assoziationen, Erklärungen und Amplifikationen ans Licht bringt, um so die symbolischen und metaphorischen Bilder der Trauminszenierung zu verankern, gelenkte oder aktive Imagination; und/oder die Untersuchung der Übertragungsimplikationen des Traumes auf persönlicher wie auch auf archetypischer Ebene — all dies wird im optimalen Fall ineinandergreifen und dem Träumer und dem Therapeuten im wesentlichen ähnliche Botschaften über Entwicklung und Fortschritt des Träumers vermitteln.

Andererseits braucht sich das Leben mit Träumen und das Bearbeiten von Träumen nicht auf Pathologie und Therapie zu beschränken. Es steht zu hoffen, daß der Therapeut genauso wie der Analysand/Träumer den unermeßlichen Wert eines Dialogs mit dem immer befruchtenden Unbewußten schätzen und diese Ausdrucksform des Lenkenden Selbst achten gelernt hat, so daß er diesen Kontakt mit Hilfe von geeigneten und erfahrenen Partnern aufrechterhalten wird.

Der Legende nach[1] steckt vor der Geburt der Engel ein Licht über der Seele auf, »das die Seele von einem Ende der Welt zum anderen schauen läßt ... , sie schauen läßt, wo sie leben und wo sie sterben wird ... , und er führt sie durch die ganze Welt und zeigt ihr die Gerechten und die Sünder und alle Dinge.« Bei der Geburt aber »löscht der Engel das Licht, und das Kind vergißt alles, was seine Seele gesehen und gelernt hat, und weinend kommt es in die Welt, denn es verliert einen Ort der Geborgenheit und der Sicherheit und der Ruhe«. Ist sie jedoch einmal ins irdische Leben eingetreten, »flieht die Seele jede Nacht aus dem Körper, steigt zum Himmel auf und holt von dort neues Leben«...

Vielleicht versuchen wir uns beim Träumen an das zu erinnern, was unsere Seele immer gewußt hat.

ANMERKUNGEN

1. EINFÜHRUNG IN DIE KLINISCHE TRAUMDEUTUNG

1. Ein ausgezeichnetes Buch, das diese Thematik aufgreift und erörtert, ist W. D. O'Flaherty (1984), *Dreams, Illusions, and other Realities*, Chicago und London: University of Chicago Press.

2. Vergleichende Studien sind zu finden in James L. Fosshage und Clemens A. Loew (Hg.) (1978), *Dream Interpretation: a comparative study*, New York und London: Spectrum Publications.

3. Zur Bibliographie siehe Myron L. Glucksman und Silas L. Warner (Hg.) (1987), *Dreams in New Perspective: the royal road revisited*, New York: Human Sciences Press. Vgl. J. Allan Hobson and Robert W. McCarley (1977), *The brain as a dream state generator: an activation-synthesis hypothesis of the dream process*, in: *American Journal of Psychiatry*, 134, Nr. 12 (Dezember), S. 1335-1348.

4. Siehe Thomas B. Kirsch, *The relationship of REM state to analytical psychology* (1968), in: *American Journal of Psychiatry*, 124, Nr. 10 (April), S. 1459-1463.

5. Siehe aber J. Hall (1977), *Clinical Uses of Dreams: Jungian interpretations und enactments*, New York: Grune and Stratton; J. Hillman (1979), *The Dream and the Underworld*, New York: Harper and Row; M. Mattoon (1978), *Applied Dream Analysis: a Jungian approach*, Washington: Winston; M.-L. von Franz (1984), *Traum und Tod*, München: Kösel; E. C. Whitmont (1978), *Jungian approach*, in: J. L. Fosshage und C. A. Loew (1978), S. 53-77.

6. C. G. Jung (1962), *Erinnerungen, Träume, Gedanken*, Neuauflage 1971, Olten und Freiburg: Walter, S. 166.

7. Wir befassen uns hier nicht mit dem Phänomen luzider Träume oder mit den verschiedenen Therapieformen, die den Träumer dazu ermutigen, das Traum-Ich im Traum zu aktivieren, damit es bewußten Zwecken dienen kann.

8. Obwohl es sich um eine Erinnerung an den Traum handelt und man häufig auch das Gefühl hat, er habe sich in der Vergangenheit abgespielt, ist es am besten, ihn in der Therapie in der Gegenwartsform zu erzählen. Das bringt ihn dem Träumer näher und stärkt die Lebhaftigkeit beim Wiedererleben seiner Bilder und seiner Geschichte.

9. Vgl. Ramon Greenberg, der die Traumforschung bei aphasischen Patienten diskutiert, in: M. L. Glucksman und S. L. Warner (1987), *Dreams in New Perspective: the royal road revisited*, S. 134.

10. W. D. O'Flaherty (1984), *Dreams, Illusions, and other Realities*, S. 3.

11. Kekulés berühmter Traum von wirbelnden Schlangen, von denen eine sich in den eigenen Schwanz beißt, gab ihm die Idee für die Formel des Benzolringes ein. Zu diesem und anderen Träumen siehe Raymond de Becker (1968), *The Understanding of Dreams and their Influence on the History of Man*, New York: Hawthorn Books Inc., S. 84; vgl. M. L. Glucksman und S. L. Warner (1987), *Dreams in New Perspective: the royal road revisited*, S. 9-21.

12. James L. Fosshage (1983), *The psychological function of dreams: a revised psychoanalytic perspective*, in: *Psychoanalysis and Contemporary Thought*, Band 6, Nr. 4, S. 657.

13. Jean Gebser (1978), *Ursprung und Gegenwart. Die Fundamente der aperspektivischen Welt*, Schaffhausen: Novalis, Kapitel 3.6, S. 165-172.

14. GW, Band 8, Randnummer 527.

2. TRAUMARBEIT IN DER KLINISCHEN PRAXIS

1. Eine kurze Erörterung der Hauptdivergenzpunkte zwischen der Freudschen und der Jungschen Anschauung findet sich bei A. Samuels (1985), *Jung and the Post-Jungians*, London: Routledge and Kegan Paul.

2. Siehe beispielsweise: R. Stolorow und G. Atwood (1982), *The psychoanalytic phenomenology of the dream*, in: *Annual of Psychoanalysis*, 10, S. 205-220; J. L. Fosshage (1987), *A revised psychoanalytic approach*, in: J. L. Fosshage und C. A. Loew (Hg.), *Dream Interpretation: a comparative study* (revised edition), New York 1987: PMA Publishing Corp.; M. L. Glucksman und S. L. Warner (Hg.) (1987), *Dreams in New Perspective: the royal road revisited*, New York: Human Sciences Press.

3. Träume, die sich auf Material beziehen, das dem Bewußtsein psychologisch sehr fernliegt, können oft nicht in die Erinnerung zurückgerufen werden, oder sie bringen Bilder hervor, die weit entfernt liegen, was Zeit oder Form anbelangt. Was am leichtesten und schnellsten assimiliert werden kann, kann durch Schlüsselmerkmale markiert sein; es kann z. B. klar beleuchtet sein, lebhaft wahrgenommen werden oder anscheinend eine persönliche Beziehung zum Träumer haben.

4. Ein Beispiel hierfür wäre der Traum, den eine von Jungs Patientinnen hatte und in dem sie ihn als Gottheit sah; vgl. GW, Band 7, Randnummern 211-218. Siehe

auch Kapitel 12: Träume von Therapie und Therapeut — Die archetypische Übertragung in Träumen.

5. Diesen Satz brachte uns Edward Edinger zur Kenntnis.

6. Im Gruppenprozeß ist es im allgemeinen sehr hilfreich, zunächst beim Träumer Reaktionen auszulösen und dann den Träumer und die Gruppe zur Interaktion mittels Fragen, Reaktionen, Assoziationen und Deutungsversuchen aufzufordern. Die verschiedenen Persönlichkeiten und Wahrnehmungen der einzelnen Gruppenmitglieder bringen im allgemeinen ein breites Spektrum von Nuancen und Antworten hervor, wenngleich die Gruppenmitglieder mangels klinischer Erfahrung vielleicht nicht in der Lage sind, diese Antworten in vollem Umfang für die Deutung zu verwenden. Aufgabe des Gruppenleiters ist es dann, die Traumbotschaft zusammenzufassen.

7. Jung forderte im Zusammenhang mit Träumen zu solchem Tun auf: »Ich sehe immer ängstlich darauf, die Deutung des Bildes in eine Frage ausklingen zu lassen, deren Beantwortung der freien Phantasietätigkeit des Patienten überlassen blieb.« (GW, Band 8, Randnummer 400); zu Quellen für verschiedene Imaginationsarten siehe J. Hall (1977), S. 331-347.

8. M. L. von Franz (1985), *Die Träume von Themistocles und Hannibal,* in: dies., *Träume,* Einsiedeln: Daimon.

9. M. Masud R. Khan (1972), *The use and abuse of dream in psychic experience,* in: *The Privacy of the Self: papers on psychoanalytic theory and technique,* New York: International Universities Press, S. 306-315.

10. Was der Verfasser D. W. Winnicott verdankt, kann durch eine einfache Fußnote zu seinen Begriffsbildungen nicht angemessen ausgedrückt werden.

11. Bei psychotischen Patienten mag dies vielleicht nicht der Fall sein. W. R. Bion (1967, *Second Thoughts: selected papers on psycho-analysis,* London: Heinemann, S. 98) behandelt das Fehlen von Träumen bei schizophrenen Patienten, mit denen er arbeitete, ihre ›unsichtbar-sichtbaren Halluzinationen‹ und ihre spätere Erfahrung der Traumbilder als ›feste‹ Gegenstände, wie Fäkalien, im Gegensatz zu den ›Trauminhalten‹, die sich aus einem Kontinuum winziger, unsichtbarer Fragmente zusammensetzen‹, analog zu Urin. Versteht man diese Produkte symbolisch und nicht nur als Reduktionen auf eine Dynamik der präödipalen Stufe, so erschließt sich ihr tiefer Wert. (Siehe Kapitel 11: Körperbilder.) Im Gegensatz dazu beschreibt J. W. Perry (1976, *Roots of Renewal in Myth and Madness,* San Francisco: Jossey-Bass) Träume junger Schizophrener als Quelle von Bildern, die sie durch einen Prozeß von Zerstückelung, Tod und Wiedergeburt hindurchführen.

12. C. G. Jung (1984), *Dream Analysis: notes of the seminar given in 1928-1930,* Princeton, New Jersey: Princeton University Press, S. 475.

13. GW, Band 8, Randnummer 568.

14. Diese Aussage hat Freud in *Die Traumdeutung* (1900) getroffen, in: Studienausgabe, Band 2, Frankfurt 1989[8]: Fischer, S. 118.

15. Nathaniel Hawthorne, *The Scarlet Letter*, Roman aus der Welt des puritanischen Neuengland, der sich mit dem Problem der Schuld und des Bösen auseinandersetzt. Der scharlachrote Buchstabe A (für ›Adulteress‹, Ehebrecherin) verrät die Schuld der Hauptfiguren.

16. GW, Band 16, Randnummer 316.

17. vgl. E. Neumann (1949), *Ursprungsgeschichte des Bewußtseins*, Zürich: Rascher, S. 308f, sowie ders. (1953), *Zur psychologischen Bedeutung des Ritus*, in: ders., *Kulturentwicklung und Religion*, Zürich: Rascher, S. 15.

3. DIE SITUATION, WIE SIE IST

1. *Die Beziehungen zwischen dem Ich und dem Unbewußten*, 1928, in: GW, Band 7, Randnummer 210.

2. *Die praktische Verwendbarkeit der Traumanalyse*, in: GW, Band 16 (= *Praxis der Psychotherapie*), Randnummer 304.

3. GW, Band 8, Randnummer 482.

4. Für das bewußte Ich ist es natürlich wichtig zu entscheiden, wie es diese, wenn überhaupt, im täglichen Leben manifestieren will. Wenn man träumt, ein Mörder zu sein oder von einem Mörder verfolgt zu werden, so bedeutet das, daß man einen mörderischen Affekt erkennen und sich mit ihm auseinandersetzen muß, da dieser im eigenen Leben bereits existent ist. Träume sagen einem nicht, was zu tun ist. Dies bleibt der Verantwortung des Gewissens des Träumers überlassen. Träume zeigen aber sehr wohl, was in der existentiellen Situation des Träumers ›eben so ist‹ — und zwar auf der Objekt- und auf der Subjektstufe.

5. GW, Band 11 (= *Zur Psychologie westlicher und östlicher Religion*), Randnummer 391.

6. »Unsere Modelle sind tauglich, aber nicht wahr, denn wenn eine Beschreibung wahrheitsfähig sein soll, muß sie sich unmittelbar mit tatsächlichen Fakten vergleichen lassen. Dies trifft auf unsere Modelle [des Atoms] in der Regel nicht zu.« Schroedinger, E. (1961), *Science and Humanism*, Cambridge University Press, S. 22.

7. Im Gegensatz zum früheren Gebrauch des Begriffs Individuation, der sich auf einen Prozeß der Introversion während der zweiten Lebenshälfte beschränkte, scheint es so zu sein, daß ›zu werden, was man ist‹ ein Prozeß ist, der sich das ganze Leben hindurch fortsetzt und extravertierte Bezogenheit ebenso einschließt wie introvertierte Zentrierung.

8. Siehe Kapitel 6: Kompensation und Komplementation.

9. Siehe Kapitel 6: Objektstufe und Subjektstufe in Träumen.

10. *Schatten* ist Jungs Bezeichnung für den unbewußten Teil der Persönlichkeit, der gekennzeichnet ist durch Züge und Einstellungen — negativer oder positiver Natur —, die das bewußte Ich tendenziell ignoriert oder zurückweist.

11. W. R. Bion (1967), *Second Thoughts: selected papers on psycho-analysis*, New York: Jason Aronson, S. 265.

12. Der Therapeut sah darin sowohl eine objektive Aussage über die Qualität und Gefahr einer kritisch unterscheidenden Ordnung im Leben der Patientin, gegenüber der ihre Diffusion eine Art defensiver Überlebenstaktik war, als auch einen Übertragungstraum. Als Aussage über die Arbeit in der vorangegangenen Sitzung zeigte der Traum, daß der Versuch des Therapeuten, ein ordentliches Bewußtsein zu evozieren, indem er auch zu den Traumbildern Fragen stellte, für die Träumerin scharf und wie das Ordnen unpersönlicher Karteikarten nach sinnlosen Unterscheidungskriterien war, welche ihre Fähigkeit verwundeten, ihre Finger in die Arbeit hineinzubekommen. (Siehe Kapitel 12: Übertragungsreaktionen.) Die Traumbilder erlaubten es dem Therapeuten, die Art seiner Therapie umzustellen — was in diesem Fall sogar Fragen über Träume ausschloß —, um die Träumerin empathischer, einfühlender in ihrer Diffusion begleiten und ihr Vertrauen in die therapeutische Beziehung aufbauen zu können.

13. W. R. Bion (1967), S. 165.

14. GW, Band 10, Randnummer 304.

15. *The Oxford Book of Dreams* (1987), ausgewählt von Stephen Brook, Oxford University Press, S. 143-144.

16. GW, Band 8, Randnummer 542.

4. DIE TRAUMSPRACHE

1. Propriorezeptiv = aus der ›Eigenempfindung‹ des Körpers stammend.

2. Kinästhetisch = vom Bewegungs- und Lagesinn stammend.

3. Wir beziehen uns hier auf Freuds Beschreibung des Primärvorgangs; wenngleich wir ihn nicht aus der Perspektive der Unterdrückung und Wunscherfüllung betrachten würden. Er sagt: »Ein psychischer Apparat, der nur den Primärvorgang besäße, existiert zwar unseres Wissens nicht ... [und doch] bleibt der Kern unseres Wesens ... unfaßbar und unhemmbar für das Vorbewußte. ... [Diese Vorgänge sind] die von einer Hemmung befreiten Arbeitsweisen des psychischen Apparats.« Vgl. *Die Traumdeutung*, in: Studienausgabe, Band 2, Frankfurt 1989[8], S. 572-574.

4. GW, Band 8, Randnummer 402.

5. Siehe Susan K. Deri (1984), *Symbolization and Creativity*, New York: International Universities Press, insbesondere Teil II.

6. GW, Band 11, Randnummer 307.

7. Zum Begriff des Feldes siehe den Aufsatz *Natur, Symbol und Realität des Sinnbildes*, in: E. C. Whitmont (1991), *Psyche und Substanz*, Göttingen: Burgdorf.

8. Therapeuten stellen oft fest, daß ihre Klienten ihnen Träume bringen, die Bilder aus dem Material enthalten, das sie gerade studieren. Das ist ein markantes Beispiel für die Stärke des psychischen Feldes, das beide Partner der therapeutischen Beziehung umfängt; dieses Beispiel zeigt zudem, wie fruchtbar die fortlaufende Arbeit des Therapeuten an seinem eigenen Prozeß und seiner eigenen Entwicklung ist.

9. GW, Band 12, Randnummer 403; C. Rycroft (1979), *The Innocence of Dreams*, New York: Pantheon, S. 71.

10. GW, Band 6 (= *Psychologische Typen*), Randnummer 894.

11. GW, Band 11 (= *Zur Psychologie westlicher und östlicher Religion*), Randnummer 307.

12. GW, Band 8, Randnummer 644.

13. GW, Band 8, Randnummer 405.

5. ASSOZIATION, ERKLÄRUNG UND AMPLIFIKATION: DAS TRAUMFELD

1. GW, Band 8, Randnummer 471.

2. Sylvia Brinton Perera (1989), *Dream design: some operations underlying clinical dream appreciation*, in: *Dreams in Analysis*, Willmette, Illinois: Chiron Publications.

3. Yael Haft-Pomrock (1981), *Number and myth: the archetypes in our hands*, in: *Quadrant*, 14 (2), S. 63-84.

4. GW, Band 8, Randnummern 816-987. Vgl. auch Jungs Bericht über den Skarabäus, GW, Band 8, Randnummern 843 und 972.

5. Zur aktiven Imagination siehe J. Hall (1977), S. 339-348; Barbara Hannah (1981). Zur gelenkten Imagination siehe Assagioli (1965); Desoille (1966); Epstein (1978); Happich (1932); Leuner (1955, 1982).

6. Siehe Hans Dieckmann (1980), *On the methodology of dream interpretation*, in: I. Baker (Hg.), *Methods of Treatment in Analytical Psychology*, Fellbach: Bonz; sowie James Hall (1977), *Clinical Uses of Dreams: Jungian interpretations and enactments*, New York: Grune and Stratton, S. 331-348.

6. KOMPENSATION UND KOMPLEMENTATION: OBJEKT- UND SUBJEKTSTUFE

1. GW, Band 8, Randnummer 493.

2. C. G. Jung (1938-39), *Zur Methodik der Trauminterpretation*, in: *Kinderträume*, hg. von Lorenz Jung und Maria Meyer-Grass, Olten und Freiburg 1987: Walter, S. 15-41, hier: S. 19.

3. GW, Band 12, Randnummer 48.

4. Ein Begriff von Jung. Diese Träume treten häufig bei Patienten mit präödipaler Pathologie auf, die einen grundsätzlich positiven Schatten und eine ernsthaft verletzte oder fragmentierte und gespaltene bewußte Identität aufweisen.

5. Das trifft sehr wahrscheinlich gleichermaßen auf post-traumatische Streßträume zu, in denen sich die schrecklichen Vorfälle Krieg, Inzest, Katastrophe etc. wiederholen. Sie können ein Aufruf sein, dem Leiden ins Gesicht zu sehen, es zu ertragen und es bewußt durchzuarbeiten; sie können aber zugleich auch auf eine Komplexdynamik im Inneren bzw. auf der Subjektstufe hinweisen.

6. Jungs Traum von einer Patientin, die oben auf einem Turm stand, GW, Band 7, Randnummern 189-190. Vgl. auch S. 239 im vorliegenden Band.

7. DIE DRAMATISCHE STRUKTUR DES TRAUMES

1. GW, Band 8, Randnummer 565.

2. Eine weitere Erörterung dieses Traumes findet sich bei S. B. Perera (1986), *The Scapegoat Complex: toward a mythology of shadow and guilt*, Toronto: Inner City Books, S. 90.

3. Jung machte als erster auf die Nützlichkeit dieser Kategorien aufmerksam, GW, Band 8, Randnummern 561-565. Vgl. dazu auch Aristoteles, *Poetik*.

4. E. C. Whitmont (1989), *On dreams and dreaming*, in: *Dreams in Analysis*, Willmette, Illinois: Chiron Publications.

5. Weitere Beispiele: S. B. Perera (1989), *Dream design: some operations underlying clinical dream appreciation*, in: *Dreams in Analysis*, a. a. O.

8. MYTHOLOGISCHE MOTIVE

1. GW, Band 8, Randnummer 644.

2. Komplexe sind affektgetönte, persönliche und partielle Arten der Wahrnehmung, des Denkens, des Fühlens, des Verhaltens und des Auslebens dieser zugrundeliegenden Muster. Siehe E. C. Whitmont (1969), *The Symbolic Quest*, Kapitel 4; sowie J. Jacobi (1957), *Komplex, Archetypus, Symbol in der Psychologie C. G. Jungs*, Zürich: Rascher, S. 7-35.

3. GW, Band 9:1, Randnummer 271.

4. GW, Band 8, Randnummer 404; vgl. A. Stevens (1982), *Archetypes: a natural history of the self*, New York: Wm. Morrow and Co., S. 48-61.

5. Brief von Jung an Joyce.

6. Diese werden in der Alchemie als die Prozesse der mortificatio, putrefactio, divisio (Zerteilung) oder nigredo (Schwärze) dargestellt. Siehe GW, Band 12, Randnummer 334; GW, Band 14, Randnummern 163 und 164; vgl. E. Edinger (1985), *Anatomy of the Psyche: alchemical symbolism in psychotherapy*, La Salle, Illinois: Open Court, S. 146-180.

7. J. Gebser (1978), *Ursprung und Gegenwart. Die Fundamente der aperspektivischen Welt*, Schaffhausen: Novalis, Kapitel 3.3, S. 87-106; G. Ujhely (1980), *Thoughts concerning the causa finalis of the cognitive mode inherent in pre-oedipal psychopathology*, Diplomarbeit, C. G. Jung Institute of New York; E. C. Whitmont (1969), *The Symbolic Quest*, London: Barrie and Rockliff, London and Princeton University Press, S. 271-276.

8. Siehe oben, Kapitel 5, Assoziation, Erklärung, Amplifikation: Das Traumfeld, S. 74.

9. Siehe unten, Die Deutung von mythologischem Material, S. 150.

10. K. Kerényi (1976), *Dionysos. Urbild des unzerstörbaren Lebens*, München: Langen, Müller, S. 193.

11. E. C. Whitmont (1987), *Archetypal and personal interaction in the clinical process*, in: *Archetypal Processes in Psychotherapy*, Willmette, Illinois: Chiron Publications, S. 1-25.

12. Weitere Einzelheiten zur aktiven und/oder gelenkten Imagination entnehme der Leser der umfangreichen Literatur zu diesem Thema; eine Auswahl ist in Anmerkung 5 zu Kapitel 5 angegeben.

13. *The Mabinogion*, übersetzt und eingeleitet von G. Jones und T. Jones, London, 1906: Everyman's Library, Dent, S. 11.

14. Bei der gelenkten Imagination reicht es aus, eine Bühnenszenerie oder einen allgemeinen Ansatzpunkt vorzuschlagen und nur dann mit weiteren Vorschlägen einzugreifen, wenn die Inszenierung ins Stocken gerät oder entgleitet. So wird sichergestellt, daß die autonomen Reaktionen der Phantasiegestalten durch die Initiative des Analysanden strukturiert werden.

15. akkadisch-sumerischer Mondgott, auch ›Nanna‹ genannt; der Mond wurde wegen seiner sichtbaren Form als Boot verstanden.

16. Euripides: *Iphigenie in Aulis*.

17. Stanislav Grof (1975), *Realms of the Human Unconscious*, New York: Viking; sowie ders. (1985), *Beyond the Brain*, New York State University.

18. C. G. Jung, *Zur Psychologie des Kindarchetypus*, 1940, in: GW, Band 9/1, Randnummern 259-305.

19. Reduktiv ist hier im Sinne von Freuds *reductio ad primam causam* zu verstehen: als persönlich entmythologisierende, strikt auf persönliche Erlebnisse (vor allem Kindheitserlebnisse) bezogene Interpretation.

9. TECHNISCHE EINZELHEITEN

1. Vgl. Anmerkung 15 zu Kapitel 2.

2. Das Führen eines Traumtagebuches ist eine Verpflichtung, die die Entwicklung in der Therapie unterstützen kann; manche Analysanden brauchen aber zunächst den Therapeuten, der sich ihre Träume für sie merkt, bis sie bereit sind, diese Aufgabe selbst zu übernehmen.

3. *Allgemeine Gesichtspunkte zur Psychologie des Traumes*, in: GW, Band 8, Randnummer 493.

4. GW, Band 12, Randnummer 34.

10. PROGNOSE AUS TRÄUMEN

1. C. G. Jung (1962), *Erinnerungen, Träume, Gedanken*, Olten und Freiburg 1971: Walter, S. 140-142.

2. Vgl. Marie-Louise von Franz (1984), *Traum und Tod*, München: Kösel.

3. Zitiert bei Whitmont (1969), *The Symbolic Quest*, S. 53.

4. J. W. T. Redfearn (1989), *Atomic dreams in analysands*, in: *Dreams in Analysis*, Willmette, Illinois: Chiron Publications.

11. KÖRPERBILDER

1. GW, Band 13, Randnummern 304-482.

2. Dieser Traum ist veröffentlicht in Whitmont (1969), *The Symbolic Quest*, S. 286-287.

3. Erich Neumann (1974), *Die Große Mutter. Eine Phänomenologie der weiblichen Gestaltungen des Unbewußten*, Olten: Walter.

4. C. G. Jung (1938-39), *Zur Methodik der Trauminterpretation*, in: *Kinderträume*, hg. von Lorenz Jung und Maria Meyer-Grass, Olten und Freiburg 1987: Walter, S. 15-41, hier: S. 31.

5. E. Neumann (1949), *Ursprungsgeschichte des Bewußtseins*, Zürich: Rascher, S. 32f.

6. Der Legende nach kam es dadurch zur unbefleckten Empfängnis von Jesus, daß der Heilige Geist durch das Ohr in Maria eindrang.

7. Ein Begriff von E. Edinger.

12. TRÄUME VON THERAPIE UND THERAPEUT

1. Wir haben gesehen, daß sich bei den meisten Träumen, die zur Analyse gebracht werden, auch Übertragungs- und mitunter Gegenübertragungsimplikationen finden, vgl. oben, S. 131, 146, 157, 163, 167.

2. S. Freud (1916-1917), *Vorlesungen zur Einführung in die Psychoanalyse*, Nr. 27: Die Übertragung (S. 415-431), in: Studienausgabe, Band 1, Frankfurt 1989[II], hier: S. 426.

3. Vgl. oben, S. 132.

4. Siehe Michael Gorkin (1987), *The Uses of Countertransference*, Northvale, New Jersey: Jason Aronson Inc.; insbesondere: *The disclosure of countertransference*, S. 81-104.

5. Vgl. den Traum von Botenjungen, oben S. 210.

6. Formen dieses *regressus ad uterum* werden beschrieben in M. Eliade (1961), *Das Mysterium der Wiedergeburt. Initiationsriten, ihre kulturelle und religiöse Bedeutung* (ins Deutsche übersetzt von Emilie Hoffmann), Zürich und Stuttgart: Rascher, S. 84-102.

7. C. G. Jung, *Die zweifache Mutter*, in: GW, Band 5 (= *Symbole der Wandlung*), Randnummer 508.

8. GW, Band 7, Randnummern 214-216.

9. Siehe C. Groesbeck (1975), *The archetypal image of the wounded healer*, in: *Journal of Analytical Psychology*, 20 (2), S. 122-145.

10. Vgl. Gorkin (1987), S. 42.

11. GW, Band 7, Randnummern 189-190.

13. SCHLUSSBEMERKUNG

1. Louis Ginzberg (1961), *The Legends of the Jews*, New York: Simon & Schuster, S. 29-31.

BIBLIOGRAPHIE

Assagioli, R. (1965), *Psychosynthesis*, New York: Viking Press.

Bion, W. R. (1967), *Second Thoughts: selected papers on psycho-analysis*, London: Heinemann, New York: Jason Aronson.

de Becker, R. (1968), *The Understanding of Dreams and their Influence on the History of Man*, New York: Hawthorn Books Inc.

Deri, S. K. (1984), *Symbolization and Creativity*, New York: International Universities Press.

Desoille, R. (1966), *The Directed Daydream*, New York: Psychosynthesis Research Foundation.

Dieckmann, H. (1980), *On the methodology of dream interpretation*, in: I. Baker (Hg.), *Methods of Treatment in Analytical Psychology*, Fellbach: Bonz.

Edinger, E. (1985), *Anatomy of the Psyche: alchemical symbolism in psychotherapy*, La Salle, Illinois: Open Court.

Eliade, M. (1961), *Das Mysterium der Wiedergeburt. Initiationsriten, ihre kulturelle und religiöse Bedeutung* (ins Deutsche übersetzt von Emilie Hoffmann), Zürich und Stuttgart: Rascher.

Epstein, G. N. (1978), *The experience of waking dream in psychotherapy*, in: J. L. Fosshage und P. Olsen (Hg.), *Healing: Implications for Therapy*, New York: Human Sciences Press, S. 137-184.

Fosshage, J. L. (1983), *The psychological function of dreams: a revised psychoanalytic perspective*, in: *Psychoanalysis and Contemporary Thought*, 6 (4), S. 641-669.

Fosshage, J. L. (1987), *A revised psychoanalytic approach*, in: J. L. Fosshage und C. A. Loew (Hg.), *Dream Interpretation: a comparative study* (revised edition), New York: PMA Publishing Corp.

Fosshage, J. L. und C. A. Loew (Hg.) (1978), *Dream Interpretation: a comparative study*, New York und London: Spectrum Publications.

Freud, S. (1900), *Die Traumdeutung*, in: Studienausgabe, Band 2, Frankfurt 1989[8]: Fischer.

Freud, S. (1916-1917), *Vorlesungen zur Einführung in die Psychoanalyse*, in: Studienausgabe, Band 1, Frankfurt 1989[11]: Fischer.

Gebser, J. (1978), *Ursprung und Gegenwart. Die Fundamente der aperspektivischen Welt* (= Gesamtausgabe, Bd. 2), Schaffhausen: Novalis.

Ginzberg, L. (1961), *The Legends of the Jews*, New York: Simon & Schuster.

Glucksman, M. L., und S. L. Warner (Hg.) (1987), *Dreams in New Perspective: the royal road revisited*, New York: Human Sciences Press.

Gorkin, M. (1987), *The Uses of Countertransference*, Northvale, New Jersey: Jason Aronson Inc.

Groesbeck, C. (1975), *The archetypal image of the wounded healer*, in: *Journal of Analytical Psychology*, 20 (2), S. 122-145.

Grof, S. (1975), *Realms of the Human Unconscious*, New York: Viking.

Grof, S. (1985), *Beyond the Brain*, New York State University.

Haft-Pomrock, Y. (1981), *Number and myth: the archetypes in our hands*, in: *Quadrant*, 14 (2), S. 63-84.

Hall, J. (1977), *Clinical Uses of Dreams: Jungian interpretations and enactments*, New York: Grune and Stratton.

Hannah, Barbara (1981), *Active Imagination*, Santa Monica: Sigo Press.

Happich, Carl (1932), *Bildbewußtsein als Ansatzstelle psychischer Behandlung*, in: *Zentralblatt für Psychotherapie*, 5, S. 663-677.

Hillman, J. (1979), *The Dream and the Underworld*, New York: Harper and Row.

Hobson, J. A., und R. W. McCarley (1977), *The brain as a dream state generator: an activation-synthesis hypothesis of the dream process*, in: *American Journal of Psychiatry*, 134 (12), S. 1335-1348.

Jacobi, J. (1957), *Komplex, Archetypus, Symbol in der Psychologie C. G. Jungs*, Zürich: Rascher.

Jung, C. G.: Mit Ausnahme der unten genannten Quellen beziehen sich alle Zitate auf die Gesammelten Werke (GW) und die genannten Band- und Randnummern, erschienen beim Walter-Verlag, Olten, 1985-1990.

Jung, C. G. (1938-39), *Zur Methodik der Trauminterpretation*, in: ders., *Kinderträume*, hg. von Lorenz Jung und Maria Meyer-Grass, Olten und Freiburg 1987: Walter, S. 15-41.

Jung, C. G. (1962), *Erinnerungen, Träume, Gedanken von C. G. Jung*, aufgezeichnet und herausgegeben von Aniela Jaffé, Zürich: Rascher; hier zitiert nach der Neuauflage 1971, Olten und Freiburg: Walter.

Jung, C. G. (1984), *Dream Analysis: notes of the seminar given in 1928-1930*, Princeton, New Jersey: Princeton University Press.

Kerényi, K. (1976), *Dionysos. Urbild des unzerstörbaren Lebens* (= Werke in Einzelausgaben, Bd. 8), München: Langen, Müller.

Khan, M. M. R. (1972), The *Privacy of the Self: papers on psychoanalytic theory and technique*, New York: International Universities Press.

Kirsch, T. B. (1968), *The relationship of REM state to analytical psychology*, in: *American Journal of Psychiatry*, 124 (10) (April), S. 1459-1463.

Leuner, H. (1955), *Experimentelles katathymes Bilderleben als ein klinisches Verfahren der Psychotherapie*, in: *Zeitschrift für Psychotherapie und medizinische Psychologie*, 5, S. 185-203, 233-260.

Leuner, H. (1982), *Katathymes Bilderleben. Grundstufe. Einführung in die Psychotherapie mit der Tagtraumtechnik: Ein Seminar*, Stuttgart: Thieme.

Mabinogion, The (ins Englische übersetzt und eingeleitet von G. Jones und T. Jones), London 1906: Everyman's Library, Dent.

Mattoon, M. (1978), *Applied Dream Analysis: a Jungian approach*, Washington: Winston.

Neumann, E. (1949), *Ursprungsgeschichte des Bewußtseins*, Zürich: Rascher.

Neumann, E. (1953), *Zur psychologischen Bedeutung des Ritus*, in: ders., *Kulturentwicklung und Religion*, Zürich: Rascher, S. 3-63.

Neumann, E. (1974), *Die Große Mutter. Eine Phänomenologie der weiblichen Gestaltungen des Unbewußten*, Olten: Walter.

O'Flaherty, W. D. (1984), *Dreams, Illusions, and other Realities*, Chicago und London: University of Chicago Press.

Oxford Book of Dreams, The (1987), ausgewählt von Stephen Brook, Oxford University Press.

Perera, S. B. (1986), *The Scapegoat Complex: toward a mythology of shadow and guilt*, Toronto: Inner City Books.

Perera, S. B. (1989), *Dream design: some operations underlying clinical dream appreciation*, in: *Dreams in Analysis*, Willmette, Illinois: Chiron Publications.

Perry, J. W. (1976), *Roots of Renewal in Myth and Madness*, San Francisco: Jossey-Bass.

Redfearn, J. W. T. (1989), *Atomic dreams in analysands*, in: *Dreams in Analysis*, Willmette, Illinois: Chiron Publications.

Rossi, E. L. (1985), *Dreams and the Growth of Personality: expanding awareness in psychotherapy*, New York: Brunner Mazel.

Rycroft, C. (1979), *The Innocence of Dreams*, New York: Pantheon.

Samuels, A. (1985), *Jung and the Post-Jungians*, London: Routledge & Kegan Paul.

Schroedinger, E. (1961), *Science and Humanism*, Cambridge University Press.

Stevens, A. (1982), *Archetypes: a natural history of the self*, New York: Wm. Morrow and Co.

Stolorow, R., und G. Atwood (1982), *The psychoanalytic phenomenology of the dream*, in: *Annual of Psychoanalysis*, 10, S. 205-220.

Ujhely, G. (1980), *Thoughts concerning the causa finalis of the cognitive mode inherent in pre-oedipal psychopathology*, Diplomarbeit, C. G. Jung Institute of New York.

von Franz, M.-L. (1984), *Traum und Tod. Was uns die Träume Sterbender sagen*, München: Kösel.

von Franz, M.-L. (1985), *Die Träume von Themistocles und Hannibal*, in: dies., *Träume*, Einsiedeln: Daimon.

Whitmont, E. C. (1969), *The Symbolic Quest*, London: Barrie and Rockliff, London and Princeton University Press.

Whitmont, E. C. (1978), *Jungian approach*, in: J. L. Fosshage und C. A. Loew (Hg.), *Dream Interpretation: a comparative study*, New York und London: Spectrum Publications, S. 53-77.

Whitmont, E. C. (1987), *Archetypal and personal interaction in the clinical process*, in: *Archetypal Processes in Psychotherapy*, Willmette, Illinois: Chiron Publications.

Whitmont, E. C. (1989), *On dreams and dreaming*, in: *Dreams in Analysis*, Willmette, Illinois: Chiron Publications.

Whitmont, E. C. (1992), *Psyche und Substanz. Essays zur Homöopathie im Lichte der Psychologie C. G. Jungs*, Göttingen: Burgdorf.

Winnicott, D. W. (1971), *Playing and Reality*, New York: Basic Books, Inc. Auf Deutsch erschienen unter dem Titel: *Vom Spiel zur Realität* (übersetzt von M. Ermann), Stuttgart 1971: Klett.

REGISTER DER TRÄUME

Hinweis: Die Träume sind in der Reihenfolge ihres Erscheinens im Text aufgeführt und nicht alphabetisch geordnet.

Hannibals Traum vom Krieg gegen Rom 22

mit Prostituierten eingeschlossen in einem Raum 26

exotischer Guru und Pfau 29

ein Schreiner bringt ein Boot 32

Rettung eines verletzten Kindes 33

Prinzessin im Becken 34

Traum-Ich ist Löwe 35

Liegen am Strand 36

Traum-Ich steht am Aktenschrank 36

schmutzige Küchenschabe 36

Traum-Ich in Stücken 37

fliegende Gestalt trägt den Kopf der Träumerin 37

Lincolns Traum vom toten Präsidenten 37

Traum-Ich schüttelt einem Bettler die Hand und erleidet einen Herzanfall 40

die Verlobte von Jungs Patienten als Prostituierte 41

im Schmutz einen Pfennig finden 46

Träumer sitzt am Schreibtisch, findet Tablette mit aufgeprägtem Rehbild 49

Therapeut sitzt am Bett des Träumers/der Träumerin 56

alte Taschen werden ins Schlafzimmer des Sohnes getragen 57

Versuch, das Floß umzudrehen 60

Traum-Ich bekommt Edelsteine geschenkt und fühlt sich schuldig 60

aufgespießtes Lamm dreht sich auf Türklinke 61

die Füße mit Reinigungspulver pudern 62

gefesselte und verdrehte Hände 65

Zeigefinger ist gefühllos geworden 65

fliegen 66

als Schmuggler verurteilt 67

Traum-Ich leitet Tanzveranstaltung für Jugendliche 69

fliegen 70

weggeworfene Tomate 72

Picknick am Rand eines Vulkankraters 74

Auto hängt über dem Klippenrand 76

Fremde in der Therapiegruppe 76

Hand zwischen den Kiefern eines Wolfes 79

Nachbar will seinem Sohn ein Hündchen schenken 84

wandernde Indianerin 85

bedrohlicher Freund 86

rücksichtsloses Hineindrängen in den Verkehr 87

der tote Großvater spricht mit dem Inhaber eines Süßwarenladens 87

der Bettler an der Tür 89

der Zöllner im Zollhäuschen 89

zusammenprallende Sterne 89

die Ehefrau als böses Weib 89

das Traum-Ich wird von der Mutter gescholten 92

weiblicher Dieb kratzt nach den Augen des Traum-Ich 93

zerstückeltes Traum-Ich unter einem Baum 94

Traum-Ich liegt zwischen Ehemann und Hund 96

schwarzer Ziegenbock im Käfig 97

in Sportkleidung bei einer formellen Party 100

das Zählen der grammatischen Bestandteile eines Gedichts 100

in einem Lebensmittelladen in China 101

Traum-Ich erzählt einer Freundin von seiner Schreibmaschine 102

in einer Hütte mit der Schwester 104

im Keller nähert sich ein Mann 118

Geschäftspartner hat seine Familie verlassen 122

die Hauskatze wütet 122

Ganove beraubt das Traum-Ich 127

in einem spanischen Kerker 134

Elektriker warnt Traum-Ich vor Stromschlag 135

Männer töten eine Hirschkuh; das Traum-Ich verwandelt sich in einen Jungen 136

sich wiederholender Film mit Richard Burton im Getreidespeicher 139

Therapeut bietet unbequeme Körperhaltung als Behandlung an 142

Baby im Bettchen 145

Kind zerstört Schmuckschatulle 146

Flutwelle 148

Alligatorweibchen 149

Fuchs starrt das Traum-Ich an 149

Wein fließt beständig aus einem übergelaufenen Glas 151

Traum-Ich weist Hilfe eines Mannes auf einem Pfad zurück 153

Traum-Ich und Ehemann sind arm und sterben 154

Übernahme durch das Time-Magazin 156

Terrorist 157

Neffe kommt aus einem anderen Haus, als Traum-Ich erwartet hat 157

Warnung vor Homosexuellen-Hassern 158

Traum-Ich als pazifistischer Soldat 159

chassidischer Student als Eindringling 161

beim Zahnarzt 162

medizinische Untersuchung wiederholt Tagesrest 163

Tornado 165

Mörder läuft frei im Keller 166

Mann packt das Traum-Ich in der U-Bahn 167

offene Tür im Zimmer der Kindheit 168

Sonne soll den Fisch kochen 169

Obstsalat wird gegessen 169

Ehefrau des Träumers soll Hilfe beschaffen 169

Leben in einem baufälligen, von Gespenstern heimgesuchten Haus 173

Tierfratze in der Zimmerecke wird als Bild eingerahmt 174

Spaziergang in einer verlassenen Stadt, Schwärze senkt sich herab 174

Jungs Patient findet in einem mittelalterlichen Gebäude ein idiotisches Kind 175

wie Ophelia treibt die Träumerin durch ihr eigenes Haus 176

die Computer sind gestört und die Programme durcheinander 177

Löwe frißt Hand und Arm des Traum-Ich 177

Entdeckung eines blühenden Gartens 178

Traum-Ich rettet Katze 178

Piranhas unter orientalischem Teppich 178

Traum-Ich schleudert seinen Teddybären 178

Barken an der Meeresküste 180

ein Mann zu Pferd reitet einen wandernden Sänger nieder 181

Stadtgebäude stürzen ein 182

Hausdach wird von fallenden Ästen durchbohrt 186

Großmutter sagt, es sei fünf Minuten vor vier 187

eine Frau und ein Mann erregen das Traum-Ich im Auto 189

im Bett mit einem brutalen Vergewaltiger 192

die Toilette ist mit Exkrementen gefüllt 198

Aufbewahrung von Exkrementen in Mutters Schmuckschatulle 198

Therapeut konfrontiert das Traum-Ich, das wegläuft 203

Traum-Ich bringt dem Therapeuten ein Buch 204

Therapeutin ist mit Putzen beschäftigt und ignoriert das Traum-Ich 205

mit Reiseführer bei indianischen Ruinen 206

kranker Therapeut 208

Traum-Ich trägt den kranken Therapeuten 209

Therapeut verläßt das Traum-Ich, um Lieferung in Empfang zu nehmen 210

Vater der Therapeutin steht am Fenster des Behandlungszimmers 214

Therapeut dreht Traum-Ich durch Wäschemangel 216

Zähne des Traum-Ich werden von inkompetentem Zahnarzt behandelt 216

Therapeut ignoriert die Blindheit des Patienten 216

Therapeut zeigt Juwelen 217

Therapeut verläßt die Stadt 218

Sohn des Therapeuten hilft dem Träumer, sein Auto zu parken 219

Weigerung beim Zahnarzt, den Mund zu öffnen 221

Traum-Ich läßt sich ein neues Haus bauen und hat Angst vor dem Traktor 221

auf einem Schiff, das nicht abfährt 222

in Venedig an einer Hot-Dog-Bude 222

Therapeut besucht das Traum-Ich im Haus der Kindheit 223

Verwandte kommen zur Therapiesitzung 223

Sitzung im Wartezimmer des Therapeuten 224

Traum-Ich im Schlafzimmer des Therapeuten 224

eine Gruppe junger Leute im Behandlungsraum 224

Therapeut zieht Agnes vor 226

Ehefrau des Therapeuten führt die Behandlung durch 227

Traum-Ich duscht während der Sitzung 229

Wunsch, unter den Rock der Therapeutin zu kriechen 231

Traum einer Patientin von Jung, in dem sie ihn als riesigen Gott sieht 233

Therapeutin als Kaiserin von China 234

Therapeut verwandelt sich in einen Affen 234

Therapeutin als Medusa 235

kranker Therapeut 236

im Haus der Therapeutin wird ein mit Fleisch belegtes Sandwich gegessen 238

Jungs Traum, in dem er zu seiner Klientin aufsieht 239

INDEX

Abhängigkeit 146, 154, 215
- Bedürfnis nach 40, 196, 214, 229
- Energie 79
- vom Therapeuten 147, 214
Affekt
- Abwehr 23, 78
- und Assoziation 27, 54ff, 59, 64ff, 80f
- und Gefühlsqualität 74ff, 166
- unkontrollierbar 92
Allegorie 15, 18, 20, 32, 39, 44ff, 51, 58, 83, 90, 93, 98, 116, 122ff, 126, 129, 132, 134
- des Therapieprozesses 219ff, 222
allegorische Wahrnehmung 14
Alpträume 40, 60, 89, 117f, 120, 128, 145, 149, 161, 164, 171f, 184
Amplifikation 15, 45, 51, 53, 66, 77ff, 101, 117f, 125, 128, 131f, 140, 150ff, 169, 194, 234, 237, 242
- und mythologische Motive 77ff, 108, 123, 125f, 129f, 132, 136, 148f, 151, 160
Anderwelt 75, 116
Anima-Gestalt 42, 102, 191
Animus-Gestalt 120, 154, 193
Archetyp s. Assoziation, Bild, Symbol
Assimilation von Traumbildern 23, 34, 38
Assoziation 15, 21, 26ff, 32, 38, 45, 53ff, 72, 79, 84, 90, 98f, 101, 144, 168, 170, 203, 219ff, 224, 242
- als wesentlich 23
- Anregung zu 54ff, 68f, 73, 132
- des Therapeuten 64, 66, 80f, 128, 213ff
- und Archetyp 117ff, 124ff, 129ff, 136, 142, 149, 181, 195
- und Bewertung 49, 52
- und Erklärung 58ff
- und Körperbilder 183, 187f
- und Körperreaktion 64f, 67, 143
- Verankerung von 55ff

- Verhalten des Träumers als 237
- zu mythologischen Motiven 115
Aufeinanderfolge, zeitliche
- in Träumen 153ff
- von Ereignis und darauf bezogenem Traum 168
- von Träumen 164ff, 169
Ausgang von Träumen 39f
Ausscheidung, Bilder von 197

B
Baden, Bilder vom 229f
Bedeutung, rational 58
Bedeutung von Traumbildern 48ff
Bedeutung von Träumen 14f, 25f
Behaviorismus und Traum 17
Beobachter, Träumer als passiver 35
Bestätigung, durch den Träumer 28f, 33, 91
Bewußtsein, dualistisches 12, 14
Bewußtsein, integrales 14
Bild 15, 43ff
- archetypisches 75, 77ff, 94f, 108
- Fähigkeit zum Umgang mit 24, 246
- Gruppierung von Bildern 96
- Körperbilder 185ff
- Körperöffnungen 162f, 195ff
bildhafte Mitteilungsform, als primär 44
Bion, W. R. 246
blinde Flecken 19ff, 45, 68, 83, 90, 162, 218
Blockade des Träumers 58
Borderline-Pathologie 35ff, 93, 114, 117, 177, 242

D
Desis 98f, 103
Deutung
- als Kunst 16f, 20, 95
- Definition 12

– dyadische Natur der 21f
– Erlernen der 16f
– von mythologischen Bildern gegenüber dem Träumer 150
Dialog mit Traumgestalten 21, 34, 71ff, 130
Diffusion 35ff
Dissoziation 35ff, 114f
Drama
– Struktur 98ff, 210, 227
– Traum als 15f, 18, 22, 28, 38, 40, 60, 95ff, 138f, 183f
– Überblick 96ff
dramatische Absicht des Traums 30, 74, 77, 125
Dramatisierung 88ff

E
Edinger, E. 246, 251, 253
Eindringling, Gestalt 29, 104ff, 155, 161f, 168, 191, 206f, 210f, 219, 223, 225
Elternkomplex 93, 147, 204
Emerson, R. W. 20
Entwicklung, psychologische
– Rolle der Archetypen 113, 137, 148
– Rolle des Traums 12f, 19f, 23f, 36, 38ff, 80, 84f, 93f, 173
Erfahrung
– archetypische 138
– außerhalb des Körpers 35
– korrektive 231f
– Traum als Synthese von 11f, 113
– Umsetzung der Traumbotschaft in 25, 38
Erfahrungserleben 141ff
Erinnerung an ein vergangenes Leben 134, 141
Erinnerung, Variation der bewußten, im Traum 27, 162ff
Erklärung 15, 21, 45, 49, 51, 53, 58ff, 98f, 101, 106, 115, 118, 124, 129, 132, 136, 146, 149, 203, 206, 218, 223, 227, 242
– objektiv-kollektive 53, 58ff, 187

– subjektiv-individuelle 53, 59ff, 136, 187
Exposition und Szenerie 39, 95ff, 99ff, 106f, 115, 120, 131f, 134, 154, 159f, 176, 180f, 190, 201f, 206f, 224

F
Feld
– archetypisches 237
– Begriff des 249
– mythologische Strukturen als thematische Feldanordnungen 112f
– psychisches, des Träumers 165
– therapeutisches 93, 132, 200, 202, 206, 208, 213, 218f, 232, 237, 249
– Traumfeld 53, 64, 68, 80, 218
– Traumfeld und therapeutisches Feld 45
Fetischismus als Motiv 194
Flut, als Traumbild 182f
Fosshage, James L. 13, 244f
Freud, Sigmund
– zur Analsymbolik 197
– zum Bild von Roß und Reiter 181
– zum Primärvorgang 248
– zur Bedeutung von Träumen 26, 247
– zur Übertragung 201, 253
Freudsche Schule, zu Traumbildern 17, 82, 245

G
Geburt, als Grundthema 140ff, 164
Gegensätze, polare 97f, 109, 169
Gegenübertragung 15, 23, 26, 45, 67, 92, 93, 142, 147, 150, 157, 201, 210ff, 242, 253
– archetypische 239
– Ausweichen vor Gegenübertragungsthemen 201, 203
– Dynamik 27, 80, 210ff, 224
– Überwachung der 80f, 206f, 218, 220
– und Träume von der Therapie 201ff, 206f, 210ff, 218, 220, 223, 226f, 231, 233, 237, 239
Geschwisterthematik 224, 226

gestalttherapeutische Techniken 21, 68, 71, 129, 142
Gleichzeitigkeit, Simultanität in Träumen 153
Greenberg, Ramon 12, 245
Gruppe, therapeutische 21, 71, 76, 246

H
Heiler, Innerer 202, 206ff, 228
Heiler, Motiv des kranken 236
Heilung, Beitrag des Traums zur 13
Homoerotik, Homosexualität 158f, 189, 191

I
Ich
– Aufbau eines 150
– Defizit 92, 177
– ›falsches‹ 109
– Ideal 92, 144, 212, 213
– Rolle des Traums beim Aufbau 20
– Stärke 19, 33, 177f
– Vorstufe des 92, 197
Identität
– fragmentierte 35ff, 73, 82, 250
– fragmentierte, und Kompensation/Komplementation 92ff
– mit einem Komplex 191
– Verlust der 30, 107, 129, 131, 133, 159, 211
Imagination 38, 54, 68, 70ff, 76, 90, 103, 129, 143, 189, 246
– aktive 21, 66, 70, 76, 123, 125, 130, 132, 242, 249, 251
– gelenkte 70, 76, 123, 125, 132, 134, 242, 249, 251
Individuation 40, 51, 63, 157, 191, 194, 199, 231, 247
– Rolle von Traumbildern 24, 32, 165
– und Lenkendes Selbst 20, 32
Induktion 45, 80f, 147, 157, 180, 193f, 201, 213f, 216ff, 225, 231, 238
Inflation 35, 126, 151

Inkarnation 92, 140, 197
– Definition 185

J
Jung, C. G.
– Träume seiner Patienten 41f, 175f, 233, 239, 245, 250
– zu Archetypen 111ff
– zu Assoziationen 53
– zu Kompensation und Komplementation 82f
– zu Körper und Seele 185
– zu Schlaf und Traum 70
– zum Schatten 248
– zum Selbst 32, 37
– zum Symbol 44, 47f, 111
– zum Traum als Drama 95, 250
– zur Animus-Gestalt 193
– zur Funktion von Träumen 11f, 18, 31, 82f, 165, 241
– zur klinischen Praxis 25, 28, 246
– zur Traumdeutung 11, 15f, 28, 53
– zur Traumsprache 43f

K
Kausalität im Traum 49, 96, 153f, 168, 184
Kekulé von Stradonitz, August 245
Kind, inneres 33, 144, 151, 175
Kinder, als Grundthema 144
Kohärenz, Mangel an, in den Traumbildern 35ff, 114f
Kollusion 147
Kompensation 19, 22, 31, 51f, 54, 75f, 82ff, 88ff, 96, 142, 155, 162, 176, 186, 199, 203f, 207f, 216f, 225ff, 229f, 234, 238f
– Definition 83
– Prinzip der 47, 91f, 192, 212
– und fragmentierte Identität 92ff
Komplementation 31, 47, 53, 82ff, 86ff, 96f, 149, 162, 166, 176, 227, 229
– Definition 83

– und fragmentierte Identität 92ff

Komplex 13, 19f, 23, 27, 29, 32, 38, 47, 56ff, 61, 65, 70, 74, 80, 84, 87, 92, 96, 111ff, 115, 117, 122, 133, 150, 165, 182, 188, 191, 201, 205, 208, 213f, 217, 219, 225, 228, 239

– Definition 251

– Dynamik 250

– resistenter 172

– verfestigter 182

Kontext 27ff, 35, 55, 66, 102, 168, 179, 182f, 194, 198, 203, 207, 212, 218, 222, 224, 227

– archetypischer 51, 77f, 88, 132, 195

– Aufnahme des 53, 80

– dramatischer 39, 96, 100f, 125, 155

– persönlicher, und symbolische Bedeutung 136f

– psychologischer 45f, 53, 62, 99, 133

Körperreaktionen 64ff

Krankheit, Träume von 146, 155, 163, 180ff, 187, 208f, 236

Krieg, Träume von 182

Krise, Krisis 98ff, 103, 108f, 176, 183

L

Leben, Spiel des, als Grundthema 138ff

Lebenskraft, Traum als Ausdruck der 12, 49, 181, 183

Leitmotiv 126

Lincoln, Abraham 37f

Logik, der Traumbilder 30, 114

Lysis 98f, 103f, 109f, 119, 129, 134, 142, 175f

M

Machtkomplex 221

Masochismus 61, 118, 142, 166, 177

– als Motiv 141, 192

Masturbation 63, 192f

metabolische Symbolik 196f, 221

Metapher 13, 15, 19f, 23, 26, 32, 36, 38f, 44, 72, 87, 94, 107, 123f, 127, 131f, 145, 147, 156,

158, 162f, 182f, 186, 195, 200, 202, 206f, 211, 219ff, 238, 242

– Definition 45f

Monster 172

– als Grundthema 150

Mutter, als archetypische Gestalt 26, 73, 171f, 179, 187, 232, 253

Mutterkomplex 79f, 93, 120, 146, 179, 205, 219, 222, 230

mythologische Motive 15, 30, 44, 78f, 108, 111ff, 235f

– Deutung gegenüber dem Träumer 150ff

– Erkennen 113ff, 135f

– Geburt 140ff

– Grundthemen 137ff

– Kinder 144ff

– persönliche Verankerung 117ff, 136f, 141f

– Spiel des Lebens 137ff

– Tiere 111, 122ff, 148ff, 181, 186, 234

– Umgang mit 135ff

mythologische Wahrnehmung 14

mythopoetische Funktion 68, 95, 98

N

Numinosität 25, 45, 48, 112, 115f, 195, 232, 241

– negative 197

O

Objektbeziehungen 20

Objektstufe 57, 68, 82, 90, 106, 141, 144, 154, 156, 163, 172, 187, 189, 194f, 202, 225, 228, 247

– Assimilation von Traumbildern auf der 41

– Definition 47

– Traum als Warnung auf der 86, 109

– Träume vom Therapeuten auf der 203ff, 212f, 226, 230

– und Kompensation/Komplementation 86ff, 162, 192

P
Peripetie 98
Perry, J. W. 246
Personifizierung 88, 93
Perversionen, als Traummotiv 191ff
Pflanzenbilder und Körperbilder 186
Phantasie 11, 14, 59, 66, 76, 123, 125, 129, 134,
138, 141, 144, 176, 189, 220, 222, 225, 238,
246, 251
– Improvisation 68ff
Polarisierung 96f, 109, 169, 175, 210, 233
Primärvorgang 43f, 248
Problemlösung, Hilfe bei der, als Funktion
des Traums 13, 19
Problemlösung, im Traum 39, 41, 83, 110
Prognose 19, 40, 147, 173ff
Projektion 13, 20f, 42, 58, 73, 79, 82, 88,
92ff, 124, 130, 162, 164, 166, 177, 193, 195,
200f, 205, 209, 219, 226
– auf den Klienten 216, 239
– auf den Therapeuten 131f, 147, 164, 167,
193, 202, 204f, 206f, 210, 212, 218, 221, 228,
229f, 232f
– auf den Therapieprozeß 131, 202, 220ff,
224, 228
– Definition 86f
– Induktion einer Projektion beim Therapeuten 213f
– negative 92, 151
– von Vorurteilen des Therapeuten 26
projektive Identifikation 81, 93, 206
Psychose 79, 114, 151, 177, 242
– Prognose einer 83, 114, 148, 173, 175f

R
Rebus-Muster 28, 48ff, 64, 91
– Definition 48
Reise, als Traummotiv 222
REM-Schlaf 11f, 244
Rollenspiel 21, 34, 71ff

S
Sadismus 27, 142, 152, 179, 206, 211, 221
– als Traummotiv 93, 141, 192ff
Schatten 34, 38, 73f, 85, 96, 101, 106, 109,
197, 202, 217, 226, 250
– Definition 248
– des Therapeuten 213, 234, 236, 239
– Konfrontation des Klienten/Träumers
mit dem 21, 34
Schiff, als archetypisches Bild 222
schizoid 177
schizophren 246
Schroedinger, E. 247
Selbst
– als Innerer Therapeut 142f, 202, 206ff,
228f
– Begriff in der Psychoanalyse 32
– Bestätigung durch das Körper-Selbst 28ff,
226
– Bild des Selbst im Traum 37f, 51, 131, 182,
223, 226
– Definition des Lenkenden Selbst nach
Jung 32
– Entfremdung vom 242
– Göttliches 160
– kindliches 107, 146
– Klient als Gestalt des Selbst im Traum des
Therapeuten 239
– Projektion auf den Therapeuten 232
– Träume als Manifestationen des 13, 19f, 25,
32ff, 40f, 74, 171, 200, 241, 243
– und psychologische Entwicklung 46, 83,
94, 132f, 151, 176, 191, 201, 217, 241
Sexualität 26f, 57, 63f, 101, 121, 141, 219
– als Traummotiv 187ff, 228ff, 232f
– Faun als Bild für 116
– orale, als Traummotiv 196
Spiegelung, therapeutische 21f, 24, 127
Spiel mit Traumbildern 24
Spiele, spielerische Darstellung 21, 34, 65,
68, 70ff, 129f, 132, 143

Streßträume, posttraumatische 250
Stuhlgang, Träume von 197ff
Subjektstufe 41f, 57, 64, 68f, 122, 141, 154ff,
162f, 172, 187, 192ff, 225, 247, 250
– Definition 47
– Träume als Warnung auf der 110
– Übertragung auf der 202f, 205ff, 212ff,
226, 228, 230, 232
– und Kompensation/Komplementation
86ff, 90, 207, 228
– zwei Aspekte ihrer Dynamik 92
Symbol 13, 19, 25, 28, 37ff, 44f, 47f, 49, 51,
58, 61f, 83, 90, 93, 98, 112, 131f, 134, 136, 138,
145, 154, 162, 164, 177, 180, 183, 207, 235,
242, 246
– Analsymbolik 197
– archetypisches 223, 231, 233
– Definition 44, 46f, 111
– Jagd nach Symbolen 78
– Körpersymbole 66, 186f, 195, 199
– metabolische Symbolik 196f
– sexuelle Symbolik 188ff
– und mythologisches Motiv 75, 77, 111, 116,
123f, 126, 128, 133, 135f, 138
– Urinsymbolik 197
symbolische Botschaft 18, 20, 23, 32, 40
symbolische Wahrnehmung 14
symbolischer Ausdruck 16, 31
symbolischer Kontext 99
Synchronizität 55, 68, 70, 168f

T
Tagesrest 88, 161ff
Thema, Themen
– Grundthemen 137ff
– Hauptthema des Traums 16, 100
– Ineinandergreifen von Themen 214
– Variationen 96, 118, 135, 151, 168ff, 196,
223ff
– Wiederholung 28, 67, 88, 117f, 122, 139f,
164, 184

Therapeut
– Assoziationen des Therapeuten 117, 213f
– Innerer 142, 147, 157, 202, 206ff, 212ff,
218, 226ff
– Psychologie des Therapeuten 128, 210,
214, 225f, 239
– Reaktionen des Therapeuten 64, 66f, 80f
– Träume des Therapeuten 200
– Träume des Therapeuten vom Klienten
239
– Träume vom Therapeuten 15, 142f, 146,
200ff
– Träume von anderen Therapeuten 227ff
– Träume von der objektiv gegebenen Rea-
lität des Therapeuten 202ff
– Träume von erotischer Interaktion mit
dem Therapeuten 228ff
– Träume, die für den Therapeuten bestimmt sind 210, 237ff
therapeutische Allianz 201, 223
therapeutische Integrität 218
Therapie als archetypischer Prozeß 231
Therapie, Träume von der 142, 200, 202f,
205, 218ff, 227ff, 231, 237
Tiere
– als mythologisches Motiv 114, 122ff, 132,
135f, 148ff, 234
– Träume von 35, 49, 84, 97, 174, 177ff, 181,
220
– und Körperbilder 186
Tod 40, 56, 75, 112, 119, 121, 140, 148, 159,
161, 172, 180ff, 188, 195, 204
– Prognose 180, 187
– und Geburt 141
– und Transformation 136, 154, 184f
– und Wiedergeburt 116, 141, 180, 246
– Vorahnung 37
Transpersonales 14, 48, 75, 77f, 112f, 116, 121,
128f, 131f, 133, 135, 165, 187, 197, 208
– und Kindermotiv 144ff
– und Tiermotiv 124ff, 148ff

– und Übertragung 231ff
Traum
– als Wunscherfüllung nach Freud 18, 82, 89f
– als zielgerichtet 11
– historisches Beispiel 22
– orakelhaft 26, 83
– parallel 83, 85
– prospektiv 82f
– Serien 88f, 94, 96, 164ff
– Symbolik 15f
– trivial 68f, 86f, 169
– Verwendungsmöglichkeiten von Träumen 12ff, 19f, 24
– Ziel und Zweck von Träumen 11f, 19, 31f, 241ff
Traum-Ich 30, 32ff, 41, 46, 60, 73, 79, 92, 96f, 100, 107, 119, 123, 137f, 148, 154, 160, 163, 166f, 171, 175f, 182, 187, 190f, 194, 203, 209, 211, 217, 219, 222, 226, 229, 233, 238
– Aktivierung des Traum-Ich 244
– als passiver Beobachter 35
– Beziehung zum Traum-Ich 21
– Fehlen eines Traum-Ich 36, 85
– Identifikation mit dem Traum-Ich 20
– mangelhaft verkörpertes 37, 94
Traumtagebuch 29f, 164, 252

U
Übertragung 15, 27, 29, 45, 56, 85, 93, 131f, 142, 146, 150ff, 157, 201ff, 207, 210f, 214f, 223f, 227f, 230, 237, 239, 242, 248, 253
– Abwehr 23
– Analyse der 201
– archetypische 132, 215, 231ff
– Auflösung der 20
– Ausweichen vor Übertragungsthemen 150, 201
– negative 56, 211f, 229f
– negative archetypische 235
– regressive Übertragungsbeziehungen 237
Übertragungsprojektion 157, 214, 227, 234

Übertragungsreaktionen in Träumen vom Therapeuten 205f
Umwertungsfunktion von Träumen 155ff, 234
Unbewußtes 25, 71, 87, 119, 151, 165, 191, 201, 235
– Angst vor Auseinandersetzung mit dem 179
– bedrohliches Anwachsen des 175
– fruchtbarer Dialog mit dem 242f
– kollektives 112
– psychologisches und somatisches 19
– Traum als Botschaft aus dem 22, 31, 33, 70, 82
– Unfähigkeit zur Auseinandersetzung mit dem 177
– Wasser als Bild für 222
– Zugang zum, durch Träume 30
Urinieren, Bilder vom 197

V
Vampirismus, als Traummotiv 194
Vater, als archetypische Gestalt 136, 214f, 232f
Vaterkomplex 50, 166f, 213, 215
Voyeurismus, als Traummotiv 194
Vulkan, als archetypisches Motiv 74f, 116

W
Warnung, Traum als 22, 33, 37, 39, 50, 86f, 104, 110f, 116, 142, 163, 173ff, 182ff, 186, 199, 213
Weisheit, Gestalten der 29f, 116, 148
Widerstand, gegen die Deutung 23, 28f, 237f
Widerstand, gegen die Therapie 221, 224, 229, 238
Winnicott, D. W. 246

Z
Zerstörung, Traumthemen der 115
Zerstückelung, Träume von 37, 94, 172